Introducción

Por primera vez me siento apto para compatir contigo los hábitos que he implementado en mi vida para mi crecimiento personal. Con frecuencia la gente me pregunta cosas relacionadas con mi vida, lo cual agradezco infinitamente; también agradezco cuando me cuestionan si trabajo mucho y si realmente vale la pena. No pretendo justificarme, pero amo lo que hago y no siento la necesidad de estar pensando en un retiro hasta hoy, sin embargo, no puedo asegurar que después no nazca en mí ese deseo. También me cuestionan cómo estoy o cómo me siento, igualmente lo agradezco, aunque a veces creo que 80 por ciento de la gente que pregunta ¿cómo estás? lo hace más por morbo que por genuino interés.

Me encanta el título que le puse a este libro: *Más hábitos, menos dramas.* ¿Por qué este título? Porque todos, de una forma u otra, decidimos gran parte de nuestro destino al tomar decisiones, y muchas de ellas no son precisamente las mejores.

Hay quienes no están satisfechos con su vida. Lo cierto es que, "si no estás de acuerdo con la cosecha, el secreto está en la siembra". ¿Qué acciones estás haciendo o dejando de hacer para que la vida te dé estos resultados? ¿Qué hábitos has adoptado, para bien o para mal, que hacen que tu vida se convierta en una aventura digna de disfrutarse o un drama sin fin?

Pensé en poner este título: *Árbol que nace torcido, con hábitos se endereza*, pues creo que "perro viejo SÍ puede aprender maroma nueva" y lo digo por experiencia porque lo he vivido.

No se vale creer que porque ya tenemos cierta cantidad de años no es posible cambiar, mejorar o sacar una mejor versión. ¡Siempre es posible, si tú quieres!

Como dice mi maestro de psicoterapia, el Dr. Fernando García Licea: "Estoy convencido de que el tiempo no lo cura todo; lo curan las acciones que realizas durante el tiempo".

Había prometido que mi libro anterior, el número 10, sería el último que escribiría en mi vida, pero sucedió algo que me motivó a escribir este nuevo libro, el número 11. ¿Te lo digo?

Inicié este libro en un vuelo de El Paso a Dallas, Texas. Estaba en el aeropuerto de El Paso y, antes de abordar, me saludó una señora con una sonrisa y una emoción que me hizo sentir sumamente bendecido. Nos tomamos una foto y después me dijo textualmente estas palabras:

—Doctor, amo leer sus libros. ¡Me han ayudado mucho en mi vida!

—¡Qué gusto! —contesté— me halaga mucho escuchar eso.

—También oigo su programa de radio aquí en El Paso, Texas —agregó— y no me pierdo sus podcasts. ¡Amo todo lo que publica en sus redes sociales! ¡Me ha cambiado tanto la vida!

Ya te imaginarás cómo me hizo sentir. Mi ego al cielo, pero después vino el golpe seco al suelo.

—Oiga —replicó— lo que no sé es ¿por qué sufro tanto? ¿Por qué soy tan negativa, preocupona y corajuda?

MÁS
HÁBITOS
MENOS
DRAMAS

MÁS HÁBITOS MENOS DRAMAS

10 HÁBITOS
PROBADOS POR LA CIENCIA
QUE TRANSFORMARÁN TU VIDA

Dr. César Lozano

Más hábitos, menos dramas
10 hábitos probados por la ciencia que transformarán tu vida

Primera edición: abril, 2026

penguinlibros.com

Diseño de portada y de interiores: Mariana Alfaro

ISBN: 979-8-89098-785-3

Impreso en Colombia – *Printed in Colombia*

ÍNDICE

Y yo… ¿¡*what*!? ¡He escrito sobre eso en todos mis libros! He hablado en mis programas de radio y publicaciones en redes sociales una y otra vez sobre actitud positiva, control de las emociones y múltiples técnicas para evitar las preocupaciones.

¿En serio me lee? ¿O me lee y no lo asimila? ¿O me lee y no aplica nada de lo que con tanto amor he escrito durante años? Sinceramente me desconcertó y me quedé sumamente cuestionado sobre lo que por tantos años he hecho. ¿Será que mis libros no están ayudando como creía?

Creo saber la respuesta, pero, antes de decirla, estoy seguro de que mi intención al escribir siempre ha sido la misma: compartir conceptos que me han ayudado a vivir más plenamente.

Mucha gente tiene conocimientos, pero no los aplican, esa es la gran diferencia entre inteligencia y sabiduría; inteligencia es saber mucho y sabiduría es aplicar lo que se aprende.

Llego a la conclusión de que no siempre aplicamos lo que aprendemos o, mejor dicho, ¡*no convertimos en hábitos lo aprendido*!

Me he esforzado en plasmar con letras y en conferencias conceptos que he aprendido a lo largo de mi vida, muchas veces a golpe y porrazo, con lecciones dolorosas y lecciones que, al igual que tú, he vivido, para que cuando alguien se enfrente a alguna adversidad similar, tenga las herramientas que yo hubiera deseado de forma inmediata en momentos de crisis.

Estoy seguro de que estamos en esta vida para dos cosas: para aprender lecciones y para ser felices; también estoy convencido de que la felicidad no tiene nada que ver con la ausencia de problemas o con estar riéndonos todo el santo día, eso es estar ¡trastornado!

Entonces, ¿por qué esta noble mujer me dice que ha leído mis libros y no aprendió lo que expresé en ellos?

Leemos, vivimos, conocemos historias y las guardamos en archivos mentales que pueden o no impactarnos, pero muchas veces no lo aplicamos en nuestro día a día.

Así que hoy quiero decirte que, después de mi momento de meditación y oración, además de reflexionar durante varias horas, llegué a la respuesta añorada.

¿Cuál es la razón por la que no cambiamos?, a pesar de que leemos, vivimos situaciones difíciles, vemos vidas ajenas con todo tipo de aciertos y fallas, aún así no cambiamos nuestra forma de vivir, ¿a qué se debe?: ¡Tengo la respuesta!

A veces las lecciones que el vivir nos da, duelen y mucho. Pero si analizas tus adversidades te darás cuenta que es precisamente en las adversidades donde se aprenden lecciones. "Mi vida cambió después de…" Y agrégale: "…después de que mi padre no confió en mí, …después de la muerte de, …cuando me quedé sin trabajo, …después del accidente, …después de la enfermedad", etcétera.

Difícilmente alguien puede afirmar que su vida cambió positivamente después de un momento de plenitud y felicidad; deseamos repetir esos momentos de paz, pero el aprendizaje jamás podrá compararse con lo aprendido en la crisis y el dolor.

Por otra parte, la vida te repite la lección hasta que la aprendas. No aprendiste lo que es valorarte después de una relación tóxica, aquí tienes tu siguiente pareja igual o peor de tóxica que la anterior. ¿No volviste a aprender? La vida te repite la lección una vez y otra y otra más, hasta que aprendas.

Recordé a la señora que un día entró a mi camerino a punto de salir al escenario y me dijo con voz chillona:

—¿Por qué, doctor?

Claro que le cuestioné qué hacía ahí y cómo había entrado minutos antes de mi presentación.

—Es que quiero que me ayude a saber ¿por qué? —con la voz más aguda y chillona.

—¿Por qué, qué? —dije.

—Mire, mi primera pareja me golpeaba.

—¿Qué? ¿Lo denunciaste?

—No, me golpeó durante cinco años. Mi segunda pareja me engañó como ocho veces, hasta con mi hermana. Y mi tercer pareja me dijo, "ahorita vengo, voy por cigarros" y no ha vuelto. ¿Por quééé? —con la "e" extendida y ahora gangosa.

Después de un silencio de como diez segundos de mi parte no supe qué más contestar, hasta que dije:

—¡Por pendeja!

—¡Oiga! ¿por qué me dice así?

Te pregunto a ti que lees este libro, ¿se te ocurre otra respuesta mejor? A mí no.

La vida le dio a esta mujer una lección y no la aprendió, le dió una segunda lección y volvió a reprobar, una tercera lección y tampoco la aprendió.

Y así ha sido la vida conmigo, me ha dado lecciones que he tenido que repetir porque no aprendo, hasta que un día lo logro y no vuelvo a pasar por eso que reprobé.

He llegado a la conclusión de que si no estamos dispuestos a cambiar o a modificar ciertos hábitos que traemos muy arraigados desde tiempo atrás por herencia, aprendizajes o decisiones personales, es prácticamente imposible cambiar. Sobre todo los hábitos que heredamos de nuestra figura paterna, materna o de autoridad y que tenemos "incrustados" en nuestro ser.

No nos hemos dado el tiempo ni la humildad para reconocer nuestros errores y lo que nos ha llevado a estar como estamos. Es necesario aprender a desaprender lo que hemos creído que es lo correcto o hemos normalizado en nuestra vida.

¡No hemos convertido en *hábitos* lo que nos hace sentir bien o nos ayuda a vivir mejor!

Quiero decirte que hay un gran esfuerzo de mi parte desde hace varios años para empezar a modificar esos hábitos y costumbres que me llevaron a donde no quería estar y a ser una versión de mí que no deseaba. Pero te quiero asegurar que de unos años a la fecha mi camino hacia la mejoría ha sido muy fructífero.

Tengo que manifestarte que TODO lo que estoy a punto de compartirte en este libro lo aplico en mi vida. Sería de mi parte incongruente si solamente me dedico a escribir este libro haciendo recomendaciones sobre cambios o estrategias que estoy seguro pueden cambiar drástica y favorablemente el rumbo de tu vida y tu forma de ser, pero no practicarlos. Todos los aplico y te aseguro que funcionan.

Este es el primer libro que incluye ejercicios prácticos en cada uno de los 10 hábitos poderosos que te comparto, además de investigaciones científicas que avalan el porqué de cada uno de ellos.

¿Deseas iniciar conmigo esta maravillosa aventura de reconocer qué es lo que tienes que quitar o modificar en tu forma de ser, pensar y actuar y cuáles son los nuevos hábitos que te recomiendo incluir? Estoy seguro de que muchos de estos hábitos los conoces, pero no los aplicas de una manera constante y mi propuesta es que los inicies de manera entusiasta, divertida y sin necesidad de etiquetar los cambios como algo molesto, ya que, al paso de los días verás cómo vas cambiando tu forma de actuar y pensar.

Te invito a que disfrutes conmigo la lectura de este libro. Que hagas los ejercicios que durante cada capítulo te recomiendo. Que leas a conciencia el porqué y analices las investigaciones que avalan estos cambios que serán para tu beneficio y, por ende, en beneficio de la gente que te rodea y te quiere.

¡*Más hábitos, menos drama*! Nunca es tarde para cambiar; nunca es tarde para aplicar nuevos hábitos que te ayuden a sacar una mejor versión de ti.

Te prometo que este libro va a cambiar tu vida y hará que disfrutes el verdadero *Placer de Vivir*.

I

Aprender a desaprender

“CRECER TAMBIÉN ES DESAPRENDER: SOLTAR LO QUE YA NO TE SIRVE, AUNQUE ALGUNA VEZ TE HAYA SALVADO.”

Un anciano maestro tibetano reunió a sus discípulos y les mostró cinco cuencos. Luego les explicó:

> **Primer cuenco: el volteado.**
> **Está boca abajo. Aunque lleva sabiduría, nada puede entrar. Representa a la persona cerrada, que no escucha ni aprende.**
> **Segundo cuenco: el agrietado.**
> **Lo que entra se escapa poco a poco. Es la persona que escucha, pero olvida enseguida porque no aplica nada.**
> **Tercer cuenco: el sucio.**

> **Aunque se le agregue agua pura, se contamina con lo que ya está dentro. Es la persona llena de prejuicios, resentimientos y juicios que ensucian lo bueno que recibe.**
> **Cuarto cuenco: el rebosante.**
> **Ya está lleno y no cabe nada más. Es la persona soberbia que cree saberlo todo y no deja espacio para aprender.**
> **Quinto cuenco: el limpio y vacío.**
> **Abierto, dispuesto, recibe agua clara y la conserva pura. Es la mente humilde, abierta y agradecida.**

El maestro concluyó:

> **Si quieres crecer, conviértete en el quinto cuenco: vacío de prejuicios, abierto a recibir, limpio para conservar lo bueno.**

En este primer capítulo quiero que tú y yo seamos como el quinto cuenco, dispuestos a crecer, a aprender, a desaprender y a reinventarnos con nuevos hábitos que nos ayuden a sacar nuestra mejor versión. Ahora te comparto esta frase que me sacudió por completo:

"Los analfabetos del siglo XXI
no serán aquellos que no sepan leer y escribir,
sino los que no sepan aprender, desaprender y reaprender".

—Albin Toffler, escritor estadounidense.
El shock del futuro

¿POR QUÉ SOMOS COMO SOMOS?

Inicio este capítulo preguntándote: "¿Cómo estás y cómo te sientes en este momento?" Esta pregunta me la formulaban en cada inicio de clase de mi doctorado en psicoterapia gestalt.

—¿Por qué siempre la misma pregunta? —cuestionaba.

Aprendí que es necesario saber dónde estamos parados y cómo nos sentimos en este momento. Cuando te enfrentas a esa pregunta, inmediatamente la mente va a ser más específica para responder el sentimiento que predomina en ti en ese momento. Nos trae al presente, y de esta forma podemos contestar "estoy cansado", "estoy feliz", "estoy triste", "estoy preocupado". Te recuerdo que ponerle nombre a una emoción que creemos o que consideramos negativa es fundamental para quitarle poder sobre nosotros.

Generalmente cuando alguien nos pregunta "¿cómo estás?", de manera automática, solemos contestar con un raquítico "bien, ¿y tú?"

Y a veces no estamos bien. A veces nos sentimos tristes, enojados, resentidos o con cierta incertidumbre, pero no es momento ni lugar para ponernos a expresar todo lo que sentimos, ni tampoco quien nos pregunta tiene la necesidad de saber nuestros problemas o preocupaciones. Digamos que por inercia o en forma automática contestamos que estamos bien.

En este capítulo no quiero que me digas que estás bien. Quiero que tú y yo identifiquemos cuáles son esos sentimientos o emociones que predominan en ti para bien o para mal y que en forma repetitiva manifestamos.

La carga genética nos ha marcado de tal forma que hemos actuado conforme hemos creído correcto y, en ocasiones, no nos cuestionamos lo que estamos haciendo o si cómo estamos es la mejor o más saludable manera para responder ante lo que nos sucede. La influencia de papá y mamá es tremenda. Papá es el que nos da permiso y nos dio la pauta de cómo reaccionar ante diversas situaciones a las que nos enfrentamos en el día a día. Es necesario hacer conciencia sobre qué aprendimos de él o de mamá y qué estamos repitiendo actualmente como por decreto o autoridad. Es un proceso de darse cuenta de los viejos patrones que ya no sirven; resignificar lo aprendido al vivir el presente y dejar atrás las memorias que hoy nos limitan.

Este primer hábito no se trata de buscar solamente lo negativo, sino de recordar lo positivo que nos ha llevado hasta el lugar en el que estamos. Y es momento de que identifiques cuáles son las costumbres o los hábitos que de forma consciente o inconsciente has estado realizando.

Para facilitarte el proceso, puedes ir al índice del libro y ver cuáles son estos diez hábitos que, te aseguro que si los aplicas con constancia, te fortalecerán enormemente y sacarán una mejor versión de ti.

Solo checa los títulos de cada capítulo y, basado en ello, puedes ir contestando cuál de esos hábitos no estás practicando, cuáles haces de manera parcial o cuáles puedes asegurar que ya son parte de tu vida.

Otra forma es que simple y sencillamente pienses lo que te gusta o te enorgullece de ti o de tu forma de ser. En lo personal, con orgullo y humildad, quiero reconocer ante ti que me agrada mi sentido del humor, el cual siento que ha minimizado el impacto de las situaciones que me han dolido y de las cuales, como te dije, más he aprendido. Ese sentido del humor de buscar en cada día momentos para reír, ya que como dice mi amiga, la escritora Gaby Vargas: "Los malos momentos llegan solos, los buenos hay que buscarlos".

Cuando alguien te dice que su día no tuvo un solo momento de risa, inmediatamente pienso que fue un día perdido. Un día en el cual solamente se estuvo, pero no se vivió. Siento que la risa me ha fortalecido en los momentos de dolor porque los años me han enseñado que es muy saludable reírse, a veces hasta de uno mismo, aun en las circunstancias en las que la vergüenza me haga dudar de mi inteligencia por haber dicho o hecho algo que pude evitar.

Cómo olvidar uno de esos momentos que hoy quiero compartirte. Imagíname impartiendo una conferencia a más de 500 religiosas en la ciudad de Guadalajara, Jalisco, en el Teatro Diana.

Fui invitado por varias órdenes religiosas a compartir el tema de *Actitud y calidad en el servicio*. Estaban las madres superioras, las generales, las religiosas consagradas, las novicias y muchas aspirantes. En ese tiempo usaba trajes para impartir conferencias, me encantaba uno en especial, era un traje cruzado color beige con botones dorados que resaltaban aún más ese atuendo.

Si has estado en alguna de mis conferencias sabes que el sentido del humor es un ingrediente fundamental para realizar mi trabajo y de esta forma estoy seguro que el aprendizaje se afinaza más. ¿A quién no le gusta estar en un lugar donde, además de aprender, te diviertes?

Después de casi una hora de estar en el escenario, el calor que se sentía era intenso, por lo que les pregunté a las piadosas mujeres: "Hermanas, ¿me puedo quitar el saco?" A lo cual gritaron con gusto que sí. Al ir a ponerlo en uno de los sillones que eran parte de la escenografía, se hizo un silencio sepulcral. Un silencio de esos en que tu mente empieza a dar vueltas buscando la razón por la cual no sentía la misma energía maravillosa que percibía minutos atrás. Reían de manera prudente y con cierto recato, algunas tapándose la boca con su mano. De pronto, veo que una de las madres superioras, ubicada en la cuarta fila, le entrega un papelito color blanco a una religiosa ataviada totalmente de negro y esta mujer camina entre las filas tres y cuatro hacia la parte lateral y, posteriormente, se dirige a una de las puertas que van hacia el *backstage*, es decir, a la parte lateral y posterior del escenario. Mientras eso pasaba yo seguía algo confundido y trataba de continuar con la conferencia. A los pocos minutos veo una mano a un lado del escenario que se movia con un papel blanco indicándome que me acercara a tomarlo. Sutilmente me acerco, tomo el papel, discretamente lo abro y leo: "Doctor, trae la bragueta abierta". ¡Imagínate! ¡La bragueta de mi pantalón abierta frente a 500 monjas! Claro que la vergüenza fue tremenda pero son cosas que suceden y, como lo diré más adelante, todo es para aprender y crecer. ¿Qué hice? Volteando a ver a todas las presentes dije: "Me imagino que saben lo que dice el papelito que traigo en la mano", y al unísono todas dijeron que sí. Me volteé y me cerré la bragueta ¡y ya! Digamos que fue una tentación más en las vidas de las santas participantes.

Dentro de la gran variedad de cosas que es necesario aprender a desaprender hoy quiero recomendarte tres. Sé que hay muchas más, pero, en lo personal, las que a continuación te comparto me han ayudado enormemente en mi proceso de mejora continua.

1. Culpa

Imagínate que siguiera cargando con la culpa por no revisarme la bragueta antes de salir al escenario en ese año 1998 que me presenté con las religiosas. Imposible regresar el tiempo, pero claro que aprendí, por lo que me reviso varias veces siempre antes de salir al escenario.

Estoy seguro de que tú y yo hemos hecho y dicho cosas de las que nos arrepentimos. Todos, sin excepción, nos hemos equivocado y ante este escenario tenemos la opción de quedarnos atrapados en la mortificación o, si es posible, hacer algo por aminorar el impacto de lo que se dijo y se hizo.

Por tradición y por decisión, profeso de forma activa la religión católica. En mi juventud hubo una etapa en la que acudía con más frecuencia y participaba en el grupo de catequesis y liturgia en la parroquia que estaba a una cuadra de mi casa y gracias a esos grupos hice grandes amigos que conservo hasta la fecha.

En la celebración eucarística me resistía (desde que tengo uso de razón) a repetir dentro de la oración "Yo confieso" la frase que dice "por mi culpa, por mi culpa, por mi gran culpa". La escuchaba, pero no la repetía, porque recordaba que en mi niñez veía la cara de mi mamá como haciendo *pucheros* al decirla y pegándose en el pecho con singular devoción.

¿Por mi culpa? Para qué seguir recordando algo que desde que fui bautizado se quitó, el llamado pecado original. ¿Qué necesidad de seguir lamentándonos por algo que no puedo remediar, que ya debería quedar en el pasado y que, la verdad, ni me acuerdo?, ¿o tú sí?

Platicando con mi amigo, el padre Juan José Martínez, me explicó la razón: decir "por mi culpa, por mi culpa, por mi gran culpa", es como decir: "Señor, sé que a veces me equivoco, que no hago lo que debo, que falto al amor. No quiero esconderlo ni excusarme, lo pongo delante de ti porque confío en tu perdón y quiero recibirlo con un corazón siempre dispuesto. No significa que nos estemos *latigueando* sino que es un verdadero paso hacia la paz. Estamos haciendo un acto de humildad dejando que Dios nos limpie y nos renueve. La oración 'Yo confieso', no debe hacernos sentir peor, sino más ligeros, más libres, porque el Señor nunca desprecia a quién se acerca con un corazón sincero".

Me encantó la explicación del padre Juan José. Aunque también creo que muchos coincidimos en que las religiones buscaban formas diversas de promover adeptos a través de la culpa. No es mi afán herir susceptibilidades a mujeres y hombres de la "vela perpetua" o de la "asociación de la rodilla ensangrentada".

Sentirnos culpables o sentir vergüenza ha sido una forma de manipulación por parte de nuestros mismos padres, o de personas que pueden influir fuertemente en nuestra vida.

"¿No te da vergüenza?"

"¡Qué mal! ¡Se va a entristecer Dios por haber hecho eso!"

"Guárdate esas lágrimas para el día en que me muera y estén bajando la caja".

Estas eran las frases que mi mamá usaba cuando ya no encontraba más argumentos, ni con mis hermanos ni conmigo, para corregir nuestro mal comportamiento.

La culpa sirve solamente para tres cosas: para perdonar, para perdonarme y para aprender.

Tampoco quiero promover el convertirnos en sinvergüenzas que no nos arrepentimos de nuestros actos, pero no llegar al extremo de exagerar en la tristeza lo que, por imprudencia o sin querer, decimos o hacemos.

Te invito a desaprender la culpa malsana diferenciando la culpa sana de la culpa tóxica. La culpa sana es aquella que nos impulsa a corregir en la medida de lo posible las fallas cometidas, mediante el perdón y la reparación del daño. En cambio, la culpa tóxica solo nos paraliza, nos frustra y nos roba la paz en el presente y en el futuro. Incluyo dentro de esta categoría la culpa tóxica, que es creada por tu pensamiento.

El aprendizaje nos fortalece. Como lo mencioné al inicio de este libro, te recuerdo que estamos en este mundo para aprender lecciones y para ser felices.

¿Qué aprendí?

A ser más prudente antes de hablar.

A recordar que no podemos tratar a todos por igual ya que su nivel de sensibilidad varía dependiendo de lo que viven en ese momento.

A no reaccionar de forma automática ante la provocación.

A evitar la confrontación y promover el diálogo acertivo.

A dedicarle tiempo a quien me nace y siento que lo necesita en ese momento.

Reconocer la culpa sin juzgarme duramente. Aplico otra frase aprendida en mi doctorado de psicoterapia: "Todo lo que vivimos es lo que teníamos que vivir". Difícil aceptar tan fuerte declaración pero creo que mucho de lo que vivimos era precisamente la lección que teníamos que aprender para que nuestra alma evolucionara. No podemos seguir culpándonos por lo que creemos que pudimos haber o no hicimos, ya que en su momento *tomamos la decisión que creímos que era la correcta*. Nos duela o no, en ese momento creíamos que era lo correcto y actuamos de esa manera.

Sé que en este momento pueden pasar por tu mente un sinfín de experiencias vividas. Si está en tus manos perdonar o pedir perdón a quien sientes que fue agraviado por tus palabras o actos, ¡hazlo! Si esa persona no lo acepta, ya hiciste tu parte y no puedes influir en que cambie su opinión. *Tienes control sobre ti, no sobre los demás.*

Si esa persona no está más en tu vida o ya no se encuentra en este plano, mentalmente y consciente ofrece o pide su perdón donde quiera que esté.

Algunos investigadores dividen la culpa en dos categorías:

- Culpa sana o adaptativa
- Culpa patológica o desadaptativa

La culpa sana o adaptativa surge ante un daño real que hicimos en contra de algo o alguien y puede ayudar a corregir comportamientos, motivándonos a reparar daños y a crecer personalmente. No es mala, porque nos ayuda a enmendar los errores que cometemos en nuestras relaciones interpersonales; cuando utilizamos nuestra libertad de expresar lo que pensamos y, al hacerlo, a veces, dañamos a otros.

Por otro lado, **la culpa patológica o desadaptativa** es irracional, es aquella que sentimos constantemente, que nos consume, nos paraliza y nos impide avanzar, puede derivar en ansiedad o depresión, convirtiéndose en un obstáculo para nuestro bienestar emocional.

Partiendo de esto, veremos a continuación cuáles son los tipos de culpa más comunes que existen, y digo más comunes, porque tipos de culpas hay muchísimos.

La culpa por omisión. "Debí haber ayudado", "pude haber hecho más", la cual es muy común en procesos de duelo; como digo en mi libro *Una buena forma para decir adiós*, es la trampa más común que nos juega la mente cuando vivimos la pérdida por la muerte de un ser querido.

La culpa existencial. Se presenta cuando nos preguntamos si la vida que estamos llevando es la que realmente nos hace felices o la hemos estado desperdiciando.

La culpa social. Nos hace creer que no somos los seres que la familia o sociedad esperaban que fuéramos.

Y una última y no menos importante: **La culpa inducida**. Esa culpabilidad que nos quieren hacer sentir por no ser los hijos, padres, esposos o esposas que debimos ser al gusto de alguien. Enfatizo que la mayoría de las veces sentimos culpa inmerecida creada por cualquiera de las anteriores. No deberíamos de sentir culpa y sin embargo nos sentimos culpables.

La mente se encarga de convencernos de que no somos suficientemente buenos, nobles, serviciales. No nos comportamos como se esperaba y la culpablidad se hace presente.

Nadie te culpa, tú te culpas; nadie te juzga, tú te juzgas; nadie lo recuerda, tú lo recuerdas.

Son pensamientos que rumiamos como las vacas, donde el único que pierde es uno, al repetirnos una y otra vez lo mal que lo hicimos, pero eso solamente se alberga en nuestra mente.

"Nunca me quisieron porque no fui suficiente."

"Se murió decepcionado de mí."

"Estaría a mi lado si no fuera por..."

Y muchas más afrimaciones erróneas inventadas por tu mente que te hacen sentir fatal. ¿En serio te mereces eso? ¿No crees que ya es tiempo de aprender a desaprender? Date cuenta de que eso solo está en ti, no en los demás. Haz conciencia de esto para liberarte del peso inmenso de la culpa imaginativa.

Te voy a pedir que realicemos el primer ejercicio. Es una tarea sencilla, pero profundamente emotiva, que te ayudará a reflexionar sobre la culpa y a dar un paso hacia nuestra sanación emocional.

- Toma una hoja y una pluma. Este es tu espacio personal, no tendrás que compartirlo con nadie si no lo deseas.
- En esa hoja vas a escribir una carta para ti. Imagina que estás conversando con la parte más comprensiva y amorosa de ti. Para guiarte, responde en tu carta estas preguntas:
    - ¿De qué me he culpado últimamente?
    - ¿Qué consecuencias me ha traído cargar con esa culpa?
    - Si pudiera hablar con mi "yo" más compasivo, ¿qué me diría para perdonarme?
- Una vez que hayas terminado, lee en voz baja tu carta. Hazlo con calma, como si realmente otra persona que te quiere mucho estuviera diciéndote esas palabras.
- Ahora toma una decisión sobre qué hacer con tu carta:
    - Guardarla como recordatorio de tu compromiso de sanar.
    - Romperla como símbolo de liberación.
    - O bien, volver a leerla en voz alta más adelante cuando sientas que la culpa quiere regresar.

- Posteriormente lee pausadamente cada uno de los puntos que te expliqué, contesta si eso que te hace sentir culpable lo hiciste con plena intención de dañar o fue un lamentable error. Esto es para diferenciar entre la culpa real, la creada o imaginaria. Después de cada momento, di esta frase: "Tomé la decisión que creí que fue la correcta. El pasado no lo puedo cambiar y acepto la responsabilidad de mis actos".
- Utiliza tu respiración diciendo: "Inspiro paz, espiro culpa".

Tu vida sigue y no puedes seguir lapidando tu alma y tu cuerpo con situaciones que son imposibles de modificar.

2. La terrible búsqueda de la perfección

"Felizmente imperfectos" es el título de la conferencia que estoy presentando en gira internacional al momento de estar escribiendo este libro. Promuevo la imperfección, no la mediocridad.

Somos imperfectos por naturaleza y querer que todo lo que planeamos sea exactamente como deseamos causa una ansiedad constante. Mi amiga Olga Quiroz dice frecuentemente que las cosas pueden salir de tres formas: mejor que lo planeado, peor que lo planeado o como deben de ser. Este último punto es el que más ayuda a aceptar lo que no puedes cambiar. Entiendo la constante búsqueda de la mejora continua, pero en pro de esa encomienda pasan días, meses o años de insatisfacción por los errores que naturalmente cometen otros o nosotros mismos.

Buscamos incesantemente culpables con tal de disminuir la responsablidad de los resultados.

Tremendo error pensar que equivocarse es fracasar y que siempre debes tener el control de todo.

Deja de querer ser el padre perfecto o madre perfecta, el hijo perfecto, el empleado perfecto. Pon tu mejor esfuerzo y corrije los errores en lo posible y sigue tu camino.

COMO SERES IMPERFECTOS QUIERO QUE HOY TE REGALES TRES COSAS

Primer regalo: concédete el derecho de no querer agradar a todo el mundo. Es más valioso ser auténtico que agradable a todos. Me queda claro, la gente es como es y no puedo obligar a nadie a que me quiera como yo creo que deberían quererme.

Sin lugar a duda, un libro que me ha ayudado para dejar que las cosas fluyan y para recordar que la gente es como es y punto, es *Let them* (*Déjalos*) escrito por Mel Robbins. Su mensaje es claro: es terrible desperdiciar nuestras vidas preocupándonos por cosas que no podemos controlar.

Que si somos o no agradables a los demás, que si nos molestamos por cuestiones que no valen la pena, que si nos juzgan, que si hablan a nuestras espaldas... ¡todas las anteriores son ciertas! Ahora mismo alguien puede estar hablando mal de ti, de mí y no le agradamos a mucha gente y ¿sabes qué? eso está bien. La propuesta es clara: ¡Déjalos! Siempre habrá quien critique lo que hacemos o no hacemos. La teoría de Mel Robbins en *Let them* consiste en ser más libre, libre de la maldición de intentar controlar a los demás. Cuando dejas de obsesionarte en lo que la otra persona piensa, dice o hace, encuentras por fin la energía necesaria para centrarte en tu propia vida. Terrible pérdida de mente, tiempo y energía el querer controlar y complacer a todos. La clave está en aprender a soltar.

Tu pareja está de muy mal humor: déjala, es su problema. Al rato se le pasa. Céntrate en ti. Alguien suelta un comentario despectivo sobre lo que hiciste o dijiste y te molesta, repite mentalmente: "Déjalo". Déjalo juzgarte pues sus opiniones no cambian quien eres, lo que has logrado o tu derecho a tomar decisiones.

La idea es aprender a soltar y, entre más lo hagamos, más viviremos a nuestra manera sin necesidad de sufrir por las decisiones o acciones de los demás. Dejas de querer controlar cosas que no dependen de ti y dejas de desperdiciar tu energía. Te das cuenta del valor de tu tiempo, de tu paz mental.

Déjalos... que tus hijos estudien lo que quieran.

Déjalos... que no siempre estén de acuerdo contigo.

Déjalos... que organicen su fiesta o que no tengan fiesta cuando tú dices que deben celebrar y no desean.

Déjala... que tu suegra se enoje por lo que le dé su gana.

Si a la persona que te gusta, no le gustas, ¡déjala! No es para ti y ya.

Deja que la gente juzge tu vida.

Deja, deja y sé feliz. Elije soltar.

Recuerda, hay algo que nunca se encontrará bajo tu poder, da igual cuánto lo intentes: jamás podrás controlar o cambiar a los demás. La única persona sobre la que tienes cierto dominio eres tú, tú mismo, tus pensamientos, tus acciones, tus sentimientos.

El comediante y actor Bill Cosby dijo esta frase: "No sé cuál es la clave del éxito, pero sí sé la clave del fracaso y es querer agradar a todo el mundo".

Qué tremendo desgaste representa querer quedar bien con todos. Siempre habrá quien te critique y te juzgue por lo que haces, por lo que no haces, por lo que deberías de hacer o no hacer y es en esos momentos donde tu conciencia vuelve a tomar un papel fundamental, por eso te pido que conscientemente analices si crees que eso es posible.

Quienes somos felizmente imperfectos sabemos que todo, absolutamente todo lo que planeamos puede estar sujeto a fallas o errores. Procuramos hacerlo de la mejor manera anticipando, en lo posible, escenarios que no deseamos, pero siempre con la consigna de que todo puede cambiar por errores propios o fuera de nuestra voluntad.

Me permito enumerarte las nada gratas consecuencias que tiene una actitud perfeccionista:

- Ansiedad.
- Miedo constante al fracaso.
- Autoexigencias fuera de lo normal: nada es suficiente.
- Dificultad para disfrutar los logros: por la mentalidad errónea de creer que siempre puedo estar mejor.
- Problemas interpersonales, ya que quienes son perfeccionistas, se exigen y exigen mucho a los demás.
- Agotamiento, cansancio extremo por no cumplir nunca con el estándar establecido por uno mismo.

La forma más simple de explicarte lo anterior es con este ejemplo:

—¿Quieres que te haga unos huevos fritos? —en mi país les decimos huevos estrellados a los que conservan la yema en el centro. Pero a veces, al freirlos se rompe la yema. Quienes sufren de perfección maldicen el momento, se culpan por torpes y tiran el huevo. Quienes somos felizmente imperfectos, decimos:

—Yo sé que te van a gustar más cómo me quedan los huevos revueltos.

¡Y ya!

La vida sigue y no puedes cubrir siempre las expectativas de los demás. Haz lo que puedas con lo que tengas y adáptate en lo posible a los cambios que se suciten. Lo único seguro que tenemos es precisamente el cambio, así que depende de ti cómo lo vivas o lo sufras.

Segundo regalo: concédete el derecho a ser feliz. Quedando claro que la felicidad no es la ausencia de problemas ni la risa constante. Para mí, la felicidad es sentir plenitud, paz, tener la capacidad de encontrar lo bueno en lo que consideramos malo y disfrutar el momento presente. Un derecho que todos tenemos pero que muchos alejan por decisión propia, especialmente por los pensamientos fatalistas y derrotistas que permiten que circulen libremente en su mente.

Tercer regalo: concédete el derecho de aceptar lo que no puedes cambiar. La aceptación libera de una forma extraordinaria. A lo que te resistes... persiste, por lo tanto, aceptar y fluir ante lo que no depende de nosotros es la mejor manera de transitar ante lo inevitable. ¿Puedo hacer algo para modificar lo que no me agrada? Te recuerdo, la gente feliz toma decisiones y, hasta el no hacer nada, es una decisión.

Entre más pasa el tiempo, más aprendo que lo que más cuesta soltar son las expectativas. Nos pasamos la vida esperando a que los demás actúen como yo actuaría. Y eso no es así. La gente es como es. Cuando entendí eso, empecé a liberarme. He decidido practicar una y otra vez el dejar de enojarme por lo que no puedo controlar.

LAS COMPARACIONES SON ODIOSAS

Esa pésima costumbre que aprendimos de estar comparándonos con los demás y más terrible cuando es promovida por nuestros propios padres con frases como "aprende de tu hermano, el sí cuida sus juguetes", lo viví o lo sufrí. Sé que mi papá lo decía creyendo que me hacía un bien, o bueno, me regaló el derecho de la duda de que jamás sería con mala intención, pero constantemente viví la comparación con mi hermano el ordenado, el que cuidadaba más su ropa, el que mejor se expresaba, el que ganaba dinero y yo no. Sin embargo, ahora entiendo que todo lo vivido fue para bien, aunque en su momento no lo percibí así. Y ahora, con las redes sociales, ya sabes las grandes comparaciones con la felicidad y el éxito ajeno que, en muchas ocasiones, es falso, pero nos lo creemos.

"Aquí en la playita disfrutando con mi *amors*". Y vemos una foto de una pareja feliz dándose un abrazo de película. ¡Eso es lo que vemos! Pero no presenciamos las broncas y diferencias que la mayoría tenemos. Nos quedamos con la parte bonita de la película y creemos que toda la trama es igual. Insisto, la alta exposición a redes sociales provoca ansiedad.

¿Qué dice la ciencia?

Te presento algunos de los estudios que demuestran que la sobreexposición a redes sociales puede ser dañina:

La Asociación Americana de Psicología, con sus siglas en inglés APA, en el 2020 publicó que los jóvenes entre 18 y 25 años que pasan más de tres horas al día en redes sociales tienen mayor riesgo de desarrollar trastornos de ansiedad.

La Sociedad Real de Salud Pública del Reino Unido publicó en el 2017 que Instagram fue calificada como la red más dañina para la salud mental de los jóvenes.

La adicción a redes sociales se relaciona con 55 % de síntomas de ansiedad, 52 % de depresión y un aumento de comportamientos agresivos. La generación Z pasa siete horas diarias frente a pantallas, de las cuales cuatro las destinan a redes sociales.

Siempre habrá gente más feliz, más bonita, más agradable y exitosa que uno mismo. La aceptación libera. Haz lo que puedas con lo que tengas y sigue tu camino.

Decide de una vez por todas solo compararte contigo, con la persona que eras y con el ser en el que estás convirtiéndote. Compárate con quien antes reaccionaba ante la mínima provocación y ahora con quien eres, emocionalmente más inteligente.

Deja de buscar referentes en los éxitos y alegrías de los demás ya que cada quien carga con sus propias penas que jamás conoceremos.

Si por alguna razón aceptas el riesgo de la comparación, que sea de manera positiva, con la firme convicción de aprender lo que convenga para ti y tu crecimiento.

3. Postergar

Terrible costumbre la de dejar lo importante para después: "Después lo hago, después le llamo, después le digo...", y ese después, nunca llega.

La pregunta más importante sería ¿qué es lo que he dejado de hacer por desidia o por flojera y que podría ayudarme a ser una mejor persona?

También conviene preguntarnos por qué no cumplimos lo que deseamos y mucho menos lo que nos proponemos al inicio de año.

¿Qué dice la ciencia?

Según un estudio realizado por la Universidad de Scranton, solo 8 % de las personas logran mantener sus propósitos durante todo el año. ¡Así como lo lees! Solo 8 % cumple con lo que siente que le ayudaría muchísimo a tener un mejor año.

Quiero que aprendas a desaprender la costumbre de dejar todo para después en busca de una gratificación inmediata por un *shot* de dopamina al ver redes sociales, lo cual generalmente hace que el tiempo se te vaya viendo uno y otro y otro video. La pereza que persiste por no iniciar con una rutina de ejercicio o cambio de alimentación. La flojera de mejorar nuestro entorno quitando, limpiando, acomodando los espacios de los lugares que habitamos o en donde trabajamos. Te pido que veas a tu alrededor y verifiques cuántas cosas ocupan espacio y no son utilizadas. Las veces que procastinas el hablar con alguien sobre temas importantes o pedir una disculpa por errores cometidos.

Te comparto la razón más grande por la cual postergamos: porque no tenemos clara cuál es la motivación que nos impulsa a hacer esa acción.

¿Cuál sería mi motivación para ser más ordenado en mi casa o en mi lugar de trabajo? Obviamente que me sentiré más a gusto y más productivo.

Quienes tienen la costumbre de postergar lo que consideran importante sienten un vacío difícil de expresar pero que, a la larga, se convierte en frustración por no haber logrado lo que deseaban o alguna vez pensaron.

¿YA ES TARDE PARA APRENDER Y MEJORAR LA MEMORIA?

Terrible error que tristemente mucha gente sigue creyendo.

Me siento orgulloso de decirte que cuando cumplí 59 años tomé la decisión de estudiar un doctorado en Psicoterapia. Por supuesto que cuando les di la noticia a mis hijos, inmediatamente me cuestionaron el porqué, si ya ostento el título de médico cirujano. Pero, sin lugar a duda, la pregunta que más me movió fue cuando uno de ellos dijo:

—¿Y cuánto dura?

A lo que contesté que tres años.

—¿Y terminas? —preguntaron.

—¡Claro que sí! —afirmé sin saberlo a ciencia cierta, pero la intención estaba presente.

Hoy quiero decirte a ti que me lees, que las razones por las que estudié fueron dos: la primera, para que mis hijos vean y crean que verdaderamente nunca es tarde para aprender y, la segunda, para tener más conocimientos que compartir en mis conferencias, programas de radio y televisión y, por supuesto, ahora en este libro que tienes en tus manos.

Estaré citando en este libro muchos de los conocimientos que adquirí, al igual que investigaciones científicas que confirman los 10 hábitos que yo he hecho parte de mi vida y que en este libro te recomiendo para hacer un cambio favorable y memorable en ti.

Nunca es tarde, porque según el profesor de Harvard, Gerald Zaltman, 95 % de todos los comportamientos, decisiones y pensamientos ocurren de forma inconsciente, mientras que solo 5 % de nuestra actividad mental es consciente. ¿Te imaginas? ¡Solo 5 %!

¿CONOCES LO QUE ES LA NEUROPLASTICIDAD?

¡Bendita neuroplasticidad! Es la capacidad de tu cerebro de adaptarse y remodelarse en respuesta a diversos estímulos, en especial, a las experiencias de vida.

Aunque se sabe que el cerebro es muy adaptable desde el nacimiento hasta los veinticinco años, la investigación científica moderna nos cuenta una historia más emocionante para quienes ya no *nos cocemos al primer hervor* o, dicho de otra forma, para quienes estamos en una edad más avanzada: la neuroplasticidad continúa mucho más allá de la edad adulta temprana y persiste durante toda nuestra vida. O sea, esto echa por la borda la mediocre idea de que, a más edad, no se pueden aprender cosas o hábitos nuevos, insisto: *¡Perro viejo SÍ aprende maroma nueva!*

Claro, no todo es miel sobre hojuelas, aprender cosas nuevas y conservar la memoria en la edad adulta requiere un esfuerzo más deliberado, concentración y descanso adecuado. Pero eso sí, con las estrategias correctas, el cerebro sigue siendo capaz de crecer a cualquier edad.

¿Qué dice la ciencia?

Investigadores de la Universidad Federal de Santa Catarina en el 2023, el Dr. Marzola y sus colegas, realizaron un estudio sobre neuroplasticidad y la neurodegeneración que ocurre con la edad. El artículo que describe sus hallazgos se llama "Explorando el papel de la neuroplasticidad en el desarrollo, el envejecimiento y la neurodegeneración" y lo puedes encontrar en la famosa revista *Brain Sciences*. En ese artículo revisaron la importancia de la neuroplasticidad a lo largo de la vida y su papel en enfermedades neurodegenerativas.

Antes se creía que cuando las neuronas morían no era posible el nacimiento de nuevas. ¡Pero no! La neurogénesis adulta (formación de nuevas neuronas) es un ejemplo de plasticidad estructural.

La neuroplasticidad juega un papel fundamental en el desarrollo cerebral normal, pero también puede verse afectada negativamente por factores como el estrés, el alcohol y otras sustancias tóxicas durante el desarrollo, así que ¡cuidadito con los vicios!

Claro, también influyen factores antes del nacimiento: ¿Mamá se alimentó bien, evitó toxinas e infecciones?, y después del nacimiento la nutrición, la interacción social y los factores ambientales son esenciales en esta etapa. De hecho, la lactancia materna se asocia con mejores resultados en el desarrollo de neuronas de ese ser en formación.

Por supuesto que quienes son mayores de edad pueden mejorar sus funciones cerebrales y evitar el envejecimiento prematuro, siempre y cuando ayudes al cerebro con los siguientes hábitos que es bueno reaprender, si acaso no los practicas en tu vida:

- Ejercicio físico: mejora la función cognitiva y la neurogénesis.
- Estimulación social: entre más amigos, mejor funciona nuestro cerebro.
- Dieta saludable: los ácidos grasos omega-3 son esenciales para la salud cerebral.
- Bajar el consumo de calorías: puede mejorar la memoria.
- Dormir bien: fundamental para la consolidación de la memoria.

¿Qué te parece? Pues justo en este libro hablaremos de todas esas estrategias porque, casualmente, también son hábitos positivos que debes adoptar en tu vida. En conclusión, la neuroplasticidad es un proceso fundamental para la salud cerebral a lo largo de la vida.

¿QUIERES CREAR UN NUEVO HÁBITO? EL *LOOP* DEL HÁBITO

Una de las mejores maneras de crear un nuevo hábito es aprovechar el ciclo del hábito o *habit loop*, como le dicen en inglés.

El ciclo del hábito es un modelo compartido por el periodista Charles Duhigg en su libro: *The Power of Habit* (*El poder de los hábitos*), basado en investigaciones de neurociencia y psicología conductual, especialmente en estudios realizados en el MIT (Instituto Tecnológico de Massachusetts) sobre los ganglios basales y el aprendizaje automático del cerebro. Este modelo explica cómo se forman, se mantienen y se pueden cambiar los hábitos. Nos ayuda a entender por qué repetimos ciertas conductas casi en automático, incluso cuando sabemos que no nos convienen.

Funciona con tres pasos muy simples:

Ciclo del hábito *(habit loop)*

1. **Señal.** Es lo que desencadena el hábito. Una señal puede ser cualquier cosa, desde un momento específico del día, un lugar, un antojo (anhelo, deseo, ansias), un estado emocional, una persona determinada. La señal le avisa a tu cerebro que es hora de empezar el hábito.
2. **Rutina.** Es la acción que realizas en respuesta a la señal. Digamos que es el hábito en sí, por ejemplo, lavarte las manos, cepillarte los dientes, meditar, salir a correr o tomar un licuado saludable después de hacer ejercicio.
3. **Recompensa.** Es lo que recibe tu cerebro como resultado de completar la rutina. Es la sensación positiva o la satisfacción que obtienes del hábito. Las recompensas hacen que tu cerebro quiera repetir el hábito en el futuro.

Si aprovechas el ciclo del hábito, puedes empezar a desaprender y a integrar nuevos programas o comportamientos en tu vida.

Elige una señal que se adapte de forma natural a tu rutina, como cepillarte los dientes. Luego, programa la acción, por ejemplo, la meditación. Por último, prémiate por meditar con un desayuno y un café. A medida que repitas ese ciclo, tu nuevo hábito se volverá mecánico y funcionará en piloto automático como un programa subconsciente.

Eso sí, recuerda que entre más te apegues de forma exacta a tus hábitos, más propensos serán a adherirse. El cumplimiento perfecto no es necesario, pero las primeras repeticiones son muy importantes para establecerlo. Con el tiempo, la ganancia se vuelve más pequeña. ¿La conclusión? Debes empezar fuerte y usar métodos para proteger tus hábitos, sobre todo al principio.

CUIDADO CON LA RECOMPENSA

Muchas veces las recompensas pueden convertir participantes entusiastas en renuentes trabajadores pagados y transformar algo divertido en un trabajo aburrido.

¿Qué dice la ciencia?

En 1973, Mark R. Lepper y sus colegas publicaron un estudio en la *Revista de personalidad y psicología social* donde los investigados fueron niños.

Participaron niños que mostraron interés inicial en dibujar con plumones de colores. A unos se les prometió una recompensa por dibujar. A otros se les dio la misma recompensa después de dibujar, sin que lo supieran de antemano. Y a otros, no les dieron nada. Después, midieron el tiempo y la calidad de los dibujos sin que los niños se dieran cuenta.

¿Qué crees que pasó? Los niños en el grupo de recompensa esperada mostraron menor interés intrínseco en dibujar, en comparación con los otros dos grupos. Los niños en el grupo de recompensa inesperada y sin recompensa mantuvieron o aumentaron su interés en dibujar. O sea, los niños que buscaban una recompensa por colorear no pasaron tanto tiempo con los plumones como los que no esperaban nada.

Por lo general, suponemos que ofrecer un estímulo ayudará a las personas a empezar un hábito nuevo, el cual persistirá después de que el premio haya desaparecido. Pues no es así. Muchas veces, en cuanto se acaba la recompensa, el comportamiento también (y a veces, desde antes). Cuando la gente recibe un pago por ejercitarse, ahorrar, tomar medicinas, visitar a su familia, dejar de fumar o lo que sea, lo hace, pero ya que ganó el premio/estímulo/recompensa, el comportamiento se puede detener. Por ejemplo, digamos que si tu jefe te paga $1,500 por hacerte un examen médico, ¿por qué lo harías gratis? Si le digo a mi sobrina que puede ver la tele una hora, siempre y cuando leamos una hora, no le estoy construyendo el hábito de la lectura, le estoy enseñando que si quiere ver televisión, aunque no le guste, primero debe leer.

Claro, es seguro asumir que algunos comportamientos continuarán aun cuando la recompensa acabe. De hecho, los investigadores no descalifican por completo el uso de recompensas extrínsecas, sino que recomiendan su uso con cautela. Sugieren que las recompensas pueden ser útiles cuando el interés inicial en una actividad es bajo o cuando se requiere un esfuerzo sostenido antes de encontrar satisfacción en ella.

Como le pasó a mi hermana Laura: "Seguí la dieta para entrar en el vestido para la boda de mi hija, usé el vestido, después volví a comer lo que quería. Entonces los kilos regresaron y fue súper difícil volver a empezar la dieta otra vez. No tengo una boda que me motive."

Para mantener un peso saludable no debes seguir un régimen alimenticio temporal, sino cambiar los hábitos de comer *para siempre.* Porque si no, puedes abandonar un hábito por meses (por ejemplo, fumar), sacar la adicción química de tu sistema y toda la cosa, pero cuando cruces la línea final, ¡pum! Puedes recaer.

El artículo del Dr. Traci Mann se enfoca en las dietas restrictivas en calorías como el tratamiento más común para la obesidad, evaluando su efectividad a largo plazo en la pérdida de peso. Las dietas pueden llevar a la pérdida de peso a corto plazo, en promedio de 5 a 10 % del peso corporal, pero esas pérdidas no se mantienen. Tú sabes que la mayoría de las personas que hacen dieta recuperan el peso perdido, y de uno a dos tercios incluso ganan más peso del que perdieron. Como el estudio muestra: "Entre los pacientes a quienes se les hizo seguimiento por menos de dos años, 23 % recuperó más peso del que había perdido. Entre los pacientes a los que se les hizo seguimiento durante dos o más años, 83 % recuperó más peso del que perdió". ¡Zas! ¡Qué fuerte y desmotivante noticia!

De los diez estudios que siguieron a los participantes por varios años, siete encontraron que las personas a dieta ganaron más peso que quienes no estaban a dieta.

Los autores concluyen: "Los beneficios de las dietas son demasiado pequeños y los daños potenciales de las dietas son demasiado grandes para que se recomiende como un tratamiento seguro y efectivo para la obesidad."

Por eso recomiendo a quienes quieran aprender el maravilloso hábito de bajar de peso, que es mucho mejor decir: "He decidido comer saludable", en lugar de "he decidido ponerme a dieta". Simplemente decir que estás a dieta ¡da un hambre terrible! Y, además, se te antojan cosas que normalmente no comes. Afirma conmigo: "He decidido comer saludable".

AL CEREBRO LE GUSTA LO CONOCIDO

Ahora sí, llegamos a lo bueno para ti que deseas establecer hábitos positivos. Formar un hábito es un proceso multifactorial. Algunos son más fáciles de fijar porque las conductas asociadas están más accesibles en la memoria. Por ejemplo, si nos gusta correr y queremos adoptar el hábito de hacer ejercicio no tardaremos mucho en lograrlo. Pero si queremos dejar de perder el tiempo en redes sociales... ups, tal vez encontremos muchas "razones" para justificar esos "ratitos" de esparcimiento.

¿Qué dice la ciencia?

El neurocientífico Andrew Huberman publicó "Crea o rompe hábitos utilizando herramientas basadas en la ciencia" en el Boletín informativo de redes neuronales. Ahí habla de la "fricción" o "resistencia límbica". La fricción límbica es esa resistencia psicológica que ponemos ante un hábito que no nos gusta, en otras palabras, es el sistema de protección hacia lo conocido por el cerebro, evita el esfuerzo que supone cualquier cambio. Digamos que es la base científica de *más vale malo por conocido que bueno por conocer,* pues priorizamos comportamientos antiguos sobre nuevos.

Pero no te preocupes, para enfrentar la fricción límbica o rechazo cerebral para empezar a establecer tus nuevos hábitos (o consolidar los que tienes) te recomiendo esto:

1. Fija objetivos realistas y nota la diferencia entre los refuerzos diarios y la recompensa final. Así disfrutarás beneficios moderados a corto plazo, en vez de estar ansioso porque te estás tardando mucho en llegar a la meta final. Recuerda: un hábito es para siempre, no hay prisa.
2. Crear un hábito depende de ti. Si te sientes obligado o los beneficios no te convencen, será más difícil. Analiza a fondo qué beneficio vas a tener a corto y largo plazo para que encuentres una *motivación* en la acción.
3. Equilibra expectativa y realidad. Si esperas demasiado y consigues resultados modestos, puedes sentirte frustrado y abandonar el hábito.
4. Enfrenta lo desconocido con apertura, sin juicios previos, abrazando y dando la bienvenida a la incomodidad de una nueva experiencia (para esto te ayudarán mucho los ejercicios de respiración, *mindfulness* y meditación de los siguientes capítulos).
5. Usa el contexto de aliado. Repetir una conducta en el mismo entorno ayuda a fortalecerla. Entonces, elige un momento adecuado entre las tres fases de Huberman, que te compartiré a continuación, y prepara todo para que tu hábito sea fácil, divertido y accesible.

Programa de hábitos de Huberman Lab

Ajustar los hábitos requiere superar lo que llamo "fricción límbica" (energía para superar la ansiedad, procrastinación y/o la fatiga). Aprovecha los ritmos naturales del cerebro y cuerpo para que sea más probable que adoptes o mantengas hábitos. Esto se hace más fácil dividiendo cada ciclo de día y noche de 24 horas en tres fases:

- **Fase 1:** ¿Al que madruga, Dios le ayuda? Pues sí. De 0 a 8 horas después de despertar el cerebro y el cuerpo están más orientados a la acción y a la concentración debido a los niveles elevados de dopamina, adrenalina y cortisol. Es más fácil superar la resistencia o fricción límbica. (Nota: también somos más propensos a la distracción y a la multitarea reflexiva en este momento y más si lo primero que haces al despertar es ver tus mensajes del celular; no sucumbas a eso).

  Establece de 1 a 4 hábitos para completar en la Fase 1. Deben ser los hábitos que requieren energía y concentración. Establece un período para completar (por ejemplo, 45 minutos de lectura concentrada, trabajo, etc.) en lugar de una hora precisa de inicio y finalización. Por ejemplo, hacer ejercicio, escribir o estudiar "después de despertar, pero antes del mediodía". Claro, si puedes hacerlo a la misma hora todos los días, sería genial, pero establecer un período de tiempo más amplio ayuda sobre todo a las vidas ocupadas.

- **Fase 2:** De 9 a 15 h después de despertar. Aprovecha tus niveles altos de serotonina y bajos de adrenalina y adopta hábitos que no requieran superar fricción límbica. Este momento es excelente para conductas y pensamientos que se pueden completar con menos concentración. Mientras que la Fase 1 es excelente para los hábitos que requieren una ejecución precisa, la Fase 2 es mejor para cosas más sueltas: probar una nueva receta, hacer una lluvia de ideas, explorar un nuevo enfoque para algún aspecto del trabajo, una actividad física, las relaciones o el aprendizaje.
- **Fase 3:** De 16 a 24 h después de despertar. Aquí restablecemos la capacidad de superar la fricción límbica, como ya habrás adivinado, descansando y durmiendo.

¿Ya pensaste qué hábitos acomodarás en cada fase? ¡Obviamente dormir bien va en la Fase 3!

Por último, si quieres romper un hábito, primero date cuenta del momento en que hiciste el hábito que estás tratando de romper. De inmediato realiza una conducta positiva. La conducta específica es menos importante que el hecho de que se produzca después del hábito que estás tratando de romper y que no sea una conducta negativa.

LOS FAMOSOS 21 DÍAS

¿De verdad podemos adoptar un hábito en solo 21 días? Si es cierto, ¿por qué solo algunos consiguen sus propósitos? ¿Todos los hábitos pueden plegarse a esta regla que parece ley matemática?

¿Qué dice la ciencia?

La idea de los 21 días surge en 1960 con Maxwell Maltz y su libro *Psicocibernéticos.* Resulta que sus pacientes de cirugía plástica tardaban 21 días en acomodar los injertos de piel y adaptarse psicológicamente a su nueva apariencia.

Es importante que sepas esto porque esa fórmula mágica puede generar expectativas poco realistas, lo cual te llevará a abandonar tu nuevo hábito. Así que lo mejor, como dicen los doctores Benjamin Gardner, Phillippa Lally y Jane Wardle, es ser consciente de que implementar un hábito (basado en la repetición diaria) puede tardar ¡hasta diez semanas!, lo que equivale a 147 días. "Nuestra experiencia es que las personas se tranquilizan al saber que realizar la conducta se vuelve progresivamente más fácil; por lo que solo tienen que mantener la motivación hasta formar el hábito".

En 2012, estos doctores e investigadores del Health Behaviour Research Center en Londres, Reino Unido, publicaron un artículo en *La Revista Británica de Medicina General.* El artículo se titula "Convertir la salud en un hábito" y explica cómo dar consejos sobre conductas saludables a los pacientes en los consultorios.

A partir de ahí, simplifiqué un ejercicio especialmente para ti, para que pongas manos a la obra y empieces a implementar tus nuevos hábitos.

1. Decide un objetivo de salud que te gustaría alcanzar. Por ejemplo "comer más frutas y verduras".

2. Elige una acción sencilla que te permita alcanzar el objetivo y que puedas realizar todos los días.
3. Planea cuándo y dónde realizarás la acción elegida usando esta fórmula:

   CUÁNDO______ DÓNDE _______, VOY A __________.
4. Sé constante: elige un momento y lugar que encuentres todos los días. Por ejemplo: "Después de almorzar en casa, voy a comer una fruta." (CUÁNDO <u>después de almorzar</u> DÓNDE <u>en casa,</u> VOY A <u>comer una fruta</u>).
5. Cada vez que encuentres ese momento y lugar, realiza la acción.
6. Será más fácil con el tiempo y en diez semanas ¡te darás cuenta de que lo estás haciendo automáticamente, sin siquiera tener que pensar en ello!
7. Regístralo todos los días y evalúa el grado de automatización que sientes al final de cada semana para ver cómo se vuelve más fácil.

El asesoramiento para la formación de hábitos es simple: repetir una acción de forma sistemática en el mismo contexto. El intento de formación de hábitos comienza en la "fase de iniciación", durante la cual se selecciona el nuevo comportamiento y el contexto en el que se realizará. La forma automática se desarrolla en la "fase de aprendizaje" posterior, durante la cual el comportamiento se repite para fortalecer la asociación contexto-comportamiento (aquí puede resultar de ayuda una simple hoja de verificación para el autocontrol del desempeño). La formación de un hábito culmina en la "fase de estabilidad", en la que el nuevo hábito se ha formado y su fuerza se ha estabilizado, de modo que persiste en el tiempo con un mínimo esfuerzo o deliberación.

La iniciación requiere que la persona esté lo suficientemente motivada como para comenzar un intento de formación de hábito. Los pacientes que desean tener hábitos para recuperar la salud deben elegir un contexto apropiado para realizar la acción. El "contexto" puede ser cualquier señal, por ejemplo, un evento ("cuando llego al trabajo") o un momento del día ("después del desayuno"), que sea lo suficientemente importante en la vida diaria como para que se encuentre y detecte con frecuencia y de manera constante. Una señal ubicada dentro de una rutina diaria existente (por ejemplo, "cuando hago la pausa para el almuerzo") proporciona un punto de partida conveniente y estable. O como yo le hago con un hábito que tengo desde hace más de dos años, cuando me levanto, antes de bañarme, realizo mis 80 a 90 lagartijas. ¡Ya lo hago de manera automática y sin recompensa inmediata! Y es parte de mi vida, se hizo rutina y por lo tanto, se hizo hábito. ¡No hay excusa para no hacerlas!

Recuerda, es muy importante realizar cambios de conducta pequeños y manejables, porque el fracaso puede ser desalentador. Además, los logros en materia de cambios de conducta, por pequeños que sean, pueden aumentar la eficacia, lo que a su vez estimula la búsqueda de otros cambios. La formación de un "pequeño" hábito saludable puede aumentar la confianza en uno mismo para trabajar en favor de otros hábitos que fomenten la salud.

Antes de terminar este primer capítulo sobre el hábito de "Aprender a desaprender" déjame compartirte...

CÓMO APLICO ESTE HÁBITO EN MI VIDA

- Me he cuestionado el porqué acepté durante tantos años como parte de la vida lo que no me suma, incluyendo lo que me enseñaron mis padres y no me siento cómodo. Ahora decido qué sí quiero y qué no quiero.
- He aprendido a decir NO sin culpa y a quitarme el resentimiento que por tantos años me desgastó.
- Desaprendí que el dinero es malo o que se sufre para tenerlo y ahora acepto que es consecuencia del trabajo arduo y que si mi labor es hecha con amor y pasión, viene por consecuencia.
- Desaprendí a seguir creyendo en un Dios que castiga. Ahora creo en un Dios vivo que me ama y desea lo mejor para mí. Y, sobre todo, he desaprendido a vivir con el temor de que todo es pecado.
- Procuro tomar decisiones basadas en el amor y no en lo que los demás quieren.

2

¡Enfocarte!

> “CUANDO ENFOCAS, AVANZAS; CUANDO TE DISTRAES, TE ESTANCAS. EL ENFOQUE NO ES MAGIA... ES DISCIPLINA.”

VIVIMOS DISTRAÍDOS

Ahora te comparto una confesión. He difundido por muchos años el hábito de enfocarnos en lo que hacemos, escuchamos y decimos. Cuando me distraigo de lo que estoy haciendo me repito una y otra vez la palabra *¡focus!* ¡*Focus,* César Lozano! ¡Enfócate!

Durante la escritura de este libro, he vivido situaciones que han puesto a prueba el hecho de si verdaderamente he aplicado el enfocarme cuando tengo tantas cosas que realizar, como en este momento. Sé que es un hábito fundamental no solo para ser productivo, también para disfrutar más la vida.

Durante estos días escribiendo mi nuevo libro se me juntaron tantas actividades que me preguntaba en qué momento permití que sucediera. Terminé mi tesis doctoral, presenté mi examen profesional del doctorado en psicoterapia gestalt, estoy de gira con la conferencia *FelizMente imperfectos*, sigo con mi programa internacional de radio diariamente, con mi segmento semanal en Televisa-Univisión, continúo con seminarios en línea, sesiones con los miembros de mis clubes *Creciendo Juntos* y *Diamond Mentornig Club*, además del tiempo que no quiero perderme en familia.

Bueno, pues te confieso que "tantas pelotas en el aire" —dícese de tantas actividades a la vez— han hecho que mi capacidad de enfoque se vea afectada. ¡Yo que me jactaba de promover con el ejemplo lo importante que es enfocarnos para vivir mejor!

Quiero compartirte algunos de los estragos que he vivido por mi falta de enfoque, al dejar de hacerlo como lo venía realizando desde hace años. Si te confieso esto es porque debo de ser congruente. Un hábito puede estar presente muchos años y dejarse por completo cuando nos saturamos de trabajo. Sigo con mi confesión: he olvidado audífonos en hoteles; he dejado mi maleta en dos ocasiones dentro del avión, además de libros y lentes; he enviado mensajes de WhatsApp a otras personas en lugar de a la que debería; he subido las escaleras de mi casa y, cuando estoy arriba, me pregunto "¿a qué subí?"; he estado con personas importantes en mi vida y no las escucho como debería; he estado viendo una película y la tengo que regresar porque me perdí de la trama por estar pensando en otras cosas, entre otras circunstancias más.

Reitero, antes no era así, llegué a preguntarme si sería por los estragos de los años vividos, o sea, por la edad que tengo, pero según mi chequeo médico, a Dios gracias, no tengo inicios de problemas relacionados con la memoria (hasta hoy).

Lo que sí me sucedió fue que le resté importancia al *focus.* Caí en la trampa de creer que no olvido las cosas porque siempre procuro recordar lo importante; confié en mi capacidad de recordar todo y olvidarme un poco de la agenda, con el afán de ejercitar mi mente y no funcionó, y menos cuando son muchas las actividades por realizar.

Y ni para qué hablar de los nombres de las personas que conozco. La pena de preguntar otra vez el nombre cuando ya me lo dijeron dos veces y despedirme diciéndoles otro.

Hay gente muy consciente y sumamente amable que me ha dicho: "César, es imposible grabarte los nombres de tanta gente que ves por tu trabajo". Sin embargo, a corto plazo sí es posible y si es en una reunión social, con mayor razón. Es una de las técnicas que compartiré posteriormente contigo en el hábito de conectar con la gente.

El hábito del enfoque o *focus* es esa capacidad de hacer consciente lo que normalmente hacemos de manera inconsciente. Es vivir en el aquí y ahora. Es evitar la divagación de pensamientos en cosas que por el momento no son importantes y sin embargo damos rienda suelta a nuestra mente sin poner un freno.

¿Qué dice la ciencia?

Diversos estudios han demostrado que *la atención es un recurso limitado* y que el exceso de distracción impacta directamente en nuestro bienestar y desempeño.

Daniel Kahneman, Premio Nobel de Economía y autor de *Pensar rápido y lento* (2011), explica que la mente tiene una capacidad cognitiva finita, cada estímulo, pensamiento o tarea consume parte de nuestra energía mental. Cuando tenemos muchas cosas en la mente o muchas actividades por hacer simultáneamente disminuye nuestra claridad y efectividad.

Por otra parte, los investigadores de la Universidad de Harvard, Daniel Gilbert y Matthew Killingsworth (2010) descubrieron algo impactante: pasamos casi 47 % de nuestro tiempo con la mente en otro lugar, y esto ocasiona que las personas sean más infelices cuando estan distraídos, sin importar qué es lo que estén haciendo. En sus palabras: "La mente humana es una mente que deambula, y una mente que deambula es una mente infeliz". ¡Zas!

Quiero hacerte las recomendaciones que durante varios años he aplicado en mi vida y que me han funcionado. Pero como te mencioné al inicio de este capítulo, te pido que no te confíes y lo apliques prinicipalmente cuando tengas muchas actividades por hacer y evites lo que me sucedió a mi.

EL ENFOQUE COMO ENERGÍA

Donde pones la mente pones tu poder. Donde pones tus pensamientos pones tu energía, razón por la cual recomiendo frecuentemente en mis conferencias que no pongas tanta atención en comentarios malsanos de gente que no te desea el bien, pero tampoco puedo afirmar que te desea el mal, simplemente expresan sus comentarios basados en su experiencia o sus frustraciones y, a veces, enfocarte en eso te quita lo más valioso que tenemos: nuestra energía.

Recuerda esto: si te enfocas en lo que falta, crece la mentalidad de carencia; si te enfocas en lo que tienes, crece tu mentalidad de abundancia.

Nuestra energía mental es como un músculo que podemos desarrollar pero es limitada y renovable. Los pensamientos que tenemos consumen esa energía vital. Cada pensamiento, cada decisión o distracción consume una parte de esa energía vital y desafortunadamente lo hacemos sin medir las consecuencias. Simplemente pensamos y pensamos las cosas muchas veces y, como veremos, la mayoría de los pensamientos son repetitivos y negativos. Gastamos una enorme cantidad de energía en cosas que no nos acercan a lo esencial.

Si pudiéramos medir la cantidad de energía que se gasta en preocupaciones, comparaciones, conversaciones de temas irrelevantes con personas igualmente irrelevantes, además de las notificaciones que constantemente recibimos en nuestro celular, nos impactaríamos tremendamente. Todo lo anterior fragmenta nuestra atención y tú sabes que una mente fragmentada no puede dar buenos resultados.

Recordé a un profesor de física, por cierto, una materia que me chocaba, que frecuentemente decía esta frase: "El verdadero poder no está en hacer más, sino en hacer con dirección y con intención. Saber decir esto es lo que importa, y esto es lo que no importa".

El dia que aprendas a enfocar tu energía en lo que realmente importa, dejas de vivir en piloto automático y dejas de reaccionar a lo que el mundo te presenta.

Quiero compartirte un breve ejemplo de algo que no medimos realmente:

Estás concentrado trabajando en algo, oyes que vibra tu celular, volteas a leer el mensaje recién llegado. ¿Representa energía? ¡Por supuesto que sí! El cerebro necesita filtrar millones de estímulos para concentrarse en una sola tarea. Si cambiaste de foco al revisar el celular el cerebro paga un costo de "cambio de atención" y este cambio puede reducir hasta un 40 % de nuestra productividad mental. Además, el desgaste mental por dispersión de pensamientos activa el sistema de estrés generando fatiga emocional y sensación de caos. ¿Te suena lógico? Es cuando por tantos distractores, no terminas lo importante expresándolo con enojo, tristeza o frustración.

Al momento en que estoy escribiendo esta parte del libro, tengo mi celular a un lado y ha vibrado en dos ocasiones. He resistido la tentación de leer los mensajes.

Recuerda, antes no existían los celulares y las noticias como quiera llegaban. Decido quitar notificaciones mientras escribo y dejarlo en tono de llamada. En caso de emergencia, ¿me enviarían un mensaje o me marcarían por el celular? Obvio me llamarían. Así que dejemos de sentirnos tan importantes cuando hagas algo realmente importante.

En otras palabras, tu energía sigue a tu atención. Donde pones el enfoque, pones tu energía y florece la vida; donde lo pierdes, se marchita tu sueño, tu meta o tu propósito.

EL ENFOQUE TAMBIEN ES SABER DECIR "NO"

Repito, donde pones tu atención pones tu poder y tu energía.

Aprende a poner límites para proteger tu tiempo y tu mente. ¿Cómo enfocarte si todo lo aceptas o si todo te importa? Decir "no" con firmeza y amor al mismo tiempo es una maravillosa manera de fomentar el respeto personal.

Esas ganas de estar en todo, de no saber decir "no", de querer agradar a todo el mundo habla más de carencias en uno mismo que en los demás.

Es una necesidad constante de aprobación. Desde pequeños aprendemos que "portarnos bien" significa hacer lo que nuestros padres quieren y el cerebro asocia: "Ser querido es igual a complacer" e inicia algo que, si no hacemos consciente, nos ocasionará conflictos durante toda la vida: temor a poner límites para evitar el rechazo o el abandono. Tristemente el amor se confunde con aceptación condicional: "Sí me quieren si soy útil o si no causo conflicto" y por eso evitamos decir "no" para tener la validación constante y sentirnos suficientes. Decir "no" activa una alarma inconsciente a ser visto como alguien egoísta, grosero o poco empático y prefiere sacrificarse antes que ser víctima de rechazo, pero esto al final genera ansiedad, resentimiento, una sensación de desconexión con uno mismo porque vivimos la vida que los demás desean y no la que realmente queremos.

Detrás de no saber decir "no" está el miedo a decepcionar, una culpa que vamos aprendiendo a lo largo del tiempo, una falta de autoconocimiento por no saber identificar lo que realmente quiero o necesito y una necesidad de evitar el conflicto y eso hace que nos "desenfoquemos" de lo que realmente deseamos e importa. ¿No crees que ya es tiempo de que desaprendamos también esto? No puedes vivir para agradar siempre olvidándote de la persona más importante: tú. Entiendo que quienes somos padres, siempre estaremos incondicionalmente para nuestros hijos, pero tú y yo sabemos que muchísimas veces nos pasamos de la raya queriéndoles solucionar todos sus conflictos evitándoles a toda costa el sufrimiento. ¿Así te ayudaron a ti? Si te sobreprotegieron te puedo asegurar que ahora estás viviendo las consecuencias; si no fue así, estás viviendo más fuerte y resiliente ante las adversidades. Aprendemos más en las caídas que en los éxitos. ¡Basta de partirte en mil pedazos para agradar!

Decir NO a los demás no te hace mala persona...
te hace una persona que por fin se dijo "sí" a ella misma.

LA MENTE DISPERSA, EL ALMA CANSADA

Vivimos en un tiempo donde el silencio es un lujo y la atención un tesoro en peligro de extinción. ¿Por qué lo digo? Porque hemos restado la fuerza que tiene el silencio, creemos que estar en silencio, sin música, sin celular, sin televisión, es sinónimo de aburrimiento. ¡Bendito aburrimiento, pues es cuando me he inspirado en mis más grandes ideas!

Despertamos rodeados de estímulos variados que compiten entre sí para tener nuestra atención, inlcuyendo las voces ajenas que se esfuerzan siempre por ser escuchadas. Nos creemos privilegiados al expresar que podemos hacer varias cosas a la vez, pero a un costo altísimo que es privarnos de vivir el presente. Sin darnos cuenta, la mente dispersa, aparte de robarnos la energía vital del cuerpo, nos roba la energía del alma. Saltamos de idea en idea, de deseo en deseo como si eso nos hiciera sentirnos más vivos e importantes.

El alma, la que mora en tu interior, la que interpreta todo lo que ves, oyes, piensas y sientes, siempre está ahí. Pero su naturaleza es la paz, la tranquilidad, la plenitud, el gozo. Siempre está dentro de ti en silencio, solo sintiendo lo que tú decides sentir. Cuanto más nos fragmentamos en múltiples pensamientos y estímulos, más vacíos nos sentimos, porque el alma no puede florecer en medio del ruido.

NUESTRA ALMA NECESITA ENFOQUE Y, SOBRE TODO, PRESENCIA

El alma requiere dedicar tiempo al silencio, a sentir la plenitud maravillosa que se percibe cuando logras no pensar en nada. Solo estar. Esa maravillosa sensación que llega con la meditación profunda.

Recuerda, cuando la energía se diluye o se agota, el alma se cansa y el cansancio del alma no es como el cansancio del cuerpo que se recupera durmiendo. El cansancio del alma se cura regresando a uno mismo, al instante presente, a lo esencial, a tu conciencia plena. Se cura recordando que la mente no fue creada para estar en constante movimiento, sino para comprender, crear y contemplar. Para conectarnos con el verdadero significado de sentirnos vivos.

Puedes decirle alma, conciencia plena, espírtu, como desees, pero es fundamental recordar que siempre está en ti y a tu alcance.

Cuántas veces hemos dicho: "¡Mi mente no me deja en paz! ¡No se calla! Desde que sucedió ese acontecimiento no puedo dormir bien por tantos pensamientos que vienen a mi mente". Las preguntas matonas serían: ¿La mente de quién?, ¿quién está percibiendo esos pensamientos? ¿No eres tú? ¡Eres tú quien escucha esos pensamientos! ¿En serio no puedes librarte de esos pensamientos o no lo has intentado? ¿Quién es consciente de esos pensamientos? Como lo expresa claramente el libro *La liberación del alma* de Michael Singer, date cuenta de que tú tienes una relación sujeto-objeto con tus pensamientos. Tú eres el sujeto, y los pensamientos son simplemente un objeto más del cual puedes ser consciente. Por lo tanto, TÚ NO ERES TUS PENSAMIENTOS, tú simplemente eres consciente de ellos.

Consciencia es el término más elevado que es posible expresar. No hay nada más elevado ni más profundo que la consciencia. Es la capacidad de darte cuenta.

Date cuenta de que dentro de ti está tu ser espiritual que vive sin esfuerzo y sin intención. Es el que interpreta lo que ve. Puedes interpretar con tu mente lo que estás observando o simplemente observar qué es lo que hace el alma o la consciencia.

Cuando tu mente empiece a divagar con una o varias preocupaciones, es momento de dar mentalmente un paso atrás y *darte cuenta de que te diste cuenta* de lo que estás pensando. La consciencia tiene la capacidad de enfocarse, de estar más atento en una cosa en particular que en todo lo demás. O lo que ocurre a veces cuando leemos, de repente la mente se va a otra parte y seguimos leyendo pero no nos damos cuenta, simplemente empiezas a pensar en otra cosa. Lo que es importante recordar es que la consciencia tiene la capacidad de enfocarse en algo en particular. Michael Singer dice que si damos un paso atrás mentalmente podemos ver cómo pasan los objetos ante ti en cualquiera de los tres niveles: mental, emocional y físico. Si ves un solo objeto y te concentras en él, tu sentido de darte cuenta se absorbe en la contemplación del objeto.

El ejemplo más evidente es cuando alguien te gusta y estás absorto en la plática y no te das cuenta de la gente a tu alrededor. Dejas de pensar en otras cosas y solo te ocupas de lo que realmente te importa en ese momento. Al igual que cuando vemos algo que nos interesa mucho en la televisión. Los objetos y personas pasan a segundo plano y simplemente no nos enfocamos.

La diferencia que hay entre ser consciente, centrado y una persona que no lo es simplemente el enfoque de su consciencia.

Si la consciencia puede enfocarse en cualquier cosa, ¡imagina qué sucede si la consciencia se enfoca en sí misma! Claro que te das cuenta de tus pensamientos, pero notas que te diste cuenta de los pensamientos que tienes y cuando te concentras en tu misma consciencia es cuando sucede la verdadera meditación. Llegarán pensamientos, pero como decides enfocarte en ti mismo, en tu misma consciencia, así como llegan los pensamientos así se retiran.

Repito, aunque parezca trabalenguas, consciencia es darte cuenta que te diste cuenta. Descubres que algo maravilloso mora dentro de ti y que tú no eres tus pensamientos. Es cuando recuperas la consciencia de ti misma o de ti mismo. Es tu alma.

Me ha servido mucho una técnica para descubir en qué enfocarme día a día. Espero te sirva a ti también. Al levantarte, haz el firme propósito de enfocarte en lo que es realmente importante. Pendientes siempre hay pero no todos son tan importantes como creemos o decimos.

1. Haz tu lista de pendientes; escríbelos.
2. Posteriormente marca con una "A" los prioritarios, con una "B" los importantes pero no prioritarios y con una "C" los que harás si el tiempo te lo permite, o sea los que están sujetos a espacio y que probablemente podrías delegar.
3. Claro que quienes tenemos ganas de controlarlo todo nos sentimos indispensables, marcamos con una "A" todo porque afirmamos que todo es importante y que nadie lo puede hacer mejor que uno. ¡Error garrafal! O mejor dicho ¡ego desmedido!

¡Bendito *mindfulness*! Me encantó tomar este seminario-taller que me ha ayudado a enfocarme en el presente.

Procura hacer consciente lo que normalmente haces de manera inconsciente o automática. Eso es la atención plena o *mindfulnnes*. Un día me dijeron, *si tú no controlas a tu mente, tu mente te controlará a ti.*

Realmente vivimos distraídos con pensamientos del pasado, del futuro o cómo debería de ser el presente aunque la vida simplemente es, no siempre como la deseamos, solamente es.

Vivir en *focus* es vivir en el presente, evitando la constante divagación de pensamientos que nos quitan la paz por la falta de control.

Obviamente sería imposible incluir en este libro todo lo aprendido, pero déjame compartirte los ejercicios que más me han ayudado.

El primero:

- Siéntate en una silla cómoda, con tus manos en tus piernas.
- Cierra tus ojos y concéntrate en tu respiración. La forma más práctica como lo he logrado es poner mi mente en los orificios nasales. Inspirar y espirar.
- Llegarán pensamientos que te distraigan, no trates de quitarlos, simplemente vuelve a concentrarte en la respiración y deja que esos pensamientos como llegaron se vayan.
- No te esfuerces en quitarlos luchando contra ellos. Solos se van.

Es un ejercicio tan sencillo y a la vez tan importante que te cambia tu día porque te trae al presente. Te ayuda a aplacar tu mente y oxigenas tu cerebro, principalmente el lóbulo prefrontal donde tomas decisiones.

Haz este ejercicio varias veces al día y verás cambios sorprendentes en tu estado de ánimo y en la energía de tu cuerpo y mente.

Escáner corporal

- Procura acostarte en un tapete de yoga o en una superficie cómoda pero no tanto que te ocasione sueño. Puede ser un tapete cualquiera o una cobija en el suelo.
- En posición boca arriba con tus palmas de las manos tocando el tapete o el piso, regálate varias inspiraciones y espiraciones, primero superficiales concentrando la entrada y salida

del aire en las fosas nasales. Después regálate respiraciones más profundas. Puede ser la de cuatro tiempos. Inspiro en cuatro segundos, retengo el aire en cuatro y espiro en otros cuatro segundos. Yo prefiero esta forma de inspirar y espirar.

- Después vuelve a tu respiración normal con los ojos cerrados.
- Iniciamos el escáner corporal recorriendo mentalmente y despacio cada parte de nuestro cuerpo iniciando con los pies, recorres lentamente cada parte de tus pies, tus dedos, los talones sobre el tapete, sigues ascendiendo lentamente imaginando cada parte. Continúas con el otro pie, tobillo, piernas. Después con cadera y partes genitales. Todo lentamente. Sigues lentamente ascendiendo a tu espalda, abdomen y tórax. Posteriormente a cada una de tus extremidades superiores iniciando por los dedos de cada mano, antebrazo, brazo, hombro, espalda y continúas con la otra extremidad.
- Sigues con los ojos cerrados imaginando ahora el interior de tu cuerpo, imagina tus órganos, tus intestinos, estómago, tus pulmones sintiendo como entra y sale el aire. Imagina tu corazón trabajando, latiendo para ti. Procura imaginar el recorrer de tu sangre por el cuerpo. Continúas con el cuello por la parte posterior y anterior. Luego tu cuero cabelludo, recórrelo mentalmente al igual que toda tu cara. Cada parte de tu cara iniciando por la frente hasta la barbilla.

- Después continúa alrededor de cinco minutos más acostado en la misma posición regalándote respiraciones normales, imaginando la entrada y salida del aire.

Este escáner es increíble porque te ayuda a relajar cada parte de tu cuerpo y al mismo tiempo agradecer su función. Llegarán pensamientos que no tienen nada qué hacer ahí, no luches contra ellos, solos se irán si sigues con el escáner corporal. Haz este maravilloso ejercicio cada que puedas para aplicar tu poder de enfoque.

RESPIRACIÓN DE CORAZÓN

Son increíbles sus efectos si deseas quitar ansiedad a tu cuerpo. Fue desarrollada y popularizada por el Instituto HeartMath de California.

Este instituto descubrió que las emociones, el sistema nervioso y el corazón interactúan. Una respiración rítmica y consciente puede sincronizar la actividad del corazón, el cerebro y las emociones, a esto le llaman "coherencia cardíaca".

Agradezco a mi amiga y escritora Gaby Vargas por enseñarme la técnica de una manera tan práctica y fácil de aplicar. Aquí te la comparto:

- Adopta una postura cómoda, con la espalda recta y los pies apoyados en el suelo. Cierra los ojos y lleva tu atención al área del corazón, en el centro del pecho. Pon tu mano derecha en la zona, con la palma abierta tocando el centro de tu pecho un poco inclinada hacia la izquierda.

- Ahora, respirando normalmente, imagínate a tu corazón que se alegra porque te acordaste de él. Trabaja incansablemente para ti 24/7 bombeando sangre a todo tu cuerpo. Le llamamos órgano vital y por algo será. Quédate así unos minutos imaginando que quien respira no son tus pulmones, es tu corazón. Visualiza el órgano con cada entrada y salida de aire.
- Ahora, inhala lentamente por la nariz durante cinco segundos, imaginando que el aire entra y sale por tu corazón. Deja tu mano ahí.
- Exhala por la boca y nariz durante cinco segundos manteniendo el ritmo. Inhalas en cinco segundos y exhalas en otros cinco, durante tres o cinco minutos. Mientras respiras, piensa y siente algo positivo como gratitud, amor o paz.

Te aseguro que esta respiración de corazón te enfocará en el momento presente, y además de múltiples beneficios ya demostrados:

- Disminuye el estrés y la ansiedad.
- Regula la presión arterial y el ritmo cardiaco.
- Mejora la concentración y la claridad mental.

¿Así o mejor los beneficios?

CÓMO APLICO ESTE HÁBITO EN MI VIDA

- Procuro vivir el presente. En conciencia plena, me recuerdo una y otra vez que lo único que realmente tengo es el momento que estoy viviendo.
- **P**rocuro asombrarme por las cosas simples, apreciar y agradecer constantemente.
- Me enfoco en lo que hago y evito lo más posible a los distractores que me roban tiempo y energía.
- Vivo consciente las conversaciones con la gente que conozco y principalmente con la gente que amo.

3

Cuidar tu salud física

> “CUIDAR TU CUERPO NO ES VANIDAD, ES RESPONSABILIDAD: LA ENERGÍA QUE LE DAS HOY ES LA VIDA QUE TE DEVUELVE MAÑANA.”

ALIMENTACIÓN

Al momento en que escribo este libro, llevo más de 20 años haciendo programas de radio, recibiendo invitados que son expertos en diferentes áreas. Obviamente la salud física es un tema que frecuentemente tocamos en el programa *Por el placer de vivir*. Un día me contactó un hombre que tiene publicados tres libros sobre alimentación regeneradora y antienvejecimiento. "¡Qué importante tema! —dije— que venga al programa".

Busqué uno de sus más recientes libros y lo leí en un fin de semana para tener más conocimientos sobre el tema que trataríamos.

Cuando lo recibí, lo vi físicamente muy diferente a su fotografía de portada de libro. Un hombre que, a mi parecer, tenía de 75 a 80 años, muy delgado, pelo escaso y con canas, arrugas propias de su edad en frente y parte de su cara.

Al entrar tuvimos un breve diálogo y enfatizó en la importancia de la alimentación que él llevaba desde hacía tres décadas para evitar el envejecimiento prematuro y conservar la vitalidad (situación que todos buscamos).

Antes de iniciar con sus recomendaciones le pregunté su edad, y para mi sorpresa me contestó: "Estoy a punto de cumplir mis primeros 60 años". ¡60 años! —grité en mi interior. Pero si aparentaba muchos, muchos años más. Mi productor y yo nos quedamos viendo con cara de asombro. Pensé: "Ya está aquí, veamos qué come o qué hábitos tiene para ¡no hacer eso nunca!"

Las palabras impactan, pero el ejemplo arrastra. Lo que vemos dice más que lo que decimos. ¡Zas!

Entre muchas recomendaciones, mi invitado decía que no comía carne, ni nada que tuviera ojos. Que tuviéramos cuidado con las legumbres y frutas porque muchas tienen pesticidas. Que evitáramos a toda costa los lácteos y que, además, cuidáramos que el arroz, frijoles y otras leguminosas fueran de ciertas características.

Terminé el programa cuestionándolo sobre todo lo que dijo, y al final dije: "¿Sabe con qué sensación me quedo? ¡Que no sé qué puedo o no comer!"

Y así como él, han ido a mi programa especialistas que dicen que no comamos carne, que comamos como proteína solo pescados pequeños como las sardinas. Otros que han afirmado que la carne es fundamental para el desarrollo. Personas que practican el veganismo y defienden a capa y espada ese tipo de alimentación. Ayuno intermitente como estilo de vida. Gente enemiga de los lácteos, vegetarianos y demás.

Todos defendiendo sus hábitos alimentarios y recomendando lo que por muchos años de experiencia dicen que funciona.

No niego que he puesto en práctica muchas de las recomendaciones, pero he llegado a una conclusión. No todo lo que le funciona a uno, les funcionará a todos. No todo lo publicado es real. No todas las investigaciones que advierten que ciertos productos son dañinos, significan que ese daño sea igual para todas las personas.

Recuerdo a mi tía Cuca que fumaba cigarros sin filtro, comía de todo, le encantaba el tequila y la cerveza, no hacía ejercicio y vivió 97 años, y murió dormida sin ninguna enfermedad aparente.

Claro, sobra la gente que toma como ejemplo a personas así que llevan una vida sin límites ni esfuerzos y viven muchos años con aparente salud, pero tú y yo sabemos que son un porcentaje muy bajo de la población quienes tienen esa maravillosa bendición. ¿Serás tú uno de esos afortunados? O eres de los que dicen: "¡De algo me he de morir! Así que vida solo una y voy a comer lo que me dé la regalada gana".

Cada uno hace con su vida lo que quiera, pero te puedo asegurar que la calidad con la que vive una persona que no cuida su salud no será nunca igual a alguien que hace el esfuerzo por comer saludable y hacer ejercicio.

Por eso mis recomendaciones serán abiertas, te diré lo que dicen los expertos y, sobre todo, te diré qué hábitos me han funcionado para sentirme mejor y creo qué también para verme mejor con la edad que tengo y no porque lo que haga yo quiere decir que es ley. Es la conclusión a la que he llegado después de leer y conocer a tantos expertos y de todos he sacado algo. Así que, como este libro lo hice para compartir contigo los hábitos que a mí me han funcionado para sentirme mejor, te presento mi decálogo para mantenerme más saludable:

1. Procuro dormir mínimo siete horas. Situación que se me dificulta cuando estoy en gira de conferencias. Pero hago lo posible por dormir bien. No veo pantallas una hora antes de dormir, oscurezco totalmente mi cuarto o el cuarto del hotel donde duermo, procuro cenar temprano y evitar líquidos antes de dormir. En mi mesa cercana a la cama tengo una libreta para pendientes que llegan a mi mente antes de dormir y procuro alejar el celular a varios metros de mí. Consumo una hora antes de dormir una cápsula de melatonina de acción prolongada.
2. Antes de salir de la cama hago tres cosas: la primera la recomendó Sadhguru, un hombre de la India que sigo en redes sociales, él sugiere que sonría durante algunos segundos, me suena muy lógico porque cuando sonreímos sin razón aparente, enviamos un mensaje al subconsciente de que las cosas van a ir bien. Después, mi sesión de agradecimiento, enfatizando en las tres cosas por las que HOY debería de estar agradecido y la tercera es que visualizo qué quiero que suceda en el día, si tengo una conversación con alguien difícil, me imagino cómo quiero que sea. Visualizo mi trabajo y mis relaciones del día.
3. Hago diariamente 90 *push-ups* o flexiones de pecho (lagartijas, para la raza). Claro que fue progresivo el aumento. Los primeros días aguantaba cinco y terminaba tendido en el suelo, por lo que te recomiendo que las hagas, si tu cuerpo te lo permite, aumentando la cantidad cada semana.

4. Desde hace dos años me baño con agua fría en las mañanas. ¡Imagínate cuando trabajo en invierno en Chicago o Nueva York! Claro que siento como si el agua fueran agujas que se me clavan en el cuerpo, pero sé que es para mi beneficio. Además, te quiero decir que para implementar este hábito he agregado algo para que sea constante y tenga una motivación: lo ofrezco por alguien que sé que en esos momentos necesita buena vibra o intenciones positivas. ¡Funciona! Porque así ya tiene un doble significado, mi salud y el bien de alguien. Por las noches mi baño es con agua tibia o caliente para relajarme y dormir mejor. Nunca he hecho la terapia de hielos, pero estoy seguro de que el beneficio de bañarme con agua fría es excelente. Mi vitalidad es mucho mejor, mi concentración aumenta y no siento esa sensación de lentitud o letargo como cuando me bañaba en las mañanas con agua caliente.
5. Tomo en ayunas dos vasos de agua con un poco de sal, bicarbonato y jugo de limón. Actualmente tomo unos sobres de electrolitos que se venden en tiendas en línea. Durante el día procuro hidratarme correctamente. No cuento los famosos dos litros de agua, pero procuro tomarla cuando siento sed.
6. Para el desayuno cuando estoy en casa, me preparo un jugo con agua que me resulta muy favorable, lleva espinacas, frutos rojos, un cuarto de pepino, media manzana, apio, un cuarto de rebanada de piña, un cuarto de zanahoria, linaza y chía. Cuando viajo, me es prácticamente imposible hacerlo por lo que procu-

ro desayunar salmón ahumado, huevo, fruta y café. Durante las comidas procuro que mi plato tenga color, agregando siempre verduras. No tomo refrescos, como con agua natural o agua con gas. Como carne dos o tres veces por semana, pescado, pollo, arroz. Pasta procuro evitarla. Cena ligera y temprano, cuando es posible. ¡Me encanta el vino tinto! Sin abusar de su consumo.

7. Desde hace años bajé y casi eliminé el consumo de lácteos, aunque me encanta el queso, ¡claro que de vez en cuando, es bienvenido! También he procurado quitar el consumo de embutidos y alimentos ultra procesados, incluyendo la comida chatarra y mira que me cuesta mucho.
8. Bajé drásticamente el consumo de azúcar refinada y sus derivados, sin caer en la exageración de no comerme un pastel o algo dulce en un momento especial. Todas las células del cuerpo requieren glucosa como fuente de energía básica, la cual puede ser obtenida de fuentes diferentes a los azúcares refinados. Si por alguna razón tenemos células cancerígenas en nuestro cuerpo, obviamente se alimentan también de glucosa y existe el efecto *Warburg*, que dice que las células cancerígenas prefieren un tipo de metabolismo llamado "glucólisis aeróbica" donde consumen glucosa intensamente y esto les permite crecer rápidamente. Eliminar el azúcar no previene ni cura el cáncer, sin embargo, la dieta alta en azúcar puede llevar a la obesidad y a la inflamación celular que, a su vez, aumenta el riesgo de desarrollar ciertos tipos de cáncer. Así que

mejor, por si acaso, evito el consumo de azúcar (y la verdad me encanta) pero he llegado a disminuirlo por los grandes beneficios que he notado en mí.

9. Siempre, antes de comer algo, me pregunto: ¿lo quiero o lo necesito? Porque de querer, quiero muchas cosas para comer, pero ¿realmente mi cuerpo lo necesita?
10. El ejercicio es parte fundamental de mi vida, diario hago de 30 minutos a una hora. Si no puedo hacerlo diario, procuro que sea lo más frecuente. Por mi edad y la imperiosa necesidad de mantener masa muscular, procuro hacer más pesas que ejercicio aeróbico. Me encanta hacer las denominadas *pull-ups* y/o *chin-ups*, que consisten en colgarme de una barra y elevar mi cuerpo, usando solo la fuerza de mis brazos. Busco que los hoteles a los que llego tengan gimnasio y, claro que algunos de ellos están muy mal equipados, razón por la cual siempre viajo con mis ligas para ejercitarme, en caso necesario, en mi habitación.

Obviamente lo anterior es lo que me ha funcionado, pero tú decides qué aplicar para tus propios hábitos.

¿Qué dice la ciencia?

Una de las sustancias químicas vitales para nuestro cuerpo es la serotonina, un neurotransmisor que regula nuestras emociones, el sueño, el hambre, los intestinos (sí, la llamada hormona de la felicidad se relaciona con el movimiento de los músculos del colon y la secreción intestinal). Por eso, es importante incluir en nuestra dieta alimentos como las semillas, pollo, pavo y frutos secos, ya que son fuentes de triptófano, un aminoácido esencial fundamental para la síntesis de proteínas en los seres humanos.

En 2021, William Roth y sus colegas de los Departamentos de Neurología y de Enfermedades Infecciosas e Inmunología de la Universidad de Florida, publicaron un estudio en la *Revista Internacional de Ciencias Moleculares*, donde mencionan lo siguiente: El triptófano y sus metabolitos están involucrados en una serie de procesos fisiológicos y patológicos. El triptófano dietético se absorbe en el intestino delgado, donde puede ser transportado a la circulación y ser convertido en serotonina.

El triptófano no absorbido sirve como sustrato para la degradación microbiana intestinal, donde los metabolitos microbianos pueden influir en la inflamación sistémica. La serotonina es un neurotransmisor crítico en el procesamiento de la emoción, el aprendizaje y la memoria.

El triptófano es un actor clave en el eje microbiota-intestino-cerebro y es el único precursor del neurotransmisor serotonina, vital para regular nuestros procesos emocionales, de sueño, hambre, incluso de dolor y, como ya dijimos, se relaciona con la motilidad colónica y las secreciones del intestino, así que es cierto eso de que las personas que *obran bien* son más felices.

Es importante resaltar que nuestro cuerpo no produce triptófano, por lo que debemos obtenerlo de alimentos proteínicos como el huevo; algunos expertos dicen que también de la leche y los quesos, de avena, semillas de sésamo o girasol, atún, pollo, pavo y frutos secos como almendras y nueces (anótalos en la lista de alimentos que sí necesitas). Pero el triptófano no solo depende de lo que comes, también depende del estrés y la actividad física. Me encanta todo lo anterior, pero yo sigo creyendo que los lácteos y los quesos no son tan naturales como antaño y su ingesta causa inflamación celular. Si tú sientes que tu cuerpo lo metaboliza y crees o investigas lo contrario, ¡adelante!

CUIDA LO QUE COMES Y TAMBIÉN QUÉ TANTO COMES

En uno de mis viajes a Asia, a Japón, para ser precisos, aprendí algo que es fundamental y que deberíamos de adoptar los occidentales. En Japón se dice que comer poco y con moderación es una filosofía de vida, salud y longevidad.

Me decía la guía que procuran comer hasta estar al 80 %, evitando la saciedad total. Es un principio que nace en Okinawa, que es una de las zonas azules. Se les llama así a las regiones del mundo donde vive la gente más años o es longeva. La idea es no comer hasta no poder más; levantarte de la mesa con un poco de hambre previene la obesidad y favorece la salud.

Me encantó en Japón y Vietnam ver que la comida debe disfrutarse en porciones pequeñas presentada con armonía y equilibrio. Muchas verduras, pescados y especies saludables. La guía me dijo esta frase que se me grabó: come el 80 % y vivirás más y mejor. ¿Será?

¿Qué dice la ciencia?

Brian Wansink de la Universidad de Illinois, publicó en 2004 en el reporte llamado *Revisión Anual de Nutrición* una investigación sobre los factores ambientales que influyen en la ingesta y por qué lo hacen. De acuerdo con su publicación, las decisiones sobre la elección de alimentos son diferentes a las decisiones sobre el volumen de consumo de alimentos. Las primeras determinan lo que comemos (sopa o ensalada); las segundas determinan cuánto comemos (la mitad del plato o todo). La investigación sugiere que los factores ambientales (como el tamaño del paquete, la forma del plato, la iluminación, la variedad o la presencia de otras cosas como colaciones o proteínas) aumentan la cantidad de alimentos ingeridos de una forma que ni te imaginas.

¿Por dónde empezar? Por lo que ya sabes, obviamente: no te saltes comidas, lee las etiquetas, come frutas y verduras, nada con exceso, todo con medida, trata de registrar tus comidas, date un premio de vez en cuando, ten cuidado con las dietas y demás consejos que seguro te sabes de memoria.

Recuerda, cada comida es un acto de amor donde involucras ingredientes y alimentos que honran tu vida. Comer es un ritual de amor y debe tener beneficios para tu salud.

CUIDADO CON LAS TENTACIONES

Existen desencadenantes, detonantes, disparadores, detonadores... o como quieras llamarles que siempre están al acecho, esperando que nuestro piloto automático se active para hacernos caer en tentaciones.

Si decides cuidarte más es importante evitar estos detonadores y la mejor forma es poner ciertas barreras que te permitan parar, reflexionar y ayudarte a tomar la mejor decisión. Para crear barreras efectivas lo mejor es identificar y entender tus detonadores, pues muchas veces no podemos evitarlos o controlarlos ya que pueden ser eventos, personas, lugares o cualquier estímulo como la sensación térmica, un olor, lo que ves o tu estado de ánimo. Recordé uno que hay en el Aeropuerto Internacional de la Ciudad de México: un local que vende unas donas famosas detrás de un cristal, bellamente iluminadas y muy difíciles de evitar para mí. Siempre que pasaba decía: “Lo siento, es una tentación que no puedo evitar” y efectivamente caía. ¿Cómo contrarresté ese detonador?, simplemente al verlas me formulaba la pregunta: ¿La quiero o la necesito? Obvio sí la quiero, pero mi cuerpo me agradecería no comerla porque no la necesita.

¿Qué dice la ciencia?

¿Tú crees que de la vista nace el amor por comer? En 2004 Brian Wansink desarrolló un estudio donde dieron comida en bolsas opacas y transparentes a varios participantes. Identificaron que la ingesta de quienes recibieron bolsas opacas fue menor comparada con la de aquellos que recibieron bolsa transparente y veían lo que había en la bolsa.

Estos análisis del comportamiento respecto a la ingesta son vastos, otro ejemplo es la investigación desarrollada en 2022 por Annchen Mielmann, Neoline Le Roux e Innike Taljaard, donde identificaron que las personas tienden a consumir más productos dulces y ricos en grasas (como los chocolates) cuando están estresadas, pues las emociones negativas a menudo se pueden regular al comer alimentos dulces. Y este es un detonador bastante común. ¿Te suena lo siguiente?: "Tuve un mal día, quiero una dona de chocolate con un *caramel macchiato* extravainilla, al fin para eso trabajo, ¿no?" ¡Cuidado con esos pensamientos!

Así que para desarrollar nuevos hábitos alimenticios que mejoren tu salud física haremos un ejercicio que empieza en la cocina y te ayudará a evitar algunos detonadores:

1. Revisa lo que tienes en la cocina y divídelo en dos: los alimentos que **sí** necesitas y los alimentos que **no** necesitas.

2. Desecha todo lo que **no** necesitas (sí, tíralo a la basura, NO te lo acabes), como las harinas, azúcares o cigarros.
3. Prepara una lista de alimentos que **sí** necesitas antes de ir al súper, si no está en la lista, no lo compres. ¡Nunca vayas al súper con hambre! Todo se te va a antojar y terminas comprando productos que tu cuerpo no necesita.
4. Ten colaciones saludables ya preparadas, con raciones de verduras, semillas o frutas para que, si de repente te da hambre, ya las tengas a la mano. Te recomiendo las colaciones con las que acostumbro a viajar: semillas de calabaza, arándanos secos, nueces y pocos cacahuates. Los pongo revueltos en una bolsa y, de esta forma, evito los antojos que sé que no me ayudarán en nada.

VEGETARIANOS Y VEGANOS

Tengo conocidos vegetarianos y veganos que se ven increíblemente bien y también conozco la contraparte de quienes empezaron una alimentación así y se ven enfermos. Jamás criticaré a quienes están convencidos de proteger el planeta comiendo alimentos naturales y evitar la matanza de animales. No he llegado a esos altos niveles. Las dietas basadas en plantas están ganando popularidad de forma constante, en parte por el creciente interés por el medio ambiente. También porque, al evitar comer carne, se reduce el riesgo de enfermedades cardiovasculares, y eso es bueno porque, según un artículo publicado en la página de la Organización Mundial de la Salud en 2024, las cardiopatías son la primera causa de muerte en el mundo.

¿Qué dice la ciencia?

En el 2022, Eliška Selinger y varios compañeros realizaron una investigación para estimar el efecto de las dietas vegetarianas y veganas sobre los niveles sanguíneos de colesterol total, colesterol de lipoproteínas de baja densidad, triglicéridos y apolipoproteína B. Para ello buscaron estudios publicados de 1980 a 2022 relacionados con el efecto de las dietas vegetarianas o veganas sobre los niveles de lípidos y lipoproteínas en sangre en adultos mayores de 18 años y encontraron que:

Las dietas basadas en plantas redujeron los niveles de colesterol total, colesterol de lipoproteínas de baja densidad y apolipoproteína B.

Los tamaños del efecto fueron similares en todas las edades, continentes, duración del estudio, estado de salud, dieta de intervención, programa de intervención y diseño del estudio, por lo que concluyeron que las dietas basadas en plantas tienen el potencial de disminuir las lipoproteínas aterogénicas y, por lo tanto, reducir el riesgo de enfermedades cardiovasculares.

Por su parte, las personas que optan por una dieta y un estilo de vida vegano se sienten mejor con su entorno ya que saben que respetan a los demás seres vivos. Además, este tipo de dietas ayudan a bajar el peso corporal y minimizan el riesgo de todo tipo de enfermedades como el cáncer y los problemas de cardiopatías; también son auxiliares en el caso de personas diabéticas, ya que mejoran el control glucémico; y de personas con riesgos de enfermedades vasculares cerebrales, ya que reducen las medidas de adiposidad, colesterol total y lipoproteínas de baja densidad.

Pero, como en casi todo, hay una parte en la que debes tener cuidado si quieres seguir este tipo de dietas, ya que existen hallazgos que sugieren una relación entre las personas veganas y el riesgo de fracturas. Esto se puede deber a que tienen un menor índice de masa corporal y a que reducen su ingesta de proteínas y calcio.

Por eso, lo mejor es estar bien informado y consultar a tu nutrióloga, doctora o profesional de la salud para tomar la mejor decisión PARA TI.

CARNÍVOROS

De acuerdo con Frédéric Leroy de la Facultad de Ciencias de Bioingeniería, de la Universidad de Bruselas, la ingesta de carne fue fundamental en la evolución de la humanidad, por lo que una desconexión con los patrones dietéticos evolutivos puede ser un riesgo de deficiencias de nutrientes y con ello de enfermedades crónicas.

La carne proporciona proteínas de alta calidad y diversos nutrientes, como vitamina B12 y otras vitaminas B, retinol, ácidos grasos omega-3 de cadena larga, varios minerales en formas biodisponibles (por ejemplo, hierro y zinc), y una variedad de compuestos bioactivos con potencial para mejorar la salud (por ejemplo, taurina, creatina y carnosina), algunos de los cuales no siempre se obtienen fácilmente con dietas sin carne.

En 2023, Andrew Mente, con un grupo de 34 investigadores de todo el mundo, desarrollaron una escala de dieta aplicable a nivel mundial, con base en los datos del estudio PURE (Prospective Urban Rural Epidemiology). Esta escala se aplicó a 147,642 personas en 21 países y se analizaron las relaciones entre los resultados de esta escala y los resultados obtenidos en otros cinco grandes estudios independientes de 70 países.

La escala de dieta saludable se desarrolló con base en seis alimentos que se asocian con un riesgo significativamente menor de mortalidad: frutas, verduras, nueces, legumbres, pescado y productos lácteos (principalmente enteros), con un rango de puntuaciones de 0 a 6. Por cada grupo de alimentos que la persona consume por encima de cierto umbral, recibe 1 punto; así, el puntaje va de 0 (peor) a 6 (mejor). Las principales medidas de resultados fueron la mortalidad por todas las causas y los eventos cardiovasculares mayores.

Durante un seguimiento medio de 9.3 años en PURE, una dieta con más de 5 puntos, en comparación con una puntuación de dieta menor de 1 punto, se asoció con un menor riesgo de mortalidad, de eventos cardiovasculares y de infarto de miocardio y de accidente cerebrovascular. También se encontraron resultados similares en tres estudios independientes en pacientes vasculares y en dos estudios de casos y controles, una puntuación de dieta más alta se asoció con una menor tasa de primer infarto de miocardio y accidente cerebrovascular. Una puntuación de dieta más alta también se asoció con un riesgo significativamente menor de muerte o accidentes cerebrovasculares en regiones con ingresos más bajos que en regiones con ingresos más altos.

En conclusión, una dieta con mayores cantidades de frutas, verduras, nueces, legumbres, pescado y productos lácteos favorece la disminución en el riesgo de padecer accidentes cardiovasculares y de mortalidad en general en todas las regiones del mundo, en especial en países con ingresos más bajos donde el acceso a este tipo de alimentos es más limitado.

Ya que sabes esta información, es momento de poner manos a la obra (en la cocina), la idea es comer lo que te convenga más, lo que te guste y sea accesible para ti, siempre y cuando sea saludable. Hay muchas dietas y opciones, elige la que se adapte mejor a tu vida. Así será más fácil adoptar el hábito de comer bien.

EVITAR SUSTANCIAS NOCIVAS

Todo se puede aprender... y también desaprender. Sabemos que el simple hecho de pensar en abstenerse de algo hace que lo quieras y más cuando sabes que estás a punto de obtenerlo, pues las tentaciones se generan más por la posibilidad que por la negación.

¿Qué dice la ciencia?

Expliquemos esto con un ejemplo: en 2010, Reuven Dar y varios colaboradores del Departamento de Psicología de la Universidad de Tel Aviv, hicieron un estudio con pasajeros de vuelo fumadores. Les pidieron que calificaran su deseo de fumar cada determinado tiempo en vuelos redondos cortos (de 3 a 5.30 horas) y largos (de 8 a 13 horas)

¿Qué crees que pasó? ¡Exacto!, el deseo aumentó poco a poco a medida que se acercaba el aterrizaje y alcanzó su punto máximo poco antes de aterrizar, sin importar si era un vuelo corto o largo. Eso demostró que saber que estás a punto de obtener un cigarro influye más en el deseo de fumar que el periodo de abstinencia en sí. Entonces, ¿qué pasaría si te abstienes por completo de fumar o de ingerir cualquier sustancia que sabes (porque sí lo sabes) que te daña?

Sí, ya lo sé. No es fácil, pero empieza por algo y empieza ahora. Es curioso lo rápido que una tentación desaparece si no le prestas atención, pues como sugiere el estudio de los pasajeros fumadores, la posibilidad es un detonador más fuerte que la negación en sí.

Así que insisto, echa a la basura todo lo que no necesitas, como las harinas, azúcares o cigarros y los vapeadores. Si no tienes la posibilidad de tenerlos a la mano, será más fácil controlar la tentación, pues las tentaciones desaparecen, por lo general, cuando crees que quedarán insatisfechas. Y recuerda, puedes establecer una conducta positiva, como hacer diez sentadillas o estirar tu espalda durante 20 segundos, en lugar de ir a la tienda a comprar otras donas.

RECREACIÓN

El mayor acto de rebeldía en esta sociedad es darte tiempo para descansar y recrearte. Te sorprenderá las ventajas que representa para tu salud.

Con descansar no me refiero a dormir o a acostarte en el sillón para ver todos los capítulos de tu miniserie favorita otra vez, sino a descansar el cuerpo y la mente. Y la mejor manera de hacerlo es... salir a la naturaleza.

Ya sé que me vas a decir: "¿Cómo esperas que maneje 45 minutos para ver árboles? ¡Vivo en la ciudad! ¡No es como que uno agarre su bici de montaña y se vaya a rodar como lo vemos en muchas películas!" Y tienes razón, pero vale la pena el esfuerzo. Esta conexión es tan poderosa que, incluso existe una palabra en japonés para el acto de salir a caminar y reconectar con el bosque: *shinrin-yoku,* baño de bosque.

Mira, hacer ejercicio inmerso en la naturaleza produce resultados positivos para la salud a corto y largo plazo.

¿Qué dice la ciencia?

Jo Barton y Jules Pretty lo demostraron en 2010. Ellos evaluaron varios regímenes con diferentes dosis de exposición aguda al ejercicio en el medio ambiente para identificar cuál tiene resultados óptimos para mejorar la autoestima y el estado de ánimo (indicadores de salud mental).

Su investigación utilizó una metodología de metaanálisis para analizar diez estudios del Reino Unido que involucraron a 1,252 participantes. Los resultados se obtuvieron al revisar distintos subgrupos de personas previamente definidos. También se evaluó cómo influye la cantidad e intensidad del ejercicio y el tiempo durante el cual se realiza. Otros análisis de subgrupos consideraron factores como el género, la edad, el estado de salud al inicio del estudio y el lugar donde vivían las personas.

En general, las respuestas a la dosis, tanto para la intensidad como para la duración, mostraron grandes beneficios. Así que agarra tu bici (está bien, échala a la cajuela y maneja 30 minutos) y vete a rodar al bosque más cercano. No necesitas una reserva natural protegida; un parque, un espacio arbolado, aunque sea pequeño, es revitalizante. Todos los entornos verdes mejoraron la autoestima y el estado de ánimo y también identificaron que la presencia de agua tuvo mayores efectos.

Referente a los subgrupos, tanto mujeres como hombres mostraron mejoras similares en la autoestima después del ejercicio en el medio ambiente. Pero llama la atención que los más jóvenes tienen mayores cambios en autoestima; en cuanto al estado de ánimo el cambio producido en los jóvenes y los mayores es de mejoría. Por último, las personas con enfermedades mentales mostraron una de las mayores mejoras en la autoestima. Por todo eso, este estudio confirma que el medio ambiente proporciona un importante servicio de salud.

En resumen, rodearte de árboles, plantas o cuerpos de agua tiene un fuerte efecto en la capacidad de nuestra mente para calmarse y descansar, además de mejorar la autoestima y el estado de ánimo. Claro, siempre y cuando el cuerpo de agua no sea un lago todo contaminado o lleno de peces o patos enfermos.

Tal vez pienses que salir a caminar para descansar es algo contradictorio, pero pasear en un parque cercano (ojo, es dar un paseo, no correr medio maratón) hará que te sientas mucho mejor que sentarte a ver la televisión.

Pero está bien, muchas de las personas en este planeta desarrollamos la mayoría de nuestras actividades en un ambiente urbano, donde los parques y áreas naturales tal vez queden un poco lejos. Si no tienes un espacio arbolado cerca, también hay otras formas de descansar y recrear tu mente. Para ello, realiza el siguiente ejercicio:

1. Enlista las cosas que te gustan y que puedes hacer de manera cotidiana, como tocar un instrumento, leer o dibujar algo, tejer, incluso actividades como limpiar las hojas de tus plantas (siempre y cuando lo hagas por gusto y no por deber). Identifica que sean actividades que puedas hacer en lapsos breves.
2. Acomoda tu entorno cercano de tal forma que te permita tener a la mano lo necesario para hacer esas actividades.
3. La próxima vez que quieras descansar un poco o distraerte, realiza una de las actividades de tu lista, anota cuál haces y cómo te hace sentir.
4. Identifica cuáles actividades te permiten descansar más (ya sea porque son más accesibles o placenteras).
5. También puedes agregar dar una vuelta por la cuadra; recuerda, es un paseo para despejarte (y de paso hacer algo de ejercicio), no para fatigarte.

DORMIR BIEN

Ya lo dije, pero a veces pareciera que necesitamos días de más de 24 horas y, al no tenerlos, sacrificamos nuestras horas de sueño. Tal vez no lo parezca, pero dormir mal daña tu salud de maneras que ni te imaginas.

Necesitas un sueño adecuado, pues cuando duermes tu cerebro hace limpieza, pone todo en orden y eso le permite absorber los aprendizajes del día y construir nuevas conexiones. Seguro has notado que, al dormir bien, regulas mejor tus emociones, reaccionas de manera más calmada, estás menos irritable y puedes resolver las dinámicas del día a día de manera más eficiente y certera.

Existe una interacción causal entre el sueño y la función cerebral afectiva, pues casi todos los trastornos del estado de ánimo van acompañados de anomalías del sueño, que suelen incluir el sueño REM (sueño con movimientos oculares rápidos).

¿Qué dice la ciencia?

Esto lo estudiaron a fondo Els van der Helm y sus compañeros del Laboratorio de Sueño y Neuroimagen del Departamento de Psicología de la Universidad de California. Los investigadores identificaron que los marcos neurobiológicos plantean que uno de los beneficios del sueño REM es la disminución de la reactividad cerebral a las experiencias emocionales cuando despiertas. En específico se suprimen los neurotransmisores adrenérgicos centrales durante el REM (comúnmente implicados en la excitación y el estrés).

De forma contraria, cuando la reducción adrenérgica durante el sueño REM no se hace de manera adecuada se presentan trastornos de ansiedad.

A pesar de estos marcos neurobiológicos y sus resultados, el beneficio de la fisiología del sueño REM en la disminución en la potenciación de la respuesta neuronal y conductual a eventos emocionales previos aún es desconocido. Pero se ha demostrado que la fisiología del sueño REM está asociada con una reducción de las emociones explosivas al día siguiente.

Por eso es necesario que establezcas hábitos para dormir mejor, por ejemplo:

- Hacer ejercicios de relajación como respiración abdominal, meditación...
- Evitar las pantallas una hora antes de dormir.
- Crear un espacio óptimo, como tu santuario de tranquilidad, de preferencia sin luz.
- Poner lápiz y cuaderno al lado de la cama.
- Leer, orar, escribir tu diario de agradecimiento.
- Evitar tomar café o bebidas energizantes.
- Usar despertador en vez del celular.

Si eres de quienes les dan muchas vueltas a los pensamientos antes de dormir, te recomiendo esta técnica que uso desde hace años. Me ayuda a concentrarme en algo sencillo, sin un significado emocional importante, y a traer mi atención al presente para facilitar el sueño. La técnica consiste en inspirar y espirar contando mentalmente del 1 al 10, y después del 10 al 1. Haz el ejercicio cuantas veces sea necesario hasta quedarte dormido.

Por ejemplo: inspiro y mentalmente digo “uno”, espiro. Inspiro, digo “dos”, espiro... así hasta llegar a “diez”. Luego al revés: inspiro “diez”, espiro; inspiro “nueve”, espiro... hasta llegar a “uno”, y repito el ciclo si es necesario. Obviamente con la habitación a oscuras. Te aseguro que es una técnica infalible que te ayudará a dormir mejor.

¿Conoces el ruido blanco? Es otra estrategia que utilizo para dormir. Es un sonido constante que ayuda a neutralizar ruidos externos y a calmar la mente. Puede ser el sonido de un ventilador, del aire acondicionado, de una lluvia suave o de una aplicación que reproduce un *shhh* continuo. Al crear una base sonora uniforme, evita que pequeños ruidos interrumpan el descanso y le envía al cerebro la señal de que es momento de desconectarse. En mi experiencia, se convierte en un apoyo sencillo pero efectivo para conciliar el sueño con mayor facilidad.

HIGIENE

Piensa en cómo te sientes después de ese momento donde te lavaste los dientes, te bañaste con calma y te pusiste ropa limpia. Es pacífico ¿no? Te sientes bien, calmado y listo para lo que sigue. Esa es la magia de la higiene personal (y eso que bañarse y lavarse los dientes solo es una parte), pues la práctica de cuidarte, manteniendo tu cuerpo y ropa limpia, es crucial para mejorar la salud y el bienestar. Quiero decirte que ese es un hábito fundamental en mí. Me encanta sentirme limpio y siempre traer mi loción, no tanto para los demás sino para agradarme a mí. Sé que cuando imparto conferencias no me va a oler nadie por estar en el escenario, pero yo sí me huelo.

Un buen cuidado y conocimiento de la higiene personal contribuyen en gran medida a la prevención de riesgos de enfermedades. Esos factores de riesgo se relacionan con actividades cotidianas como lavarse las manos antes de comer o después de ir al baño, estornudar cubriendo nariz, boca y mentón con el codo (en México se le llama "estornudo de etiqueta"), tirar los pañuelos desechables a la basura... en fin, todo eso que aprendimos y reforzamos a partir de la contingencia sanitaria por COVID-19 y que llegó para quedarse, pues nos hacen protegernos de posibles contagios.

También lavar la ropa con regularidad, especialmente la ropa interior, ayuda a prevenir todo tipo de infecciones, ya sea en áreas sensibles o en toda la piel. Cepillarse los dientes al menos dos veces al día, especialmente después de ingerir alimentos, es importante para una higiene bucal, que no solo se relaciona con un aliento agradable, sino con problemas gástricos, incluso respiratorios, sin olvidar el uso del hilo dental. Obvio, el baño diario, tener las uñas limpias, hacer ejercicio con regularidad, todos esos hábitos te permiten tener una mejor calidad de vida.

Otros hábitos de limpieza están relacionados con tu entorno inmediato, permanecer en un espacio limpio y ordenado te permite una mejor concentración y reduce tus niveles de estrés, como te lo compartiré en el capítulo 8.

HAZ EJERCICIO

Esto ya lo sabes. La actividad física constante tiene una estrecha relación con tu salud física. Incluso podría apostar que lo has sentido cuando haces ejercicio de manera constante. Esto tiene todo un trasfondo respaldado también por la evidencia científica, pues se ha demostrado que hacer ejercicio es crucial para disminuir el riesgo de enfermedades cardiovasculares, diabetes tipo 2, algunos tipos de cáncer y, obvio, la obesidad (con todo lo que esta implica, como daños a tus articulaciones, órganos y estado de ánimo).

Hay quienes optan por comprar aparatos de ejercicio y tenerlos en casa. Yo soy uno de ellos, y la verdad me ha ayudado a no tener que salir para ir a un gimnasio. Pero está comprobado que la mayoría de la gente que compra aparatos para ejercitarse los convierte en colgador de ropa y rara vez los utilizan. Así que, si eres así, el *gym* será una excelente opción.

Consejo para el *gym*: paga todo el mes (o todo el año si lo crees necesario). Eso hará que, por un lado, te sientas obligado a ir (a veces no es tanto por el dinero, sino porque ya estarás mentalizado); y, por otro lado, evitará que sientas que cada entrenamiento cuesta (ya tienes suficiente con saber que te costará mucho esfuerzo como para pensar que, además, te costará dinero). Sí, en efecto, cada sesión tiene un precio, pero si lo pagas por adelantado no sentirás el desembolso muy pesado después.

¿Sabes cuánto tiempo pasan sentadas las personas en general? ¡8 horas! Y estar sentado no es tan inocente como parece. De hecho, los estudios muestran que incrementa el riesgo a una muerte temprana, aun para la gente que hace ejercicio.

Sí. Pasar mucho tiempo sentado tiene efectos cardiovasculares y metabólicos nocivos que son independientes de si tienes o no pautas de actividad física.

La mayoría de las personas, incluidos algunos profesionales de la salud, piensan que hacer ejercicio es una actividad que requiere pautas prescriptivas específicas relacionadas con la frecuencia, la intensidad, la duración y el tipo de ejercicio. Por ejemplo, el Colegio Estadounidense de Medicina del Deporte y la Asociación Estadounidense del Corazón recomiendan hacer al menos 30 minutos de actividad física de intensidad moderada (que debe acumularse en sesiones de al menos 10 minutos), cinco días a la semana, o 20 minutos de actividad intensa tres días a la semana.

Otras recomendaciones son que busques que tus actividades diarias se conviertan en ejercicios periódicos. Si tienes la opción de subir en el elevador dos o tres pisos y ese día no te has ejercitado nada, ¿no crees que sería mejor usar las escaleras? O sea que subir dos pisos de escaleras en el trabajo, barrer tu estudio o caminar hacia tu coche, aunque este tipo de actividad física está al final de la lista de recomendaciones (con "al menos 30 minutos de actividad física de intensidad moderada cada día" en el lugar número 1), tiene implicaciones positivas, incluso puede ser igual de importante para tu salud. De hecho, existen nuevas evidencias relacionadas con la importancia de evitar el sedentarismo por sus efectos nocivos.

Es decir, estar sentado es el comportamiento más común de los adultos, pues las oportunidades para las conductas sedentarias están omnipresentes y es probable que aumenten con todas las innovaciones tecnológicas que existen. Por eso las personas pueden estar así durante muchas horas seguidas todos los días del año y eso genera consecuencias cardio metabólicas negativas, como mala circulación en tus piernas, dolores musculares por malas posturas, incluso problemas para tu sistema óseo.

Así que, paga el *gym*, ve a ejercitarte según las recomendaciones de tu entrenador, pero también regálate pausas, párate de esa silla, estira un poco y camina alrededor de tu espacio. ¡Ve! ¡Ahora! Aquí te espero.

ORIENTA TU MENTE HACIA LA SALUD FÍSICA

Así como afirmo que tengas cuidado con tus palabras porque tienen poder, hoy te digo: cuidado con lo que piensas y afirmas porque también tiene un enorme poder sobre ti y tu salud.

Durante mi práctica médica por 20 años, tuve todo tipo de pacientes. Quienes verdaderamente padecían enfermedades frecuentes y quienes rara vez se enfermaban.

Pero lo que más recuerdo es quienes eran mis pacientes o clientes frecuentes. Personas que cuando no se enfermaban de una gripa, llegaban con síntomas extraños difíciles de diagnosticar como una verdadera enfermedad.

En mi libro *Actitud positiva... ¡Y a las pruebas me remito!* hablo de varios casos de personas que más que una afección física, te aseguro que somatizaban sus síntomas por problemas emocionales.

Seguro te ha pasado: si tienes buena salud, tienes muchos planes y proyectos, ya sea en lo laboral, lo académico o lo personal, todo fluye de maravilla y piensas en un sinfín de cosas. Pero si te enfermas, ¿en qué es lo único que piensas? Sí, en recuperar la salud.

La salud es una forma de riqueza que no se puede comprar, aun cuando sea con dinero que paga medicinas y tratamientos.

Ahora, seguro también te ha pasado que un té (quién sabe de qué) hecho por tu abuela o tu mamá te "cura" de manera casi milagrosa ¿cierto? Bueno, pues eso es el efecto placebo.

¿Qué dice la ciencia?

Existen varias investigaciones sobre este efecto, donde a pacientes enfermos se les administran medicamentos que resultan ser placebos y recuperan su salud aun sin recibir el tratamiento real, todo por el poder de la sugestión, pero James Charlesworth y otros investigadores, fueron más allá.

En un estudio desarrollado en 2017 identificaron que, incluso al administrar placebos de forma no engañosa a pacientes con ciertos padecimientos, se obtienen resultados positivos, comparado con aquellos pacientes a quienes no se les administró nada. En este caso, los pacientes son conscientes de que es un placebo y, aun así, se tuvieron efectos positivos. Es como el té de la abuela, sabes que no tiene agentes activos para minimizar tu dolor, pero como quiera te funciona.

Regresemos con James. Para su análisis, examinaron 348 publicaciones y compararon los resultados de varios ensayos controlados aleatorios a cualquier afección médica con grupos de placebo de etiqueta abierta y sin tratamiento. En total se identificaron 260 participantes. Las condiciones clínicas fueron: síndrome del intestino irritable, depresión, rinitis alérgica, dolor de espalda y trastorno por déficit de atención e hiperactividad. Y en casi todos se encontraron efectos positivos para los placebos no engañosos.

También identificaron que, de acuerdo con encuestas realizadas en todo el mundo, se estima que entre el 17 y 19 % de los médicos han prescrito placebos en la práctica habitual. Eso puede considerarse poco ético porque "engañan" al paciente al afirmar la presencia, o la posible presencia, de un ingrediente activo para lograr la eficacia clínica. Pero un efecto similar se observa con los placebos no engañosos o "de etiqueta abierta" (que se administran a los pacientes a quienes se les dice que los tratamientos son placebos). Por ejemplo, en un estudio amplio de 80 participantes con síndrome del intestino irritable, realizado por Kaptchuk y varios colegas de la Escuela Médica de Harvard, se les asignaron píldoras placebo de etiqueta abierta o controles sin tratamiento de manera aleatoria. Como resultado se tuvo una mejora global significativa de los síntomas del síndrome del intestino irritable tanto a los 11 como a los 21 días entre el grupo placebo en comparación con los pacientes sin tratamiento.

¿Eso qué te da a entender? ¡Que la mente es muy, muy poderosa! Así que ¡cuidado con lo que piensas! No seas hipocondríaco. Cuídate física, mental y emocionalmente. Así lograrás una salud física integral que no solo te hace sentir bien a ti, sino que impacta en todas las personas que te rodean.

Amo la vida y deseo prolongarla lo más posible pero con calidad. Acepto el precio que significa, así que, para cerrar este capítulo, te comparto las acciones que realizo en mi día a día para cuidar mi salud física, la mayoría ya te las presenté al inicio en mi decálogo, pero las incluyo nuevamente, en resumen.

CÓMO APLICO ESTE HÁBITO EN MI VIDA

- Al despertar, después de mis sesiones de agradecimiento y visualización de lo que deseo que ocurra en el día, inmediatamente hago estiramientos y realizo 90 lagartijas o *push ups* todos los días. Esto último lo hago como promesa y ofrecimiento por alguien que siento que lo necesita, ya que he aprendido que cuando prometo y lo ofrezco por alguien es más fácil realizarlo.

- Me baño en la mañana con agua fría, incluso cuando la temperatura exterior está congelante (todo un reto). La vitalidad que siento es muy diferente si me baño con agua fría. Me siento más despierto (¡pues cómo no!) más fuerte y con más claridad para tomar mejores decisiones.
- Me hidrato de la mejor manera, comenzando el día con dos vasos de agua con electrolitos en polvo (que pido en línea).
- Tomo café, de preferencia con ganoderma, por ser un antioxidante natural.
- No hago dietas; decido comer saludable. He reducido de mi alimentación lo más posible los lácteos y azúcares refinadas.
- Procuro desayunar salmón ahumado, huevo y fruta. Y, cuando estoy en casa, el jugo natural que te compartí en el decálogo.
- Tomo vitaminas. Este es mi kit: Vitamina C, probióticos, Omega 3 y 5, citrato de magnesio, resveratrol, vitamina D. Las dosis dependen de la edad; me las tomo por la mañana.
- Comida basada en pollo, carne o pescado, siempre acompañados de verduras o ensalada. La cena la hago ligera y, cuando es posible, temprano.
- Entre comidas, si tengo mucha hambre, recurro a nueces, frutos rojos, almendras, que suelo traer conmigo en pequeñas bolsas.
- Procuro hacer ejercicio diariamente aunque sea unos minutos. Dedico más tiempo a las pesas que a ejercicios aeróbicos.

A mi edad es fundamental mantener la masa muscular. Al finalizar, tomo proteína en polvo.

- Compré un sillón de masajes que es una maravilla.
- Por las noches, mi baño es con agua caliente para relajarme y facilitar el descanso.
- Tomo melatonina de acción prolongada una hora antes de dormir.
- Oscuridad total en mi habitación y una libreta de pendientes por si me asalta alguno antes de dormir.
- Procuro dormir siete horas y evitar las pantallas una hora antes de dormir.
- No soy del club de las cinco de la mañana (todavía), a menos de que tenga vuelos temprano (lo cual ocurre con frecuencia).

4

Crecimiento intelectual

“EL CRECIMIENTO INTELECTUAL COMIENZA CUANDO DEJAS DE BUSCAR RESPUESTAS RÁPIDAS Y EMPIEZAS A HACERTE MEJORES PREGUNTAS.”

“¿En serio vas a estudiar un doctorado en psicoterapia?”

“¿Ya para qué?” “¿Qué caso tiene?”

“Ya eres doctor”. “¿A tus años?”

Fueron algunos de los comentarios que recibí cuando tomé la decisión de seguir estudiando. Y, por cierto, ¡ya terminé la tesis doctoral y mi examen profesional!

Y mientras escribo este libro estoy tomando el seminario avanzado para psicoterapeutas y el seminario en *mindfulness*, porque siempre quise aprender más sobre la importancia de vivir plenamente en el presente. Y procuro leer mínimo dos libros al mes. No es mi afán querer “sangronear” y ser soberbio, es una necesidad que tengo y quiero seguir aprendiendo para aplicarlo en el trabajo que elegí y que tanto disfruto.

"El conocimiento da seguridad". Frase que me repito constantemente; entre más conocimientos tenga sobre un tema, más seguridad tengo al hablar del mismo.

¿En qué momento dejamos de aprender? ¿En qué momento caemos en el triste síndrome del producto terminado? Es un término que yo inventé hace años, ya que no existe como tal, pero es esa actitud de creer que todo lo sabemos, que llevo tantos años de experiencia que siento que nadie puede aportarme más conocimientos sobre algún tema.

En mi certificación *El arte de hablar en público* digo que la herramienta más importante para hablar ante audiencias grandes o pequeñas es: practica, practica, practica. Entre más lo hagas más seguridad tendrás.

Nunca en la historia de la humanidad habíamos tenido tanta facilidad para acceder a la información. La inteligencia artificial se ha convertido en una herramienta fundamental en nuestra vida.

En el 2025, *ChatGPT* procesa aproximadamente 2.5 millones de preguntas al día, lo que también muestra un altísimo uso.

¿Y *Google*? Aunque no hay una cifra exacta diaria disponible se estima que son billones de búsquedas al año, lo que significa 1,000 millones por día.

Puedo asegurar que estas cifras se multiplicarán o triplicarán en los próximos dos años.

"En mis tiempos..." ¡ya valió! Cuando decimos esa frase, es que ya estamos más para allá que para acá; en mis tiempos todo lo teníamos que buscar en las bibliotecas, que no sé si decir que, tristemente, cada día hay menos.

Sin embargo, nada sustituye el olor de un libro, la maravilla que es adentrarte y conocer más sobre un tema o entrar al espectacular mundo de una novela y a través de las letras percibir aromas, ver lugares jamás vistos por medio de la narración y percibir sentimientos diversos con la trama que el autor nos comparte.

Alguna vez, quizá en la primaria ¿pusiste a germinar un frijolito en algodón, dentro de un frasco? ¿Recuerdas que todos los días le ponías gotas de agua y lo veías crecer? Bueno, eso pasa con la mente (sin importar el destino del frijol... el mío nunca creció), los libros son el algodón, la mentalidad es el frasco, la práctica el agua y el frijol es tu mente.

El conocimiento se ha transmitido de múltiples maneras y la palabra escrita es muy especial. Por eso los libros son tu mejor herramienta. ¡Además hay libros sobre cualquier tema! ¡Lo que quieras! Y gracias al desarrollo tecnológico ¡tenemos audiolibros!

Los libros son como la puerta de entrada al mundo del conocimiento. Son como Virgilio y tú eres Dante. Son Gandalf y tú eres Frodo. Son el Doctor Brown y tú eres Marty McFly... y lo mejor es que puedes cambiar de guía cada vez que quieras saber algo nuevo. Empieza ahora, escoge un tema que te interese y del que quieras saber más. Al leer ciertos libros es como si platicaras con su autor, es precisamente ese el motivo por el que escribo libros; quiero que tengas la sensación de que yo te estoy platicando cada uno de los temas relacionados con los hábitos que me gustaría que adquirieras, porque, como te dije, estos diez hábitos, son los que he implementado en mi vida y me han hecho cambiar para bien. Eso deseo para ti, que me sientas cercano y de la misma manera en la que me escuchas en conferencias, en la radio, podcast o en publicaciones en mis redes sociales, así sientas mi cercanía. Deseo que aprendas, no solo del tema que estás leyendo, sino vocabulario, ideas, formas de expresarte. Además, mejoras tu entendimiento de las palabras, de las cosas y de las personas.

Seguro te ha pasado, escuchas a alguien hablar y, de inmediato reconoces que esa persona lee, también puedes notar qué tanto lee y, obvio, qué tanto piensa. ¡Hay personas que apantallan! Su frijol es como el de *Jack y las habichuelas mágicas*, llega hasta el cielo donde hay más tesoros (en otras palabras, más entendimientos).

Así que, a buscar un buen algodón, el frasco, el agua y un lugar soleado para germinar tu mente-frijol y, por qué no, algo de magia para que sea como el de Jack.

Dejando un poco de lado las comparaciones, la lectura es tan importante que, en 1981 Paulo Freire, uno de los pedagogos latinos más importantes del siglo XX, presentó el ensayo "La importancia del acto de leer" en la apertura del Congreso Brasileño de Lectura, en Sao Paulo. Para este autor, la experiencia misma se lee a través de la interacción del yo y el mundo. A través de la lectura te das cuenta de cómo cambia el mundo y cómo cambias con él mientras aprendes, mientras entiendes tus experiencias y las de los demás. Para Freire, cuando lees, primero lees al mundo y después las palabas (sí, ya sé que suena romántico, pero es cierto, y más cuando piensas que las palabras solas no son nada, pero cuando las lees cobran significado); y cuando escribes un texto nuevo es todo un acontecimiento (y, para él, político).

Además de aprender, leer también te hace sentir bien; nunca olvidaré los cientos de testimonios que me han llegado sobre los efectos que han ocasionado mis libros en personas que no conozco pero que, después de leerme, se convierten y me convierto, en parte de sus vidas.

¿Qué dice la ciencia?

Se han desarrollado diversas investigaciones que analizan la relación entre la lectura y el bienestar. Un ejemplo de esto es el trabajo de Stephen Reder, de la Universidad de Portland State, donde encontró que la lectura impacta en los resultados económicos y sociales de las personas, pues tiene efectos positivos sustanciales en los ingresos, la salud, la confianza social, la eficacia política y la participación cívica.

Leer nos permite desarrollar una percepción crítica del significado de las diferentes culturas que nos rodean y nos lleva a comprender cómo la práctica o el trabajo humano transforman el mundo. Además, al aprender algo tenemos una sensación de logro y satisfacción.

Por eso es importante cuidar lo que consumes, no solo para tu salud física como vimos en el capítulo 2 (por cierto, ¡haz una pausa para estirar esa espalda!), sino para cuidar tu mente, así que consume palabras saludables que te motiven y de las que aprendas.

Siento orgullo de ser un autor de autoayuda, porque creo firmemente en que los conceptos que comparto pueden cambiar tu forma de ver, sentir y compartir tu vida.

EL DOLOR. EL GRAN MAESTRO

Claro que nadie queremos sentir dolor ni transformarlo en sufrimiento.

Aprendemos por decisión propia, aprendemos por las circunstancias de vida y aprendemos porque tocamos fondo.

Si te preguntara ¿qué momento significativo hizo que tomaras decisiones drásticas en tu vida? ¿Cuál ocasión me dirías? ¿Qué momento ha marcado un antes y un después? ¿Es el mismo, o es otro? Medita tu respuesta, no sigas leyendo.

Te puedo asegurar que fue un momento en el que tu fortaleza se puso a prueba. Un momento en el que tu única opción fue ser fuerte.

Mi vida no ha sido fácil y, sin duda, te afirmo que no quitaría ningún momento difícil vivido, porque al paso del tiempo he aprendido que todo ha tenido un porqué y un para qué. El dolor me ha confrontado conmigo mismo. Me ha obligado a hacer un alto en la vida y mirar hacia adentro, a soltar lo que ya no funciona, a construir nuevos caminos, a conocer de qué puedo ser capaz y a aceptar mis limitaciones o a evadir mis miedos. El dolor se ha convertido en sufrimiento y eso me ha acercado a mi Dios en búsqueda de fuerza y consuelo. Con las alegrías sería imposible aprender lo anterior.

Buda enseñaba que el sufrimiento es parte inherente de nuestras vidas y puede convertirse en la oportunidad para tomar la decisión de liberación si se llega a comprender.

El grupo de los estoicos: Epicteto, Séneca y Marco Aurelio veían el dolor como una prueba inevitable para cultivar la fortaleza y la templanza.

¿Conoces el cuento del árbol y el viento? Aquí va:

> **Había un árbol joven en medio del bosque. Cada día disfrutaba del sol y de la calma, hasta que llegó el viento con furia. Las ráfagas lo doblaban, lo hacían crujir y casi lo arrancaban de raíz. El árbol, cansado, se quejaba:**
>
> **—¡Por qué me castigas así? ¡Déjame en paz!**
>
> **El viento seguía soplando, una y otra vez. Pasaron estaciones y el árbol resistía, aunque sufría cada embate.**
>
> **Con los años, sus raíces se hicieron más profundas, su tronco más fuerte y sus ramas más firmes. Un día el viento le susurró:**
>
> **—No vine a destruirte, vine a enseñarte a ser fuerte.**

El dolor y lo que llamamos pruebas de la vida, nos enseñan a ser resilientes, a convertirnos más fuertes después del dolor.

CUIDADO CON TUS CREENCIAS

¿Cuándo fue la última vez que pusiste atención y cuestionaste lo que *tú crees*?

Las creencias son la persiana de la ventana donde está germinando tu frijol. Si dejas que pase demasiado sol, el algodón se deshidratará y tu frijol morirá; si no dejas que pase el sol, tu frijol no podrá hacer fotosíntesis y morirá. Por eso, entender y ser conscientes de nuestras creencias es importante. También es indispensable que te des cuenta quién mueve esa persiana. Las influencias que te rodean pueden ser muy poderosas… y a veces muy nocivas.

Pero bueno, si necesitas practicar para identificar cuáles creencias son tuyas y cuáles no (y no te preocupes, a todos nos ha pasado al menos en una época de la vida, si no me crees pregúntale a tu yo adolescente), puedes intentar lo siguiente:

Ejercicio: Identifica tus creencias

1. Escoge tres temas escabrosos o sensibles, por ejemplo: Religión, matrimonios del mismo sexo, gobierno (elige los tres que quieras y enlístalos en tu libreta).
2. Escribe: "¿Qué es lo que yo creo?"
3. Anota todo lo que creas de esos temas.
4. Subraya con un color los pensamientos que sí creas que son tuyos y con otro color los que creas que son influencias.
5. Relee los pensamientos que sí son tuyos y con eso reescribe tu creencia sobre cada punto.

Puedes intentar este ejercicio con cualquier tema, anécdota o pensamiento que te llegue.

Lo que piensas está fundamentado en lo que crees, y eso determina lo que sientes y cómo te comportas. Si crees y afirmas que no podrás bajar de peso, ni siquiera lo vas a intentar. Incluso si lo intentas, lo más probable es que te sabotees para no lograrlo. Te da un hambre tremenda, te duele el estómago por no comer, te mareas, tienes más antojos que nunca. ¿Te ha pasado algo similar? ¿Crees tener creencias limitantes que obstaculizan tu progreso?

¿Qué dice la ciencia?

En 2005, Monika Fuhs del Holistic Learning Institute, en Vienna, y Erik Peper, de la Universidad de San Francisco, escribieron un artículo en *Psicología hoy* llamado "La zona de referencia para la mente. Medicina mente-cuerpo" que describe una demostración realizada por el yogui y sanador japonés M. Kawakami, quien, en un entorno controlado, perforó su garganta y lengua con objetos puntiagudos sin mostrar signos de dolor, sangrado o inflamación, ¡Sí!, ¡así como lo lees! La demostración fue un ejercicio de autoconocimiento y control mental, mostrando cómo la mente y el cuerpo pueden ser entrenados para superar las creencias limitantes sobre el dolor y la capacidad humana.

El propósito de esa demostración no fue solo impresionar, sino cuestionar los límites de nuestras creencias y mostrar que se pueden trascender las limitaciones físicas y mentales. Kawakami es un ejemplo de cómo con disciplina y entrenamiento se puede controlar el cuerpo de formas impresionantes para gestionar el dolor y el malestar.

El texto también resalta que el proceso de aprendizaje y dominio de habilidades requiere tiempo, perseverancia y autocomprensión, alentando a las personas a cuestionar sus propios límites y creencias sobre lo que es posible y lo que no. En resumen, la experiencia de Kawakami desafía nuestras nociones de lo imposible y sugiere que, con la mentalidad adecuada, todos podemos explorar y expandir nuestras capacidades. Al reexaminar nuestras creencias autolimitantes de lo posible, ¿podríamos cuestionar si tenemos más potencial del que creemos?

Un niño no experimenta el "fracaso" cuando aprende nuevas habilidades, pues cada fracaso es información. Como cuando aprenden a caminar, todas las caídas no interfieren con el objetivo de caminar. Caminar es posible, pues todos a su alrededor caminan, así que de niños no juzgamos lo que hacemos como fracaso o éxito, solo exploramos formas de hacer las cosas.

Ahora, un logro personal se basa en la calidad y la cantidad del compromiso con el entrenamiento, pues si estás motivado, dispuesto a practicar con conciencia y tienes el deseo constante de mejorar ciertas habilidades, puedes aprender a controlar y dominar tu cuerpo y tu mente. Además, romper con tus propias creencias experimentando lo "aparentemente imposible" es divertido y te deja una sensación positiva donde se recorren los límites de lo posible.

Claro que es indispensable la autocomprensión. Si normalmente no corres y mañana decides hacer un maratón, es muy probable que no lo logres, pues como ya vimos, requiere entrenamiento y disciplina. Pero, aunque en este momento creas que no es posible, si entrenas todos los días verás los resultados. Y si ese es tu deseo, lo lograrás. Así que es hora de empezar a practicar lo que deseas.

Pero (siempre hay un pero...) cuidado, pues otro de los puntos importantes de la autocomprensión y las creencias es el extremo opuesto al "no sirvo para *esto*". Aunque no lo creas, pensar "soy fantástico en *esto*" o "soy un excelente atleta" no es lo mejor. Y tal vez ahora pienses, "pero me acabas de decir que es posible lograr todo lo que quiera con entrenamiento y disciplina". Sí, pero de ahí a que pienses que eres el mejor de lo mejor... hay un buen tramo y esos pensamientos te detienen. ¿Y por qué pensar que soy el mejor sería una creencia limitante? Porque no dejas espacio a la mejora, ese tipo de pensamientos llena tu frasco con un solo frijol, y no permite que otros germinen.

Así que, en lugar de pensar en cumplidos hacia tu persona, piensa en cumplidos hacia tus acciones. Es decir, en vez de decir: "Soy lo mejor de lo mejor (con una carita de lentes oscuros)", piensa: "Mi compromiso con *esto* hace que practique de manera constante, lo que mejora mis resultados".

¿Qué dice la ciencia?

Como prueba de eso, Kamis y Dweck, del Departamento de Psicología de la Universidad de Columbia, desarrollaron una investigación que comparó los resultados de elogiar a un niño en su conjunto y elogiar sus actos. Su idea era medir qué tanto las críticas y los elogios sobre la persona o los hechos podían enviar un mensaje limitante. Para ello hicieron dos estudios. En el primero, 67 niños (de 5 a 6 años) desempeñaron tareas con algún tipo de error y recibieron una de las tres formas de retroalimentación: crítica a la persona, al resultado o al proceso. En el segundo, 64 niños desempeñaron tareas exitosas y recibieron elogios a la persona, al resultado o al proceso. ¿Qué crees que pasó? Pues sí, los niños mostraron más respuestas "susceptibles" (incluida la culpa) cuando la crítica o el elogio era hacia su persona. Y eso está relacionado con la teoría de la entidad, pues lo que esta "mal" no es el resultado, sino las personas. Así que cuidadito con lo que te dices (y a los demás), pues la retroalimentación, así sea positiva, puede crear vulnerabilidad y un sentido de autoestima contingente.

EL MITO DEL 10 % DEL CEREBRO

Por mucho tiempo se creyó que usamos solo el 10 % de nuestro cerebro. La ciencia moderna ha demostrado que esto es totalmente falso. Las neuroimágenes muestran que prácticamente usamos todas las áreas del cerebro durante el día, incluso durante tareas simples o cuando estamos en reposo. Usamos el 100 % de nuestro cerebro, pero no al mismo tiempo. El cerebro es tan activo que, aunque solo representa el 2 % del peso de nuestro cuerpo consume el 20 % de nuestra energía.

REAPRENDE, PRACTICA A LA GLADWELL

Una vez escuché, y me imagino que tú también, que cualquier persona puede volverse un experto si practica lo que sea durante 10 mil horas. Y bueno, si consideras que eso son 1,250 jornadas de 8 horas, tendrías que practicar casi tres años y medio todos, absolutamente todos los días. Un poco agotador, ¿no crees? Bueno, de la fatiga hablaremos después, ahora quedémonos con esta teoría desarrollada por Malcom Gladwell.

¿Qué dice la ciencia?

En 2021, Kyle Harwell, de la Universidad del Estado de Florida y Daniel Southwick, de la Universidad de Pensilvania, decidieron corregir algunos malentendidos sobre esta teoría de las 10 mil horas, basándose en la revisión de la investigación desarrollada en 1991 por K. Anders Ericsson, quien propuso el enfoque del desempeño experto para estudiar el desarrollo.

La "regla de las 10 mil horas" fue popularizada por primera vez en 2011 por Malcom Gladwell en su libro *Fuera de serie: por qué unas personas tienen éxito y otras no,* allí relata un estudio realizado por Ericsson y sus colegas, en 1993. En esa investigación observó que los mejores intérpretes habían acumulado alrededor de 10 mil horas de práctica, por lo que Gladwell concluyó que ese tiempo es la cifra para volverse experto. Pero en realidad, la investigación de Ericsson sugería que el desarrollo de un desempeño experto depende tanto de la calidad de la práctica como de la cantidad. Así que practicar por practicar, aunque sean 10 mil horas, no te harán un experto, pues este tipo de práctica (que Ericsson denomina ingenua) tiene como limitante que te estancarás, después de dominar cierta parte del aprendizaje.

Por ello sugiere que mejor se desarrolle una práctica con propósito. La cual debe tener objetivos específicos bien definidos en cada sesión para medir el desempeño y hacer comparaciones. También debe estar enfocada, es decir, toda tu atención debe estar en el presente, sin que tu mente ande divagando por ahí (algo complicado de lo que hablaremos más adelante). En tercer lugar, se necesita la retroalimentación, que es fundamental para identificar áreas de mejora y diseñar actividades prácticas futuras para abordarlas. Por último, debes salir de tu zona de confort, es decir, hay que dar un poquito más del 100 % en cada práctica, eso hará que no te quedes con tu rendimiento automático, sino que desarrolles de manera continua las habilidades necesarias para ser un experto.

Y sí, tal vez un día no puedas practicar porque está lloviendo o tembló, o hubo manifestación o un sinfín de variables que no puedes controlar, pero lo que sí puedes controlar es tu actitud y la energía que emites hacia ti y lo que haces. Recuerda, de todo podemos aprender.

Al escribir esto me puse a pensar ¿cuántas horas llevo hablando en público? Si sumara las horas de capacitación o conferencias impartidas ¿cuántas serían? No lo sé, pero son miles, sin embargo, lo más importante es que sé que, al paso del tiempo, he aplicado la pasión y toda mi energía en este trabajo que tanto amo. No puedo ni quiero considerarme experto, porque me encanta el término de aprendiz de vida. Y deseo seguirlo siendo hasta el fin.

QUÉ HACER SI SE TE CANSA EL CEREBRO

Sí, estar rodeados de información y estímulos es maravilloso, pero también puede ser extenuante. Esa sensación de que se te cansa el cerebro es la fatiga cognitiva y, como seguro ya sabes, cuando estás cansado no piensas bien, pones el piloto automático y ¡pum! ¡Terminas yendo a la alacena a ver qué comes! Y eso mismo estoy a punto de hacer mientras escribo el libro.

El cerebro es como cualquier músculo (sí, sí, ya sé que es un órgano, pero sígueme la corriente, ¿ok?), solo que en lugar de ácido láctico (el responsable de que amanezcas todo fregado después de entrenar de forma deliberada) almacena neurotransmisores tóxicos en el córtex prefrontal, lo que te pone en modo *zombie* o como le quieras llamar. Pero ya sabes a qué me refiero, ese estado en el que estás despierto, pero cansado y hasta cierto punto medio ausente (por lo que hay que dormir y descansar bien, ¿recuerdas?). Por eso son muy saludables las pausas.

Ahora, respondiendo al cuestionamiento de qué hacer si se te cansa el cerebro, lo siento, no hay fórmula mágica. Solo duerme y permite que tu cerebro se limpie. Y aquí tal vez pienses "¡Sí, claro! Tengo un montón de cosas pendientes, no me da tiempo de dormir; si me acuesto solo pienso en lo que debo hacer y ni termino, ni me duermo, ni descanso, ni hago nada". Lo sé. La mayoría de los adultos hemos pasado por eso, hemos tenido la sensación de tener una lista interminable de pendientes. Y claro, cuando estás cansado, menos avanzas y más te frustras... ¿qué hacer en esos casos? Procrastina.

Lo sé, es un término muy quemado ya que la mayoría de las personas piensa que procrastinar es negativo y, en efecto, puede ser una conducta disfuncional y autodestructiva, pero si la utilizas de manera consciente, se vuelve una excelente aliada. Esto aplicaría en las siguientes situaciones:

1. Preferencia por la presión del tiempo.
2. Decisión intencional de posponer.
3. Capacidad de cumplir con los plazos.
4. Satisfacción con el resultado.

TÉCNICA *POMODORO*

Es una técnica de gestión del tiempo creada por Francesco Cirillo a finales de los años 80. Divide el trabajo, una tarea o un proyecto en intervalos de tiempo concretos, normalmente de 25 minutos de duración, intercalados con períodos de descanso de cinco minutos. Tras un ciclo de cuatro rondas, se aconseja una pausa más larga para recuperar energía. Se llama *pomodoro* en honor al temporizador con forma de tomate que Cirillo utilizaba durante sus días de estudios universitarios.

Dividir una tarea en segmentos manejables te permite concentrarte mejor pues tu mente se enfoca solo en la parte que vas a hacer y no en el total de la gran tarea. Por ejemplo, no es lo mismo pensar "voy a hacer mi tesis" que "voy a hacer el capítulo dos de mi tesis" o "voy a pintar la casa" a "voy a pintar el cuarto de arriba". Incluso aplica con cosas cotidianas como "voy a limpiar mi clóset" versus "limpiaré el cajón de las playeras". Sobre eso investigaron Karthikeyan P. Iyengar, Raju Vaishya, y Rajesh Botchu, tres médicos que, en 2024, exploraron el papel de la técnica *Pomodoro* en la preparación y redacción de un manuscrito y el proyecto de investigación en segmentos manejables. Sus resultados, para empezar, fue que acabaron su publicación a tiempo. Si bien su revisión fue bibliográfica, al aplicar sus conocimientos vieron resultados satisfactorios.

El objetivo de esa técnica es que te enfoques. Piensa que tienes 25 minutos de trabajo por cinco de descanso. Ir al baño, tomar café, regar las plantas, estirar la espalda, o lo que sea que se te antoje hacer mientras trabajas, hazlo en los cinco minutos de pausa. En tus 25 minutos solo cumple con la tarea que estás haciendo.

Suena fácil, y lo es; más cuando ya tienes práctica. Ahora, es muy importante que notes que vamos a fragmentar la tarea en tiempo no en resultados. Es decir, ya decidiste que hoy vas a sacar de tu closet las playeras que no usas, bueno, los próximos 25 minutos te enfocarás en eso, puede que lo termines en tres, seis o diez lapsos, eso lo irás midiendo (y aprendiendo).

Recuerda que para que esto funcione, necesitas usar las pausas para relajarte y modificar tu atención cognitiva, no para leer tus correos o mensajes. Eso no ayuda ni te calma y puede que incluso te distraiga y te quedes las siguientes cuatro horas resolviendo cosas que no iban en ese período.

Otra forma es programar esas tareas en tu agenda (ya sabes, procrastinación activa). Pero cuidado, al igual que las dietas demasiado restrictivas, puede generar frustración y preocupación por esos trabajos cotidianos. ¿Has oído hablar del fenómeno del coche azul? ¿En qué estás pensando ahora? Exacto, en un coche azul (y si lo sigues pensando, al salir a la calle verás un montón, cuando normalmente los ignoras). Cuando no quieres pensar en algo, ya lo pensaste. Por eso tratar de restringir los comportamientos rara vez funciona, pues nuestro cerebro sabe que todavía está ahí (como el experimento de los fumadores del capítulo 2). Por ejemplo, si piensas que no verás tu celular durante todo el tiempo que estés trabajando en una tarea específica, en cuanto algo falle (te canses, te estreses, te dé hambre o algo así), tu fuerza de voluntad se romperá como palillo de dientes.

Ejercicio: Programa las tareas

1. Consigue una agenda, usa tu libreta o un calendario para anotar tu gestión de tiempo.
2. Anota tus fechas de entrega.
3. Decide cómo fraccionarás las tareas grandes (acomodar mi closet, pintar toda la casa, entregar un proyecto o artículo) y asígnales tiempo.
4. Ahora sí, haz una lista con tus minitareas, las tareas domésticas o cotidianas y todas esas cositas que tienes pendientes por hacer.
5. Cada semana identifica qué minitareas vas a realizar y en qué días. Así no sentirás la imperante necesidad de lavar la ropa en martes, cuando a eso le destinaste el viernes. O no querrás actualizar el archivo contable el día 5 de mes, pues ya sabes que para eso es el día 25.

También puedes ponerlo en un formato muy visible, como un calendario en la pared o el fondo de pantalla de la computadora. Eso te ayudará a recordar qué actividad va en qué día.

Puedes combinar técnicas y programar tareas breves en tus pausas de cinco minutos, por ejemplo: lavar los vasos, en el siguiente lapso lavar los platos, en el próximo los cubiertos… o darte esos cinco minutos para regar las plantas, y medir cuántos períodos de descanso necesitas (si eres la señora de las plantas, seguro necesitas cinco o siete pausas de riego, pero si eres de esas personas que lo único vivo en su casa son ellos y una sábila, bueno, con un descanso es más que suficiente).

Y siempre sé flexible. Una de las cosas importantes al programar tareas en el tiempo es saber que pueden suceder cosas. Si necesitas ajustar tus tiempos, hazlo, y no te castigues por eso, es parte del proceso de planeación. Espero no seas como yo, que cuando empiezo algo, me propongo terminarlo a como dé lugar. Sí lo he logrado, pero no siempre y sé que cuando lo hago sin lapsos de descanso, después el cuerpo me cobra una factura.

BALANCE ENTRE CONCIENCIA Y CORAZÓN

¿Cuándo fue la última vez que te emocionaste por descubrir algo nuevo? ¿Y cuándo fue la última vez que te emocionaste por algo que ya sabías? Exacto, cuando sabemos cosas dejan de ser emocionantes, y a veces es difícil encontrar un balance entre la parte racional y la parte emocional, pero ambas son súper necesarias. Es como saber cómo vestirte para las diferentes ocasiones, no irás en pijama a la oficina y tampoco dormirás con traje (a menos que estés borracho...), de igual manera es necesario saber cuándo comportarnos de manera racional y cuándo de manera emocional. Gestionar las emociones es fundamental para prevenir situaciones de las que después puedas arrepentirte.

Esto aplica para todas las personas, bueno, casi todas. Somos susceptibles a un sinfín de influencias que se meten en nuestro cerebro y, cuando menos lo esperamos, ya tienen casa, coche y un barrio entero a su disposición. Sí, el conocimiento es un constructo de todo lo que aprendemos y nuestra conducta es un reflejo de nuestras creencias. Para ejemplificar eso, te tengo una historia.

Cuenta la leyenda, que un día Abraham Maslow estaba en una fiesta cuando tuvo una revelación sobre el pensamiento complaciente. Al despedirse agradeció a sus anfitriones por el buen *whisky* que habían escogido. Pero en ese momento pensó que lo que estaba diciendo no era real, al menos no para él, pues ni sabía de *whisky* ¿Entonces por qué decía cumplidos que no sentía ni pensaba?

A todos nos ha pasado que decimos cosas solo por decir, por romper el silencio, pero no estamos siendo auténticos. Y lo peor es que a veces ni siquiera nos damos cuenta. Así que, para regresar a su centro y encontrar su voz interna, Maslow usa el *whisky* (tú también lo puedes usar, si quieres, pero con moderación) como una metáfora para identificar si lo que piensa es de él o no.

Ejercicio: Opinión propia

1. ¿Te gusta el vino tinto? Si contestas que no, puedes hacer el ejercicio con otra bebida.
2. No veas la etiqueta de la botella (puede influenciarte y un buen diseño gráfico o industrial no necesariamente se refleja con un buen vino).
3. Cierra los ojos y concéntrate en tu sentido del gusto.
4. Saborea el vino en la boca.

5. Pregúntate qué te parece y forma una opinión que sea tuya.
6. Abre los ojos y, si lo consideras prudente, di lo que *tú* piensas.

Si no tomas vino, puede ser con algo que consumas frecuentemente y puedas dar tu opinión.

Si por lo general no haces este tipo de ejercicios, tal vez te cueste un poco de trabajo expresar lo que piensas, pero con la práctica constante será más sencillo cada vez. Además, ser honesto contigo también te ayudará a identificar de manera más fácil si lo que piensas es tuyo o de alguien más y te permitirá aprender cosas nuevas. Otra cosa interesante es que las personas sabemos (casi siempre) cuando la gente a nuestro alrededor es genuina, por lo que ser tú mismo generará respuestas positivas en ti y en los demás.

Otro ejercicio que puedes intentar es el propuesto por Julia Cameron, que si bien está diseñado para escritores, sirve para cualquier persona.

Ejercicio: las páginas matutinas

1. Antes de dormir, pon un lápiz o pluma y tu libreta (tu tableta, varias hojas blancas o algo que te sirva para escribir) al lado de la cama.
2. Al despertar, escribe lo que estés pensando sobre los temas que quieras, puedes iniciar con cosas sencillas como la sensación de las sábanas, lo que ves, lo que soñaste y cómo te sientes al recordarlo.

3. No analices lo que escribes, solo sácalo, pues la idea no es que te den un Nobel de Literatura, sino que conectes con tu voz y tu forma de pensar.

Si no puedes escribir en la mañana, encuentra un espacio al final del día o de camino al trabajo, el punto es que saques lo que piensas para que encuentres tu voz, tu forma de pensar y te sientas liberado (porque sí, escribir es un acto muy poderoso).

Así que, a leer, escribir y poner atención en los estímulos que nos rodean. De todo se aprende y de todo tienes una opinión.

No quiero terminar este capítulo sin pedirte que hagas el esfuerzo por aprender algo nuevo cada día. Que tengas una libreta donde puedas escribir algo que te sirva para tu diario vivir, o hazlo como yo: en mi celular tengo en la sección de notas, aprendizajes constantes que me sirven para conferencias o para mi diario vivir.

No adquieras el síndrome que inventé del producto terminado, donde crees que ya lo sabes todo. O peor, no caigas en la flojera de no querer aprender nada nuevo o mejor.

¿CÓMO APLICO ESTE HÁBITO EN MI VIDA?

- Leo diariamente, por lo menos quince minutos.
- Procuro tomar un curso o seminario cada año. En los últimos tres años fue un doctorado y, mientras escribo este libro, es-

toy tomando un curso de psicoterapia avanzada con duración de un año.

- Seguiré documentándome para impartir mejores conferencias.
- Veo más documentales que películas y series. Veo muy poco la televisión y jamás veo noticieros nocturnos, ya que me quitan el sueño.
- Me encanta ver videos graciosos y todos los días escucho un podcast para mejorar mi inglés a través de un canal de YouTube.

5

Control de pensamientos y mentalidad de abundancia

“CUANDO CONTROLAS TUS PENSAMIENTOS, LA VIDA SE EXPANDE; LA ABUNDANCIA EMPIEZA EN LA MENTE DE QUIEN DECIDE PENSAR EN GRANDE.”

NO ES TU CULPA

No es tu culpa que tu pareja sea neurótica o histérica y no haya sanado sus heridas de la infancia.

No es tu culpa que mamá haya crecido con tantos problemas y se haya desquitado contigo.

No es tu culpa que tu papá no te haya querido como tu hubieras querido.

No es tu culpa que tu pareja te reproche una y otra vez, a cada momento, por situaciones que conciernen a él/ella y a sus inseguridades.

Pero si después de saber todo lo anterior, tú decides quedarte con culpabilidad y donde te maltratan, esa sí es tu responsabilidad.

De la misma manera te digo que no es tu culpa lo que piensan o hacen quienes te rodean, pero sí tienes el control de tus reacciones.

Es tu responsabilidad sentirte constantemente víctima de las circunstancias o, por el contrario, protagonista de tu propia vida.

Tenemos un diálogo mental constante dentro de nuestra cabeza, una conversación interna que no para y genera o quita energía. Ese diálogo, si es negativo y constante y no te das cuenta, hace que te sientas sin fuerza ni esperanza.

"Debería haberme llamado..."

"¿Por qué me dijo eso? Lo más seguro es porque no me soporta".

"No sé si hice bien en decirle lo que le dije".

"Llegando le voy a decir sus verdades. Aunque le duela y llore, es necesario ponerle un hasta aquí. Voy a decirle esto y esto y esto..."

"Creo que este dolor puede ser algo más grave de lo que creí. Así empezó mi tío Juan y, mira, ya se murió".

Dios nos dotó de una mente privilegiada, que nos diferencia del resto de los seres de la creación. Pero es esa misma mente la que puede hacernos sentir que no valemos, que nadie nos quiere, que el futuro viene terrible y que nuestras decisiones pasadas fueron las peores que pudimos haber tomado.

¿Algún día te has detenido para observar tus pensamientos?

¿Has dedicado tiempo a analizar cómo es tu diálogo interior?

El día que te des cuenta de las barbaridades que piensas constantemente, serás consciente del impacto que tienen en tu estado de ánimo y en tus relaciones con los demás.

Un pensamiento es capaz de mover tus emociones con una descarga de cortisol y adrenalina que solo se produciría en un estado de emergencia real. Y, sin embargo, constantemente estás secretando sustancias relacionadas con el estrés por lo que piensas.

80 % de los pensamientos que tenemos son repetitivos y, tristemente, la mayoría son negativos.

Entiendo que nuestra mente está programada para protegernos desde inicios de la humanidad; en la prehistoria, por la necesidad que teníamos de sobrevivir ante los ataques de infinidad de depredadores, por eso nuestro cerebro desarrolló un sistema de alerta, la *amígdala cerebral*, que se activa cuando sentimos, creemos o percibimos una amenaza. Recuerda que tu mente no sabe diferenciar entre un peligro real de uno imaginario. Simplemente reacciona igual.

De ahí viene la tendencia de ver lo malo primero antes que lo bueno, a lo que los psicólogos nombraron *sesgo de negatividad*. Nuestra mente tiende a dar más peso a lo negativo que a lo positivo, sea real o imaginario.

¿Qué dice la ciencia?

Hablando de imaginación, te presento esta investigación realizada hace algunos años, que estoy seguro de que te va a impactar, quienes la hicieron fueron las psicólogas Karen Dion, Ellen Berscheid y Elaine Walster y la titularon *La cicatriz invisible*.

Llevaron a una persona al camerino y le dijeron: "Vamos a maquillarte una cicatriz en la cara para un experimento social. Queremos ver cómo la gente te trata con esa marca visible en tu rostro". Le pintaron con maquillaje una cicatriz grotesca, fea, muy notoria. Antes de salir, le dijeron: "Espera, vamos a retocarla un poco". Y en ese "retoque" se la borraron por completo, sin que la persona lo supiera, estaba convencida de que la cicatriz seguía en su cara.

Cuando salió a la calle, empezó a sentir miradas, rechazos y actitudes de desprecio. Regresó diciendo: "¡Todos me miraban raro, la gente se alejaba de mí, algunos hasta sonrieron burlones al verme!" Pero, la verdad, es que no tenía nada en la cara. Todo estaba en su mente.

¿Qué concluimos? Muchas veces no es la cicatriz o lo que consideras un defecto lo que aleja a la gente, sino ¡la idea que tenemos de nosotros mismos! Cuando creemos que no somos agradables, eso mismo transmitimos a los que nos rodean, proyectando inseguridad, desconfianza y poca empatía. Recuerda, la gente no reacciona a una cicatriz, reacciona a nuestra actitud. Esta investigación es una increíble muestra poderosa de que nuestros prejuicios internos, muchas veces, pesan más que nuestra realidad externa.

Si llevas un pastel a una reunión y a todos los presentes les gustó y una sola persona te dice que le empalagó, que está demasiado dulce, ¿con cuál comentario te quedas? ¿Con todos los positivos o con el negativo? La mente le da más peso a lo negativo. Una crítica hiere más que diez elogios; recordamos más los fracasos que los éxitos.

Pero te tengo muy buenas noticias. La neurociencia ha demostrado que hay estrategias sencillas que puedes convertir en hábitos para entrenar tu mente a ver lo positivo en lo negativo; para modificar tus conexiones neuronales a tu favor y dejar el pesimismo de una vez por todas:

- El agradecimiento consciente.
- *Mindfulness*.
- Meditación.
- Reestructuración cognitiva: es modificar frases como "todo va a salir mal", por "esto es un reto más en mi vida que puedo y quiero manejar".

Cuentan que un rey tenía un guardián muy fiel. Su trabajo era avisarle cada vez que hubiera un peligro.

El problema era que este guardián veía siempre amenazas en todo lo que sucedía.

Si un pájaro volaba cerca, gritaba: "¡Un enemigo espía!"

Si sonaba el viento fuerte, decía: "¡Se acerca una tormenta que destruirá el reino!"

Si llegaban mensajeros con buenas noticias, él sospechaba: "¡Esos hombres traen veneno escondido en una sonrisa!"

Ya te imaginarás como vivía el Rey. Siempre en constante alerta, nervioso, estresado, así que dejó de disfrutar los banquetes, la música y las agradables visitas que recibía. Todo el día y muchas noches vivía con miedo, hasta que un día entendió:

El problema no es mi guardián... sino que le HE DADO más poder del que merece".

Desde entonces, el rey siguió escuchando al guardián, pero no lo obedecía a ciegas. Empezó a disfrutar lo bueno sin vivir con paranoia de lo malo.

¿Qué rescatas de la historia anterior? Así es nuestra mente, generalmente exagera para protegernos de los supuestos peligros a los que nos enfrentamos. Vemos moros con tranchetes donde no hay. Vemos enemigos en quienes simplemente no son como esperamos que sean, agregamos argumentos a frases dichas por alguien que no pensó lo que decía o simplemente no estaba en su mejor momento. Le damos todo el poder a nuestra mente y eso nos roba la paz y la alegría.

¿Sabes cuál es la clave? Consiste en agradecerle su intención a la mente y recordarle que quien manda no es ella o tus pensamientos, ¡eres tú!

Mi aprendizaje más grande de los últimos años: no soy mis pensamientos, soy quien interpreta mis pensamientos. Soy un alma que está viviendo una experiencia terrenal. No soy mi mente ni soy mis pensamientos. Tampoco soy mis ojos, soy quien interpreta lo que ven mis ojos. Ni soy mis oídos, soy quien da significado a lo que oigo y escucho.

Ser consciente de los pensamientos te ayuda a darte cuenta de lo que estás pensando y, lo más importante, el significado o interpretación que das a lo que estás pensando.

Nuevamente te comparto esta frase: "Date cuenta de que te diste cuenta". Así dice Michael Singer en su libro *La liberación del Alma*. Este mismo autor les llama a los pensamientos: *tu compañero de habitación*.

La solución de gran parte de los problemas que tenemos en la vida es entrar a nuestro interior y soltar esa parte de nosotros que nos hace creer que tenemos tantos problemas. Basta con que te observes sintiéndote triste, enojado, celoso, temeroso. No necesitas pensar, solo que te des cuenta de tu estado.

¿Cómo está eso del compañero de habitación? ¿Te ha sucedido que cuando ves a cierta persona, te quedas con una sensación desagradable? ¿Sientes que te quita energía platicar con él o ella? Cuando te pones en el papel de testigo y percibes lo que sientes al estar con esa persona que consideras tóxica puedes elegir cómo reaccionar ante eso. Esto mismo sucede con tu diálogo interior, con tus pensamientos.

Son como un compañero de habitación, dice Singer. Si quieres conocer a tu compañero de habitación, simplemente prueba instalarte dentro de ti un rato en completo silencio y soledad.

Hazlo en este momento. Deja de leer por unos minutos. No sigas con la lectura. Ponte en silencio total y entra a tu interior...

¿Lo lograste? ¿Pensaste algo en esos minutos?

Cuando estás en completo silencio generalmente hay dentro de ti una charla incesante. Empieza tu mente a *papalotear* con pensamientos como: ¿Por qué estoy en silencio? ¿Estoy perdiendo mi tiempo? ¿Qué sentido tiene esto? ¿Cómo que compañero de habitación? ¿Cuál habitación?

¡Qué bueno que pensaste todo eso y más!

Generalmente tu compañero de habitación no está dispuesto a cooperar contigo. Habla y habla cuando intentas estar en silencio. De hecho, es el obstáculo más grande para iniciar una meditación. No solo habla cuando intentas estar en silencio. ¡Se mete en todo lo que ves y escuchas!

"Me gusta". "No me gusta". "Qué mal". "Qué bien". "¡Qué cara tiene!" "¡Me cae gorda!" "¡Se me hace insípida esta persona!"

Normalmente no te das cuenta de ese compañero de habitación que no se calla, porque ya lo hiciste parte de ti. *No te das cuenta de que te diste cuenta de lo que está diciendo.* Está tan cerca o tan dentro de ti que te tiene hipnotizado con su charla.

Michael Singer me dio la mejor estrategia para liberarme de tan gran tirano.

Existen dos aspectos en tu ser interior. El primero eres TÚ: la conciencia, el testigo. El otro es ese personaje, el compañero de habitación que juzga todo. Si pudieras liberarte de él, aunque fuera por un momento, la paz y la serenidad resultantes serían las mejores vacaciones de toda tu vida.

¡Imagina cómo sería tu vida si no tuvieras que llevar a esa cosa (tu compañero necio) a donde quiera que vayas! Precisamente en eso consiste el verdadero crecimiento espiritual. ¡Darte cuenta de que estás encerrado con un maníaco! En cualquier momento tu compañero de habitación puede tomar decisiones precipitadas e irracionales como, por ejemplo: "¡Grítale y dile que se calle!" "¡No quiero hacer esto y me vale si se enojan!" Ese compañero puede arruinar un momento que pudo ser inolvidable y convertirlo en todo un suplicio para ti y para quienes amas. Ese mismo compañero es el que te arruina el momento al comprar algo que deseabas mucho, pues al salir de la tienda te dice:

"No debiste de haber gastado tanto". "El auto rojo estaba más bonito que este blanco". "¡Mi vida es un caos!"

La recomendación es darte cuenta cuando te habla. Simplemente empieza a observar tus pensamientos. Comienza por la mañana y procura notar todo lo que dice de cada situación que vivas. El mejor momento que tuve hace años para darme cuenta fue cuando me duchaba con agua caliente en la mañana. Ahí cachaba esos pensamientos que llegaban de la nada y me hacían creer lo que no había sucedido o juzgar duramente palabras o silencios de otra persona, sin saber lo que realmente sucedía. Como sabes, ahora me ducho con agua fría y por lo tanto no tengo tiempo de pensar en tanta tontería y en temporada invernal ¡menos! ¡A lo que voy y listo! El *mindfulness* del que te comenté en este libro me ha enseñado a estar consciente y en atención plena de lo que hago.

Haz esta prueba: no intentes callar a esa persona que vive en ti. Limítate a conocer quién es, con quién vives en tu interior. Dale un cuerpo imaginario a esa voz y ponlo fuera de ti, como si realmente fuera alguien. Ahora imagina que esa persona es tu mejor amigo. ¿Cómo te hablaría ese mejor amigo? ¿Igual o mejor? Tu mejor amigo te invitaría a darle el beneficio a la duda: "No quiso llegar tarde, probablemente algo sucedió". "No es mala persona, probablemente tuvo un mal día". Un verdadero amigo no te aconsejará el odio o el rencor como estrategia para sobrellevar una situación complicada.

Es momento de liberarte y evitar que des rienda suelta a todo lo que lamentablemente te has dicho de manera negativa.

Es tu vida, y tienes derecho a vivirla de la mejor manera.

"SI CREES QUE PUEDES, TIENES RAZÓN; SI CREES QUE NO PUEDES, TIENES RAZÓN"

Es muy cierto. Claro, se trata de tus límites, no de ciencia ficción; si crees que puedes sacar agua de una piedra (seguro entiendes mi referencia) pues es muy probable que te decepciones (escribo esto de que "es muy probable", no que es un hecho... digo, Kawakami perforó su garganta y lengua con brochetas sin mostrar dolor y sin morir, así que ya no sé qué es realmente imposible). Pero si crees que puedes *cambiar* tu forma de pensar, tus habilidades y fortalezas... puedes lograrlo.

¿Qué dice la ciencia?

Carol Dweck en 2016 escribió un artículo para la *Harvard Business Review* titulado: "Qué significa realmente tener una mentalidad de crecimiento". Explica que las personas con una mentalidad de crecimiento creen que sus habilidades pueden desarrollarse, tienden a lograr más que las personas con una mentalidad fija, es decir, quienes creen que sus habilidades son innatas, a veces no se esfuerzan más, pero las de mentalidad de crecimiento se dedican más a aprender. Pero también identifica que existen ciertas limitaciones para comprender la idea de la mentalidad de crecimiento.

La primera es que las personas confunden la *mentalidad de crecimiento* con ser positivas o flexibles y creen que pueden tener solo una mentalidad de crecimiento. Eso no es cierto, todos tenemos ambas mentalidades y las dos son necesarias para nuestro desarrollo y crecimiento. La segunda es que la *mentalidad de crecimiento* no se trata de elogiar y recompensar el esfuerzo, pues el esfuerzo improductivo nunca es algo bueno; por ello es fundamental recompensar también el aprendizaje y el progreso, y enfatizar los procesos que los producen, como buscar ayuda, probar nuevas estrategias y analizar los errores para evitarlos en el futuro y avanzar de manera efectiva. Por último, está la creencia errónea de que, al adoptar una mentalidad de crecimiento, por sí sola hará que sucedan cosas buenas, y no. Si bien los valores elevados como el crecimiento, el empoderamiento y la innovación son poderosos por sí solos, no tienen sentido si no se hace algo para que esos valores sean reales y alcanzables.

Ahora, todos tenemos detonadores de mentalidad fija que se activan cuando tenemos un desafío, cuando alguien nos critica o cuando no salen las cosas como esperábamos. En esos casos podemos sentirnos vulnerables e inseguros o reaccionar a la defensiva, lo que inhibe el crecimiento. Para mantenernos en la zona de crecimiento, es necesario que también identifiquemos esos detonadores y trabajemos en ellos.

Ya hablamos de cómo manejar lo que piensas, pero ¿qué hay de lo que tienes o lo que quieres? Siempre he creído que desear no es malo, pero entrar en el círculo vicioso de querer más todo el tiempo puede ser súper nocivo. Ya sabes, como cuando la gente quiere más dinero, más trofeos, más reconocimientos, más éxito. Eso termina por cansarnos y hacernos sentir que nada es suficiente. Para equilibrar esa sensación, puedes utilizar una *mentalidad de abundancia*.

A grandes rasgos, esa mentalidad se trata de enfocarte en las oportunidades, los procesos y los caminos, no solo en los resultados. Como siempre digo, "la vida es un menú", tú decides qué te sirves, eso traerá consecuencias para bien o para mal. Si procuras ser generoso, servicial, con pensamientos positivos ten la seguridad de que la vida te dará más de lo que imaginas. Sí, sé que tal vez pienses que suena algo rosa (y francamente imposible) en esos días malos cuando enfrentas pérdidas, duelos, engaños, tristezas... ¿cómo tener una mentalidad abundante? ¡Pues con práctica! Recuerda, de todo se aprende y se puede convertir en hábito.

Todo es parte de tu camino y cómo lo enfrentes te ayudará a crecer, fortalecerte y salir adelante siendo una mejor versión de ti.

¿Qué dice la ciencia?

Un ejemplo del impacto de la *mentalidad de abundancia* es la investigación de Latrina Geyer y sus colegas, quienes en 2023 publicaron los resultados de una investigación desarrollada entre personal de salud en el contexto de la pandemia por Covid-19. Ellos identificaron que una *mentalidad de abundancia* promueve entornos inclusivos, éticos y eficientes, reduce los estigmas y baja el miedo asociado con las enfermedades mentales, las lesiones y los traumas. Esto fue fundamental para salir adelante, pues con presupuestos limitados y hospitales rebasados, el entorno general era desalentador. Pero el apoyo brindado entre el mismo personal de salud, desde una perspectiva de abundancia, logró hacer que salieran adelante. Si eso pudo hacer para ellos (y a quienes daremos siempre unas gracias infinitas por todas las batallas que lucharon y todo lo que hicieron y representaron durante esa época), imagina lo que puede significar para ti.

PEQUEÑAS ACCIONES QUE SE TRADUCEN EN ABUNDANCIA

No sabía si decir pequeñas acciones o pequeños rituales que generan abundancia. Te explico el porqué.

Cuando era niño en una celebración de año nuevo, mi mamá nos puso copas para brindar con sidra, obvio sin alcohol. La mesa puesta impecable, con la vajilla más bonita que siempre estaba guardada y solo se utilizaba para ocasiones especiales, además de unas lucidoras servilletas de tela. Tres velas ponían un toque de elegancia en la mesa de la sala, la que, por cierto, solo se usaba para las "visitas importantes". Ahora me pregunto, ¿quiénes eran más importantes que nosotros? Pero bueno, digamos que son los usos y las costumbres.

Quiero decirte que la actitud en la mesa de mis hermanos y mía, cambió radicalmente. Muy serios y formales, no recuerdo qué fue lo que cenamos, probablemente tamales.

Estoy seguro de que ese ritual tan sencillo envió un mensaje a nuestro subconsciente de merecimiento y abundancia.

Simplemente te pido que un día pongas copas de vino para tomar agua, sentirás la diferencia al utilizar una copa, que generalmente se usa en celebraciones para tomar agua o vino, en un día común.

Esos rituales que generan mentalidad de merecimiento y abundancia podrían ser, además:

- Usa esa ropa que tienes guardada en espera de una ocasión especial.
- Ponte el perfume o la loción que procuras no usar, solo cuando deseas impactar más.
- Usa ese accesorio que te *chulean* cada que te lo pones pero que generalmente lo tienes guardado.
- Hazte ese cambio de *look* que desde hace mucho no te atreves a realizar por miedo a no agradarte o no agradar a los demás.
- Acomoda el dinero en tu cartera, de menor a mayor denominación y los billetes estirados como signo de respeto hacia la energía del dinero.

- No amontones notas ni papeles que ocupan espacio en tu cartera y que a veces ni sabes qué son. Recuerda el principio de la abundancia que dice: para que lleguen cosas nuevas y buenas a tu vida, hay que hacer espacio.
- Si tienes lugar, siembra flores que puedas cortar para decorar tu casa; si no, invierte en algunas flores cada que vayas al supermercado. En mi caso, tengo a una florista que cada lunes pone flores en el recibidor y la sala de mi casa. Si me preguntas por qué lo hago, te aseguro que el solo hecho de ver flores frescas con un olor peculiar en mi casa me da una sensación de armonía y paz.
- Obséquiate algo solo porque sí. No esperes una ocasión especial para decirte que te mereces comprarte algo, por insignificante que parezca. Y di esta frase: "Merezco cosas buenas".

Mientras escribo este libro, tengo una vela encendida cerca de mí, mi máquina de aromaterapia encendida con el aceite esencial que más me gusta (lavanda). Además, como te dije, unas bellas flores que alegran este lugar.

Claro que también parte de este libro ha sido escrito en salas de espera de aeropuertos, hoteles, aviones, mi finca campestre y otros lugares. Pero te aseguro que antes de ponerme a escribir en esos sitios, me pongo un poco de loción o aceite esencial para sentir un cambio de modo, que me haga sentir abundancia.

Por supuesto que existen muchos rituales que recomiendan las personas que practican esoterismo y que si tú deseas probar, adelante, como velas de determinado color, un billete de dos dólares en tu cartera y otros más. Eso depende de tus creencias y la intención que pongas en el ritual.

Termino recomendándote que cuando tengas invitados a comer o cenar en tu casa, te esmeres en los detalles. Tener todo bien preparado habla mucho de ti y de la abundancia de amor que generas hacia tus invitados. Las bebidas listas para servirse, la mesa puesta, la música de fondo que sea del agrado tuyo y de la gente que esperas, el baño de visitas oliendo bonito, velas decorativas. Esos detalles marcan una gran diferencia.

¿EN DÓNDE TIENES LA CABEZA?

Obvio, sobre el cuello, pero sígueme la corriente, ¿sí? Me recordó a Doña Estela, mi madre: "¡No pierdes la cabeza porque la traes puesta!" Me decía cuando estaba distraído, lo cual era muy frecuente. Bueno, si eso te pasa también, te propongo que hagas un experimento.

Ejercicio: Entrevista contigo

Este ejercicio se trata de manifestar, pero a lo grande, a lo "irracional", a lo loco. Así es, la idea es que delires, literal. Entre más delirante sea tu sueño, mejor. Así que consigue un espejo frente al que te puedas sentar de manera cómoda.

1. Siéntate frente al espejo.
2. Respira profundo, pues el ejercicio tal vez se sienta un poco raro al principio, pero es la idea, salir de lo que piensas normalmente.

3. Pon en pausa tus límites por un momento y deja que la imaginación delirante tome el control.
4. Imagina que el tú del espejo es diferente al tú real y entrevístalo. Sí, en tercera persona. Estamos tan acostumbrados a nuestros límites que, si "te entrevistas" puede que sigan ahí, pero al imaginar que es alguien diferente, esos límites se pueden diluir un poco más fácil. Hazle preguntas con la frase "qué pasaría si..."
   - ¿Qué pasaría si pudieras ser cualquier persona? ¿Quién serías? ¿Por qué?
   - ¿Qué pasaría si pudieras hacer cualquier cosa (sin importar el dinero, imagina que tu yo del espejo tiene el dinero suficiente para hacer lo que se le antoje)? ¿Qué harías? ¿Por qué?
   - ¿Qué pasaría si pudieras dejar de preocuparte de "algo"? ¿Qué sería ese "algo"? ¿Por qué?
   - ¿Qué pasaría si pudieras decir cualquier cosa? ¿Qué dirías? ¿A quién? ¿Por qué?
5. Sigue con las preguntas que te resuenen más, pero termina el ejercicio cerrando los ojos, respirando profundo tres veces, y sonriendo con la panza, con el hígado, con los dedos de los pies. Sí, sonríe con todo el cuerpo y siente cómo todo está bien. Hablar contigo, conectar contigo, está bien.
6. Anota tus respuestas al terminar el ejercicio (no durante el mismo porque anotar te llevará de nuevo a la parte racional y

lo que queremos es que delires, ¡que alucines a lo grande!) y piensa: *¿Y por qué no? ¿Por qué dejaste de creer que podías serlo, hacerlo o decirlo? ¿Qué necesitas para serlo, hacerlo o decirlo?* Lo importante es empezar, y ya empezaste al darte la oportunidad de hacer este ejercicio.

¿Será que pensar que no eres suficiente (o que no vas a lograr algo) es un delirio? Si lo piensas de manera consciente sabes que no es cierto. Pero sigue esa creencia delirante dentro de ti.

Cierto, uno no puede andar delirando todo el tiempo, también hay que ser realistas (lo que sea que eso signifique en este punto). Hacer el ejercicio no es algo mágico. No vas a desear algo y ¡zas! ¡Se cumple! Pero al soñar fuera de los límites que te has hecho en la realidad, puedes identificar lo que de verdad quieres y, entonces, hacer tu mapa del tesoro para conseguirlo, como un tablero de objetivos. Eso te permitirá tenerlo en mente todo el tiempo y así notar las señales, promover acciones y hacer cosas que te acercan a tus objetivos. Y quiero agregarte algo: analiza cuando una puerta se abre, checa las señales, porque al tener en mente algo que anhelas con todo tu ser, es ahí en donde pondrás tu atención y tu poder.

En pocas palabras, es como la lista del súper: si lo anotas, lo recuerdas y lo compras. Si no... pues no.

Además, tener una lista del súper te permite saber por qué vas (ya sabes: huevo, lácteos, pan, atún, pollo, fruta...) y no andar divagando entre pasillos, pensando si necesitas tal cosa para tal evento con tal persona que a lo mejor no es lo que requieres... y terminar la ida al súper agotado, con cosas de más en el carrito y sintiendo culpa por comprar lo que no necesitas.

Llevamos años sabiendo eso, pues muchas tradiciones contemplativas antiguas (budismo, taoísmo) creen que la tranquilidad promueve una mayor longevidad, algo que es difícil de comprobar, pero la evidencia científica sugiere que la distracción mental predice la infelicidad, mientras que estar en el presente predice el bienestar. Pero las personas se la pasan pensando en lo que pasó, en lo que pasará o en eventos que ni siquiera van a pasar.

¿Qué dice la ciencia?

Las personas divagamos muchísimo. En 2010, Matthew A. Killingsworth, doctor en Psicología de la Universidad de Harvard, y Daniel T. Gilbert, psicólogo de la Universidad de Colorado, publicaron un artículo sobre la relación entre la felicidad y la mente de la gente que divaga.

Para saber las consecuencias emocionales de divagar, los investigadores desarrollaron una aplicación para iPhone donde las personas encuestadas reportaban sus pensamientos, emociones y acciones en tiempo real. Con eso generaron una base de datos grandiosa, con cerca de 250 mil muestras, de aproximadamente 5,000 personas de 83 países diferentes. En esa escala global, identificaron que la gente divaga sin importar lo que esté haciendo (trabajando, manejando, comiendo, platicando...) y que las personas son menos felices cuando divagan, aunque la mayoría divaga con cosas felices, las personas no se sentían más felices cuando pensaban en temas agradables que con su actividad actual (y obvio fueron menos felices al pensar en temas neutrales o desagradables). Es decir, en la muestra analizada, divagar fue generalmente la causa, y no la consecuencia, de la infelicidad. En resumen, la mente se la pasa divagando y eso la hace infeliz.

Y no solo eso... también te hace más viejo, al menos a nivel celular. Eso lo identificaron Elissa S. Epel, Eli Puterman, Alanie Lazaro y Wendy Berry Mende, del Departamento de Psiquiatría, y Jue Lin y Elizabeth Blackburn, del Departamento de Bioquímica y Biofísica, todas de la Universidad de California. En 2013, las ganadoras del Nobel y sus colegas se reunieron para desarrollar una investigación sobre la relación de las mentes que divagan mucho y el envejecimiento celular. La divagación mental ocupa casi 50 % de nuestro tiempo y predice la infelicidad diaria. Además, un estado de ánimo negativo se relaciona con un incremento en la divagación.

En fechas recientes, la longitud de los telómeros de los cromosomas ha surgido como una medida indirecta del envejecimiento biológico y se correlaciona con el estrés severo. Los telómeros son las tapas que protegen los extremos de los cromosomas. Por lo general, se acortan con la edad y con factores estresantes psicológicos y fisiológicos; y su acortamiento predice enfermedades y mortalidad tempranas.

En otras palabras, ¿las personas que pasan más tiempo enfocadas en el presente y menos tiempo divagando de forma negativa tienen un ritmo de envejecimiento biológico más lento? Para saberlo entrevistaron a 264 mujeres de entre 50 y 65 años del área de la Bahía de San Francisco. Usaron los *smartphones* y se enfocaron en la divagación negativa. Las mujeres respondieron preguntas sobre estar presentes y la divagación negativa.

En conclusión, las mujeres que informaron tener una gran divagación mental tenían telómeros más cortos, en todos los tipos de células inmunes (granulocitos, linfocitos), comparadas con las que reportaron poca divagación mental, incluso después de períodos de estrés.

Eso sugiere que un estado de atención presente o plena puede promover un entorno bioquímico saludable y, a su vez, longevidad celular. Así que vivir el presente, el aquí y el ahora, no es algo exclusivo de monjes tibetanos, es algo que te hará sentir mejor, menos estresado y evitará tu envejecimiento celular.

No se trata de no prever para el futuro. Paga tu seguro de gastos médicos mayores o del coche, ahorra o invierte, cuida tus finanzas, haz lo que creas conveniente para aspirar a un buen futuro pues una cultura de prevención no es lo mismo que una mente errante.

Ahora, si ya te diste cuenta de que estás divagando constantemente y eso te está angustiando, ¡detente! Respira profundo y haz tu pausa de cinco minutos para estirar la espalda. Como ya dijimos, es bastante común divagar, tanto así que existen dichos como "se te van las cabras al monte" y el punto no es evitarlo, (recuerda que lo que te esfuerzas por evitar regresa a ti como un tsunami) sino gestionar lo que piensas y no juzgarlo.

Nuevamente te recuerdo el *mindfulness*: la capacidad que tiene nuestro cerebro de estar plenamente en el presente y en lo que hay en el exterior, conscientes de cómo nos sentimos. Por eso debemos dejar que lleguen los pensamientos y que solos se vayan y darnos cuenta cómo nos sentimos. Necesitamos ejercitarnos porque vivimos distraídos.

Según el *mindfulness* hay tres tipos de distractores:

1. Los pensamientos desfavorables del pasado.
2. Los pensamientos desfavorables del futuro.
3. Los pensamientos de cómo debería ser el presente.

El problema más grande es que estos tipos de pensamiento se acompañan de emociones como miedo, tristeza, resentimiento, enojo y, como hablamos anteriormente, la mente tiene la gran capacidad de agrandarlos a través del drama que nuestro "compañero de habitación" disfruta tanto. Ten cuidado si estos pensamientos repetitivos y negativos ya se encuentran en modo de piloto automático.

El Dr. Christopher Germer, psicólogo clínico y profesor de la Universidad de Harvard, estudió *cómo* la autocompasión ayuda en situaciones de sufrimiento, vergüenza y fracaso. Cómo tratarnos con la misma amabilidad que trataríamos a un mejor amigo.

La autocompasión no es lástima, es valentía. No es rendirse, es sostenerse, no es justificar errores, es abrazar la humanidad que compartimos.

El Dr. Germer dijo, además:

"No sufrimos por lo que nos sucede, sino por nuestra resistencia a lo que nos sucede".

"No sufrimos por lo que nos sucede, sino por lo que pensamos de lo que nos sucede".

Por lo tanto, el sufrimiento es mental. Creado más por nuestros pensamientos que por lo que sucede.

Como dijo Buda: "El dolor es inevitable, el sufrimiento es opcional."

Quiero compartir contigo un ejercicio sencillo, pero de gran ayuda para recordarnos la importancia de la atención plena. Diseñado por Jon Kabat-Zinn, biólogo molecular, investigador y maestro de meditación que desarrolló la *Reducción del estrés basada en atención plena* (REBAP). Recuerda bien el significado de "REBAP" porque la veremos a lo largo de todo el libro. Si quieres saber más, en la bibliografía busca los artículos relacionados con Mindfulness-Based Stress Reduction o (MBSR por sus siglas en inglés).

Ejercicio: Atención plena

1. Como seguro hay en tu alacena semillas, frutos secos, pasitas, cacahuates o nueces, toma cinco (pero no te los comas, los necesitas para el ejercicio).

2. Busca un lugar tranquilo, pon el teléfono en silencio y elimina los distractores. Pon atención a lo que te rodea sin pensar si es bueno o malo. Solo conecta con tu espacio.
3. Pon las pasitas o nueces en la mano y explóralas con los cinco sentidos, como si nunca las hubieras visto. Toma una y obsérvala. Mira sus pliegues, los colores, la forma en que le da la luz y cómo hay espacios que tienen sombra, las superficies rugosas.
4. Ahora toma otra y siente la textura (rugosidad, suavidad, aspereza). Apriétala un poco y concéntrate en lo que sientes con tus dedos.
5. Toma una tercera pasita o nuez. Huélela con atención. Si mientras lo haces regresan pensamientos (como "las pasas ni me gustan" o "para qué sirve oler una nuez"), de nuevo, déjalos pasar y regresa tu concentración al fruto que está entre tus dedos.
6. Acércala a tu oído y apriétala un poco o encájale la uña, gírala y escucha. Claro que si la pasa o el cacahuate te habla, tengo que decirte que tienes un problema, y serio. Pero deja pasar también ese pensamiento. Solo escucha el roce de tus dedos con la pasa.
7. Ya sabes qué sigue, comértela, pero hazlo de manera consciente. Acércala a tu boca y nota que salivas (o tal vez no), y cómo tu brazo sabe dónde detenerse. Ponla sobre la lengua y siente la textura del fruto. Ahora sí, muérdela de manera sua-

ve, siente cómo truena despacito y libera su sabor. Mastícala lento y percibe el sabor, la sensación entre los dientes y cómo salivas aún más.

8. Al deglutirla siente cómo tu garganta se contrae, y hace que baje hacia tu esófago, hacia tu estómago.
9. Respira profundo. Sonríe y felicítate por hacer el ejercicio.
10. Ponte de pie con lentitud, estira la espalda y listo. A lo que sigue.

Bueno, no te compliques, si no hay en tu alacena frutos secos, toma una fruta ¿ok?

Es súper relajante, ¿no? Hay muchos ejercicios para mantenerte en el presente. Como ya mencioné, divagar es común, por eso debemos entrenar la mente para poner atención y estar en el aquí y el ahora, y eso es la meditación. Seguro me preguntarás: ¿Y qué? ¿Meditar me va a hacer más feliz y longevo? Pues sí, la verdad, sí. Y hay toda una investigación detrás de eso.

¿Qué dice la ciencia?

En 2012, Maia Szalavitz entrevistó a Jon Kabat-Zinn, quien, como te comenté, desarrolló la *Reducción del estrés basada en atención plena* (REBAP). Las investigaciones del doctor Kabat-Zinn demostraron un cambio en la actividad de la corteza prefrontal (CPF). El grupo que recibió el tratamiento con REBAP pasó de tener una mayor activación del lado derecho de la corteza prefrontal (asociada con la ansiedad, el malestar y la evitación experiencial) a una mayor activación del lado izquierdo (asociada con la felicidad: el bienestar, la calma y la inteligencia emocional). Además, menciona que estudios del Hospital General de Massachusetts han demostrado que ocho semanas de REBAP pueden producir un engrosamiento en regiones específicas del cerebro importantes para el aprendizaje, la memoria, la toma de decisiones.

Para Kabat-Zinn, la definición de curación es aceptar las cosas como son, pues cuando las aceptas puedes optimizar tu potencial y hacer una pausa. Poner atención es un acto radical de cordura y amor.

Sorprendente, ¿no crees? Así que cuida en dónde tienes y mantienes la cabeza.

DOSCIENTOS MILISEGUNDOS

Parpadea. Parpadea de nuevo. Fue muy rápido, ¿cierto? 200 milisegundos, para ser más precisos. Y un pensamiento dura más o menos lo mismo, por eso es tan fácil caer en la divagación ¡Es casi instantánea! Así que ¡cuidado!

Ahora piensa en eso cuando estás manejando un coche. Por desgracia, un parpadeo puede generar muchas cosas negativas, pues conducir requiere que hagas tareas cognitivas, físicas, perceptivas y motoras ¡al mismo tiempo! Si tienes años manejando, muchas las haces de manera automática, pero ¿recuerdas cuando aprendiste? La atención plena que ponías al volante y al cambio de pie del acelerador al freno. Tu mirada fija al frente y a los espejos. Pero conforme pasa el tiempo nos confiamos tremendamente con sus respectivas consecuencias.

En la actualidad, puedes usar el teléfono de manera automática para seleccionar una ruta, cambiar la canción, escuchar un mensaje, subir el volumen... Pero, ¿qué crees? Usar este tipo de dispositivos mientras manejas requiere las mismas demandas visuales, manuales y cognitivas que necesitas para manejar y por eso causan interferencias, ya que quitas tu atención de la ruta para ponerla en otra cosa.

Por eso es necesario que pongas atención a lo que piensas, pues muchas veces nuestros pensamientos no son precisamente "nuestros", ¿recuerdas el ejemplo de tu frijolito-mente que germina junto a la ventana? Alguien mueve las persianas para que entre mucha o poca luz, ese alguien puedes ser tú, tu familia, tus prejuicios sociales, tus personas importantes (y a veces ni tan importantes)... todo lo que te influye. Y en este mundo hiperconectado, estamos rodeados de influencias.

Para identificarlas y tratar de gestionarlas, en 2009, Ann Diller, profesora emérita de la Universidad de New Hampshire, publicó un ensayo referente a las percepciones racistas. Tal vez ahora me digas: "Yo no soy racista". Pero ¿podrías jurar que nunca te has comportado diferente ante otra persona por su aspecto físico o cultural? ¿Jamás te has cambiado de banqueta cuando alguien viene de frente "por seguridad"? Ese alguien tal vez ni te volteó a ver, pero su aspecto físico te hizo entrar en alerta. Eso refleja cómo los juicios personales (introyectados o no, que alguien puso ahí o que sí son tuyos) alteran la manera en que te relacionas con las personas y, por ende, con el mundo. Escuchamos, pero no juzgamos ¿te suena? ¡Se hizo viral porque demuestra que nos la pasamos juzgando!

Por eso, el primer obstáculo que describe Ann Diller es "el juez". Para ella "el juez" es un pensamiento racista, y cuando llega al estrado, pones más atención en él que en lo que sucede en el presente. Y es desconcertante cómo ante una breve introspección (pensar en la persona de la banqueta) podemos identificar creencias que tienden a la discriminación, que llevan años de arraigo y que se detonan de manera automática. Y si le rascas un poquito seguro se te ocurren más, ¿has pensado que una chica no podrá cargar algo pesado porque es mujer o que un muchacho no podrá hacer tres cosas a la vez porque es hombre? ¿Has considerado que alguien es estúpido solo por sus creencias religiosas o políticas? ¿Te sientes menos seguro ahora que eres más viejo y con más kilos que hace algunos años que eras joven y delgado?

El antídoto para ese obstáculo es: "Poner al *juez* entre paréntesis." Para ello primero hay que identificar al *juez*; después, entender que es un pensamiento relacionado con una idea falsa de las personas (o de ti) y, por último, lo pones entre paréntesis y te abstienes de juzgarte o de juzgar a los demás.

En mi doctorado aprendí que algunas partes del sistema límbico (emocional) se activan solitas ante nuestros pensamientos y durante ese proceso se liberan sustancias químicas en el cerebro que nos hacen tener una experiencia fisiológica. Cuando esto ocurre podemos tardar hasta 90 segundos en eliminar esas sustancias y, por ende, "la sensación de alerta". En otras palabras, la emoción dura solo ¡90 segundos! Pasado ese tiempo podemos tomar las riendas de nuestros pensamientos, y entender que eso que sentimos solo fue un proceso fisiológico, dejando que la reacción se desvanezca en lugar de engancharnos en esa sensación con pensamientos negativos que agregamos. El antídoto para ese obstáculo es, "pausa" (por cierto, haz tu pausa de cinco minutos para estirar la espalda), también funciona para esto. Al hacer una *pausa* podemos identificar las oleadas de energía de nuestro cuerpo, comprender que se detonan por plantillas precargadas, sentirnos y decidir cómo reaccionar.

PENSAMIENTOS REPETITIVOS

Seguramente has visto que los senderos por donde pasan muchas personas están desgastados, sin hierba, son más planos y es más fácil caminar por ellos, ¿estás de acuerdo? Pues pasa algo similar con nuestros pensamientos, por eso tendemos a "pasar la mente" una y otra vez por el mismo lugar. ¿Te ha pasado que piensas lo mismo de manera repetitiva? Aun cuando ya sabes que no es del todo cierto o real, lo sigues pensando.

"Cuando detenemos nuestros pensamientos, detenemos el mundo. Cuando detenemos el mundo, experimentamos paz y claridad mental". Frase de Christine Comaford. El ser humano tiene aproximadamente 60,000 pensamientos al día, ¡y 90 % de ellos son repetitivos! Así que ¡cuidado con lo que piensas!

¿Qué dice la ciencia?

Los pensamientos repetitivos son tan constantes que, en 2012, Simone Kühn, de la Universidad de Gante, en Bélgica y su grupo de trabajo investigaron la relación entre ese tipo de pensamientos (a los que llaman intrusivos) y cómo se asocian a las regiones cerebrales relacionadas con la producción del lenguaje. Para ello estudiaron dos grupos, uno de 101 adultos de entre 20 y 32 años y otro de 103 adultos de entre 65 y 80 años, y evaluaron su rendimiento cognitivo diario durante un período de seis meses. Su hipótesis es que el lenguaje da forma al pensamiento, y los pensamientos intrusivos son pensamientos desagradables o negativos que ocurren de forma repetitiva. Y la comprobaron, pues en efecto, ese tipo de pensamientos genera cambios físicos en el cerebro. Los pensamientos intrusivos se pueden representar en un formato similar al lenguaje y por ello las personas que tienden a esos pensamientos son más duras consigo mismas y pueden hablarse más fuerte. ¡Zas! ¡Qué fuerte!

Es muy importante que aprendas a gestionar este tipo de pensamientos que permites en tu mente; recuerda, no se trata de que intentes evitarlos, porque si piensas que no quieres pensar algo...

¡ya lo estás pensando! y eso puede ser un proceso angustiante y hasta doloroso. Mantente enfocado en el presente y cada que aparezcan esos pensamientos, déjalos pasar. Todos necesitamos ayuda y si no puedes con el enemigo, únetele. Si ya vas a repetir pensamientos, decide que sean positivos, pues eso te ayuda con el amor propio y la autoestima.

Te confieso que el siguiente ejercicio que te propongo no lo creía tan fuerte como para convertirlo en un hábito que me ayude a mejorar la calidad de mis pensamientos y a tener una mentalidad de abundancia, pero tengo que decirte que ¡SÍ FUNCIONA!

Ejercicio: Soy suficiente

1. Consigue notas adhesivas o *Post its*.
2. En cada una escribe "Soy suficiente", "Soy digno", "Soy capaz" y otras frases que te hagan sentir bien.
3. Pégalas en los espejos de la casa de manera que puedas verte y ver tu nota.
4. Si sientes que es ridículo, necesitas este ejercicio, pues ya estás haciendo un juicio negativo de algo que aún ni empiezas. Y tal vez, solo tal vez, es porque no crees que eres suficiente.
5. Cada que pases por el espejo detente, mírate, pero mírate de verdad, pon atención a lo que ves, sonríe y lee tu nota en voz alta.

Si sientes que esto es exponerte demasiado (porque tienes *roomies* o tu pareja o hermanos que te harán burla), puedes probar con tus contraseñas. Cámbialas todas, la del correo, las del banco, incluso los accesos a tu computadora personal. Usa contraseñas como: "SoySuficiente100", "SOYdigno!" o "SoyC4p4z", incluso puedes hacer contraseñas positivas, poderosas y divertidas, por ejemplo "ClaroquesoySuficiente,siseñor", cualquier frase que recuerdes y tenga sentido. Así, al menos una vez al día, te repetirás "soy suficiente". Y cuando tu yo negativo y perfeccionista te ataque, cierra los ojos, respira profundo y repite "yo soy yo y soy suficiente".

Ahora haz una pausa, respira profundo y lee de manera consciente y en voz alta "yo soy yo y soy suficiente".

Respira. Ahora di: "Yo soy yo y soy digno".

Respira. "Yo soy yo y soy capaz".

Respira profundo. Se siente bien, ¿cierto?

Sé que, para muchos, les resulta difícil creer que una frase puede cambiar nuestro estado de ánimo y la forma de ver la vida. Pero analízalo al revés. Cómo las palabras de alguien pueden influir de manera muy negativa en tu estado de ánimo.

"¿¡Tú qué sabes!?"

"¡Claro que se hace siempre, no sabes lo que dices!"

"¡Me tienes harto!"

¿Dime si no sientes dolor al leer eso? Por supuesto que deberíamos de aplicar cierta inmunidad a este tipo de ataques de quienes gozan desestabilizarnos y hacernos sentir insuficientes, sin embargo, no dejan de afectarnos, a unos en mayor medida, a quienes son más sensibles, quienes basan su autoestima en la opinión que tienen los demás olvidando que la opinión que tienen de sí mismos es la más importante.

Te quiero compartir brevemente la historia de Boris Cyrulink, autor de libro *Los patitos feos: La Resiliencia. La infancia infeliz no determina la vida*, autor de origen judío, que durante la Segunda Guerra Mundial sus padres fueron deportados y asesinados, y él de niño, fue arrestado y sobrevivió escondiéndose y haciéndose pasar como niño agricultor, bajo un nombre falso hasta el final de la guerra. Obviamente con múltiples vivencias traumáticas que lo motivaron a estudiar medicina con especialidad en psiquiatría. Su tema fue el trauma psicológico.

El concepto que más impulsó fue el de resiliencia: la capacidad de unas personas para "renacer" después de un trauma.

Él concluye tres cosas muy significativas que deseo que recuerdes por siempre, más si has sufrido un evento que haya marcado tu vida de manera muy dolorosa:

1. Un evento traumático (tan brutal como haber sido niño judío en el Holocausto) no determina automáticamente una vida rota. Puedes sobrevivir, reconstruirte y tener una vida significativa.
2. Un entorno de seguridad afectiva donde haya confianza, apoyo emocional y estabilidad es fundamental para la resiliencia.
3. Narra lo más posible lo vivido: hablarlo, contarlo, expresarlo no necesariamente en terapia. Puede ser con un familiar o un amigo y esto hace que el trauma no se reprima o se niegue. Se supera.

¿Qué concluyes con lo anterior?

Estás en la mitad del libro. Deseo que seas como el quinto cuenco. ¿lo recuerdas?, fue como inicié el capítulo 1. Por favor, no continues con el siguiente hábito si no practicas todos los anteriores. Quiero que sepas que la repetición hace al hábito y no olvides: perro viejo **SÍ** aprende maroma nueva.

CÓMO APLICO ESTE HÁBITO EN MI VIDA

- Cuido mis pensamientos y fortalezco una mentalidad de abundancia.
- Me reservo el derecho de admisión de pensamientos.
- Donde pongo mi mente pongo mi poder y energía. Tengo años ejercitando a mi mente para pensar en lo que me hace sentir bien. Cuando llegan pensamientos negativos los dejo que fluyan. No lucho contra ellos. Solos se van.
- Me hago consciente de lo que pienso. He aprendido que pensar en positivo o en forma optimista es la mejor inversión. Dejo fluir lo que no puedo cambiar e intento cada día aceptar mi imperfección.
- Decreto cada día que soy abundancia y que lo bueno y lo mejor está destinado para mí.
- Procuro dar lo que puedo y lo que me nace. He aprendido que Dios no se deja ganar en generosidad.

6

Apreciar y agradecer

> “AGRADECER NO CAMBIA LO QUE TIENES... CAMBIA LA FORMA EN QUE LO VIVES. CUANDO APRECIAS, TODO SE VUELVE MÁS GRANDE.”

APRECIAR ES RECONOCER EL VALOR, AGRADECER ES EXPRESAR GRATITUD

"Aprecio este maravilloso paisaje".

"Aprecio mucho esa paciencia que tienes".

"Aprecio y reconozco el entusiasmo que pones en todo lo que haces".

"Agradezco tu ayuda".

"Agradezco por este día más".

"Agradezco el tiempo que me dedicas".

Bendito hábito es el agradecimiento que se ha fomentado en la mayoría de las religiones del mundo. Tuvimos una gran experiencia mi hija Alma y yo al tener una sesión muy productiva con un monje budista en Camboya. Cuando le pregunté sobre el agradecimiento me dijo: "Reconocemos el agradecimiento como una práctica espiritual más que una simple cortesía; no se limita a solo decir *gracias* sino que se vive como un estado de conciencia y de conexión con todo lo que existe. Cuando agradeces lo que tienes entrenas a la mente para salir de la queja y el apego. Agradecer no es pasivo, es devolver al mundo lo recibido, practicando la generosidad (dana) y cultivando la compasión (karuna)".

Me impactó que en esa parte de Asia, los monjes viven de lo que les da la gente en la calle, pero sin pedirlo. Solo caminan entre las casas y la gente les da alimento y viven de la generosidad de los demás.

Recordé un cuento zen:

Un monje caminaba por el pueblo con su cuenco de limosna. Ese día nadie le ofreció comida, nada, ni arroz, ni frutas, ni siquiera un poco de agua.

Al llegar al monasterio, lo puso frente al maestro y dijo con tristeza:

—Maestro, hoy mi cuenco está vacío. ¿Qué debo aprender de esto?

El maestro sonrió y respondió:

—Da gracias por tu cuenco vacío. Porque hoy aprendiste que no siempre recibirás lo que esperas, pero aun así sigues vivo, respirando, y con la oportunidad de meditar.

El monje bajó la cabeza en silencio, comprendiendo que el agradecimiento no depende de lo que tienes en el cuenco, sino de lo que reconoces en tu corazón.

El agradecimiento no surge de la abundancia, sino de la conciencia. A veces un cuenco vacío enseña más que uno lleno.

Mamá o papá nos enseñaron que "por favor" y "gracias" son dos palabras mágicas (claro que ahora de adulto notas que son tres palabras, no dos, pero bueno, se entiende la idea, ¿verdad?). Y vaya que lo son. Decir "gracias" es un acto poderoso. Pongamos un ejemplo ¿Alguna vez has notado que al agradecer algo, pero agradecerlo en serio, te sientes bien, aunque sea por un instante?

Ya sabes, tienes un montón de cosas en la cabeza, dormiste mal, te dio insomnio, debes despertar temprano para ir a trabajar. Suena la alarma, haces berrinche, te paras a bañar, te pegas en el dedo chiquito del pie y, todo frustrado y enojado, te metes a bañar. Si eres de los que les gusta bañarse con agua caliente, logras, por fin, que el agua salga en esa temperatura exacta donde sientes que todo está bien y, tal vez de manera inconsciente, piensas: "Qué rico que tengo una regadera, agua caliente y este espacio para mí".

Sales de bañarte, obvio olvidaste meter una toalla así que ahí vas todo mojado y titiritando por ella, haces un *chorreadero*, te enojas por hacer tu propio *chorreadero* (y si vives con alguien, también se enoja y te regaña); te vuelves a pegar, pero ahora en la pantorrilla con un cajón mal cerrado. Te envuelves en una toalla recién lavada, piensas "mmm... qué rico tener una toalla así" y te abrazas con esa enorme toalla esponjosa; te secas rico, los deditos de los pies, las axilas y todos tus rinconcitos, todo bien. Empiezas a vestirte solo para notar que a la camisa le falta un botón o cualquier cosita de esas que ¡cómo molestan! Y, además, ya se te hizo tarde por andar perdiendo tiempo en la regadera y en "la secadera". Claro, traes calcetines dispares porque no encontraste un par, tienes hambre, sueño y nada de ganas de salir de casa. Vas a la cocina y le das el primer sorbo a tu café, que te quedó en ese punto exacto de sabor, aroma y temperatura y de nuevo piensas: "¡Ah!, qué rico es el primer traguito de café de la mañana". Terminas de acomodar tus cosas y, con un respiro hondo, abres la puerta para ir a trabajar (o a donde sea que vayas) porque alguien tiene que salvar a este país. Extrañamente esas tres cositas, el agua, la toalla y el café, (o en otros escenarios, la sonrisa de tu bebé al despertar, o el beso de tu pareja todo modorro, la mirada de tu mascota y su presencia fantástica) te hicieron el día. Tenía todo para pintar como uno de esos días malos y hubo destellos que te hicieron sentir bien, feliz.

Al agradecer haces conciencia de todos los "qué rico" del ejemplo. ¡De todos esos destellos! Y eso cuando los detectas y los agradeces en el momento, pero cuando los mencionas a alguien más o haces tu diario de agradecimientos, es como rumiar, pero cosas que te hacen sentir bien. Estamos expuestos a muchos estímulos negativos, así que necesitamos reentrenar el cerebro para formar el hábito diario de ver las cosas positivas. Agradecer te ayuda a hacerlo, por eso es tan importante y poderoso. Además, el agradecimiento es contagioso. Cuando estableces el hábito de contarle a alguien más lo que agradeces, esa persona también lo hace consciente, también lo agradece y, claro, también se siente bien.

AGRADECER TU SALUD... MEJORA TU SALUD

¿No lo crees? Vamos con la primera investigación que lo demuestra:

¿Qué dice la ciencia?

En 2015 Karen O´Leary y Samantha Dockray de la Universidad Colegio Cork, de Irlanda, realizaron un estudio con 65 mujeres de entre 18 y 46 años, divididas en dos grupos: unas trabajaron con la gratitud y conciencia plena, y otras fueron el grupo de control. Su idea fue medir la depresión (mediante la escala de depresión de Edimburgo), el estrés (con la escala de estrés percibido) y la felicidad (utilizando la escala de felicidad subjetiva). El experimento con el grupo consistió en que cuatro veces por semana, durante tres semanas, hicieron ejercicios de gratitud (un diario de gratitud y una reflexión de agradecimiento) y de conciencia plena (meditación y ejercicios de escaneo corporal).

El ejercicio de escaneo corporal ya lo leíste, pero te lo recuerdo: consiste en acostarte en el piso, cerrar los ojos, hacer dos o tres respiraciones profundas e ir recorriendo mentalmente todo tu cuerpo desde cada dedo del pie hasta la parte superior de tu cabeza. Es un ejercicio de relajación extrema que además te ayuda a estar consciente y presente. ¿Ya te acordaste? ¡Qué bueno que sí! Quiere decir que estás aplicando el poder del enfoque del capítulo 1.

¿Y qué crees qué pasó? Pues sí, las mujeres del grupo que hicieron los ejercicios tuvieron reducciones en el estrés y la depresión y aumentos en la felicidad ¡desde el día uno hasta la semana tres! Obvio, eso no se vio en el grupo de control. Trabajar con la gratitud fue súper eficaz para reducir el estrés, mientras que la conciencia plena funcionó muy bien para reducir la depresión y aumentar la felicidad. Impresionante, ¿no?

Otros investigadores que indagaron cómo se relaciona la gratitud con el bienestar son Alex Wood, Jeffrey Froh y Adam Geraghty, de las Universidades de Manchester y de Southampton, Reino Unido, y de la Universidad de Hofstra, en Estados Unidos. En 2010, publicaron "Gratitude and well-being: A review and theoretical integration" en *Clinical Psychology Review*. En ese artículo, identificaron cuatro ejes principales en el estudio de la gratitud:

1. Cómo la gratitud se relaciona con otros rasgos de la personalidad.
2. Cómo influye en el bienestar.

3. Cómo afecta las relaciones sociales y el comportamiento social.

4. Cómo impacta en la salud física.

¿Y qué crees que encontraron? Pues sí, que tiene un efecto positivo en las cuatro áreas.

Hay evidencias psicológicas y clínicas que relacionan la gratitud con la mejora en el bienestar y la salud física: ayuda en cuadros de depresión, mejora las características de la personalidad que nos permiten aumentar la capacidad de adaptarnos a lo que nos rodea, nos permite construir relaciones sociales positivas y sanas, reduce el estrés y mejora los procesos de sueño. Así que pasaron a la segunda fase de su investigación, si la gratitud es tan increíble y maravillosa para sentirnos bien, ¿por qué no promoverla con fines terapéuticos? Y, al hacerlo, identificaron que, por un lado, ayuda a comprender el bienestar desde la investigación de la psicología clínica; por el otro, las personas pueden obtener los beneficios de la gratitud con ejercicios muy simples. ¿Quieres probar?

Te dejo tres ejercicios, pueden ser muy breves o tan extensos como quieras. Trata de integrarlos en tu rutina para que se vuelvan un hábito diario.

1. Agradece los "destellos"

Benditos destellos de momentos dignos de agradecer pero que, por nuestro acelere, no los percibimos. Hagamos conciencia de lo que pasa en nuestro día a día, así como el ejemplo que puse al inicio del capítulo, puedes escoger un momento para hacer tus dinámicas de manera cotidiana y tratar de identificar las cosas pequeñas y simples que te gustan mucho y da gracias por eso. Literal, piensa (si puedes dilo, aunque sea en voz baja), "gracias por mi café" y dale un trago.

Amo mi lugar feliz, mi finca campestre, donde estoy escribiendo parte de este libro, agradezco el olor del pasto recién cortado, la comodidad de la silla en la que me encuentro, poder ver los rayos del sol atravesando las nubes, el color de las buganvilias, esas cosas que normalmente te sacan una sonrisa, hazlas conscientes en este momento y establece el hábito de decir: "Gracias por esto o aquello". Y cuando te sientas listo, compártelas. De preferencia dilo con una sonrisa en tu rostro, ya sea con tu pareja, hermanos, amigos, con quien quieras. Cuéntales esas cosas que te gustan mucho cada que sucedan, porque lo que afirmas con tu boca más lo identificas y entras en un círculo virtuoso de agradecimiento. Además, entre más agradezcas, más acercas a tu vida motivos para seguir haciéndolo. Recuerda: "En donde pones tu atención pones tu poder", como cuando estás pensando comprar un auto, y no te decides si rojo o blanco y te aparecen donde quiera esos autos de esos colores. Siempre estuvieron, pero no los traías en tu radar. Ese mismo radar se aplicará cuando dediques tiempo a agradecer; la vida te presentará durante el día más motivos para que lo hagas.

2. Agradece a tu cuerpo

a) Usa la tecnología a tu favor, programa alarmas aleatorias para toda la semana, mínimo tres veces por día, por ejemplo, lunes, jueves y domingos a la hora que tú decidas, lo ideal es al despertar, no salgas de tu cama sin tu sesión de agradecimiento. Puedes programar una alarma a las 11:11 (que dicen que es la hora de pedir un deseo) a las 14:46 y a las 21:34, Los días y horas que se te ocurran. También dormir bien entra en tu recuento de todo lo bueno vivido. Ahora hazlo, pero agradeciendo por lo que sientas que le dio más sentido a tu vida.

b) Cada que suene la alarma, haz una pausa en lo que estás haciendo (obvio, no interrumpas a los demás si tienes alguna junta, clase o algo así).

c) Respira profundo tres veces.

d) Piensa en tu pulso y dale las gracias a tu corazón por bombear sangre y permitir que estés vivo.

e) Piensa en tu respiración y agradece a tus pulmones por llenarte de oxígeno y de vida.

f) Piensa en tu piel, en lo que estás sintiendo en ese momento, los pliegues de la ropa, lo frío de las superficies... y agradécele por cubrirte, cuidarte y dejarte sentir tantas cosas excitantes y maravillosas.

g) Respira profundo tres veces más.

h) Y sigue en lo que estabas, ¡a trabajar!

Puedes hacer las variaciones que creas necesarias en ese momento. Es curioso, pero tu cuerpo sabrá qué desea agradecer, por ejemplo, enfócate en los sentidos:

- Piensa en tus ojos y dales las gracias por dejarte ver tantos colores y tantas cosas increíbles.
- Piensa en tus oídos y agradéceles por lo que oyes, la música, las palabras... la vida misma.

- Piensa en tu lengua y agradece por la infinidad de sabores que siente, los amargos, los dulces, los ácidos, los salados, todos.

Incluso puedes ponerte súper mágico y agradecer cosas que requieren tu conciencia plena a tope, por ejemplo:

- Piensa en tus huesos y, de manera extraña, siéntelos, siente como dan estructura al cuerpo, diles "gracias" por su fortaleza.
- Piensa en tu estómago, tus intestinos, siente cómo se mueven y dales las gracias por hacer su chamba, por ayudarte a absorber todo lo que sí necesitas y a desechar lo que no.
- Piensa en tu cerebro, sí, el que te hace pensar y sobrepensar y es la cereza del pastel de lo que eres y haces... Agradécele los pensamientos buenos, los malos, los constructivos, los nocivos... dale las gracias por permitirte pensar tanto y ser tan... asombroso.

3. Diario de agradecimientos

Hacemos y pensamos taaaaantas cosas en un día que la mayoría se olvidan.

Hay estudios que demuestran que las personas que escriben cosas por las que están agradecidas tienen mayor nivel de felicidad, optimismo y satisfacción con la vida. Por eso es importante (incluso revelador y divertido) tener un diario, pues es una manera de dejar constancia de las "cosas buenas" (y no tan buenas) que te pasaron en el día.

Para ello, elige un horario que te acomode, antes de dormir, al despertar, mientras tomas el café de la mañana, incluso en los trayectos cotidianos, en el transporte público, cuando entras al baño... cuando quieras, pero trata de que siempre sea el mismo momento para generar el hábito. Claro, si te funciona hacerlo en momentos aleatorios también se vale.

Ejercicio súper sencillo y poderoso

En cada momento anota los tres motivos que se te ocurran primero y que quieras agradecer, pueden ser cosas pequeñas: el sabor de lo que comiste, la llamada que recibiste, la sonrisa de tu persona favorita; o grandes: tu fecha de examen de grado, tu ascenso, que vas a ser papá o mamá. Incluso pueden ser esas cosas que tal vez parezcan poco importantes, pero que te hacen sentir muy bien, como que gane tu equipo deportivo favorito, que finalmente acabaste de leer ese libro o que terminaste de acomodar todo tu closet y te quedó in-cre-í-ble. El punto es que vayas entrenando a tu cerebro para ver las cosas que te hacen sentir bien, para identificar las cosas bonitas que te rodean. Y sonríe para decirle a tu cuerpo que todo está bien.

Otra variación del diario de agradecimientos es usar la tecnología y las redes sociales, no me refiero a que te la pases posteando lo maravillosa que es tu vida (tema que tocaremos más adelante), sino que escribas o mandes audios en plataformas que permitan una conversación más directa, como WhatsApp o los sistemas de mensajería de *apps* como Instagram o Facebook. Como te dije antes, la felicidad es contagiosa. Así que compartirla te ayudará a hacer conciencia y de paso alegrarle el día a alguien más.

1. Elige un grupo de WhatsApp (o de la app que quieras), el de la familia, hermanos, el típico de tres amigos, el que quieras y con el que te sientas más cómodo. Procura mandar cada que se te antoje, pero no exageres, un mensaje con las tres cosas que quieras agradecer de ese día. Por ejemplo:
   - **Gracias por la salud.**
   - **Gracias por el agua caliente.**
   - **Gracias porque puedo moverme por la ciudad.**
2. Puedes enviar diferentes agradecimientos en cada grupo, ya sabes, que vayan acorde a cada uno. En el de familia puedes mandar un: "Gracias porque nos llevamos bien" y en el de amigos "Gracias porque me la pasé increíble en la fiesta de anoche".
3. Incluso puedes mandar agradecimientos directos a tus personas favoritas: "Gracias por el desayuno que me hiciste", "gracias porque me permitieron estudiar una carrera", "gracias por escuchar".

Pero no por subirte al tren del agradecimiento, agradezcas cosas que ni te llenan tanto. No caigas en la tentación de postear lo que no vives ni te nace y fingir que eres feliz y agradecido, ya que puede ser terriblemente contraproducente. Ojo, la palabra clave en lo anterior es fingir, pues al hacerlo te mientes, y lo sabes, lo que te hará sentir más vacío y miserable. Además, no hay necesidad de ello, pues en cualquier cosa puedes encontrar algo que te haga sentir bien y quieras agradecer, tus ojos, esos pies, los amigos, tu familia, esa cita, la tarde...

Tengo una colega conferencista que muy frecuentemente postea lo feliz que es su vida, lo maravilloso que es viajar, lo rico que está la comida que en ese momento está degustando y siempre con una sonrisa exagerada. Hace unos días, al coincidir en un vuelo, me confesó lo triste que se sentía frecuentemente, lo vacía que sentía su vida. Sucedió exactamente el efecto que te mencioné en el párrafo anterior. Exagerar o fingir puede ser contraproducente para tener una estabilidad emocional.

Claro que con esto no quiero decirte que expongas en redes todas tus miserias, sino que procures encontrar esos momentos en los que realmente sientes felicidad y que consideras que puede ayudar a tus seguidores a tener un efecto multiplicador.

Es saludable aceptar las emociones y sentimientos que percibimos. Está bien no siempre estar bien. Hacer una introspección sobre las posibles causas, buscar lo bueno entre lo que consideramos no tan bueno y seguir. La adversidad es parte de nuestra vida. Cuando caemos en esa positividad tóxica de querer ver el lado bueno en todo y agradecer por "las enseñanzas" que nos dejan los eventos negativos, estás minimizando tus emociones.

Me explico: cuando terminan contigo, ya sea una relación amorosa, laboral, incluso familiar, lo primero que piensas no es "gracias porque voy a encontrar algo mejor" o "gracias porque tengo más libertad", sino que sientes enojo, rabia, tristeza, desconcierto... y ¡está bien no estar bien en esos momentos! Hay personas con experiencias más traumáticas y desagradables que otras. Sí, ahora ya sabes que fue lo mejor que te pudo pasar, pues si no, tal vez te hubieras quedado ahí (en ese trabajo o con esa persona) y no serías lo que eres ahora, no hubieras alcanzado el potencial que tienes hoy. Recordé una frase muy matona, que no es de mi autoría, pero me encantó:

"Te hubieras quedado en mi vida porque se puso increíble. O tal vez se puso increíble porque te fuiste". ¡Zas!

Suelta lo que ya te soltó. Y no digas adiós, dile gracias por todo lo aprendido y todo lo que fue.

Pero cuando te suceden cosas tristes o desconcertantes, debes permitirle a tu cuerpo sentir justo eso, la tristeza, el duelo, frustración, desesperación... miedo. Es temporal, y pasará. Pero si no te das la oportunidad de sentirlas, y te mientes, será peor para ti, porque estarás confundido y atorado en un espacio donde no puedes crecer. Recuerda, las emociones no son buenas o malas, solo están ahí para mantenernos vivos. Las emociones no son lo mismo que los sentimientos. Por eso no hay emociones malas, son necesarias para la supervivencia. No enferman las emociones, lo que enferma son los pensamientos y sentimientos que agregamos al sentir esas emociones. Biológicamente sentimos miedo, enojo, alegría, tristeza, deseo y aversión.

Las emociones siempre están en el presente, la mente no. Puede estar fuera del presente, en el pasado o en el futuro. Si se me hace tarde para ir al trabajo por el tráfico, empezamos a sentir miedo por los pensamientos y sentimientos que se agregan: mi jefe se va a enojar, me van a reclamar, me van a culpar. No estamos diseñados para sentir enojo por años, pero sí para los sentimientos que pueden durar por muchos años. Por lo tanto, las emociones no enferman, los sentimientos sí.

El agradecimiento vendrá después y cuando realmente lo sientas.

Pero sí, agradecer te puede ayudar a salir adelante. Cambia tu energía en momentos de estrés o descontrol, ¿cómo? ¡Con agradecimientos genuinos! Agradecer de verdad te ayuda a regresar a un estado de paz. Tras permitirle a tu cuerpo sentir toda esa bola de emociones de baja vibración, haz conciencia de las cosas que quedan, que son tus pequeños "qué rico", tus amigos, el agua caliente de un buen baño, el café de la mañana o el sabor de tu té y, ni modo, te tocó vivir esto, pero pasará y te fortalecerá. Te tocó vivir algo que probablemente jamás imaginaste, pero es parte de esta aventura llamada vida. Todo pasa, y mientras llegas a eso, llena tu camino de agradecimientos por lo que sí tienes y sí te gusta y sí te hace feliz, es el momento de enfocarte en lo que sí tienes y debes valorar.

DE NUEVO, CUIDADO CON LOS ESTÍMULOS Y LOS DETONADORES

¿Has notado que algunos días sientes que estás en modo de supervivencia todo el tiempo? Bueno, es real. Se trata de una especie de "enfermedad" social que ocurre a escala global. Esa sensación de alerta no nos permite agradecer.

El departamento de Psicología de la Universidad de Edmonton identificó que existe una relación entre el trauma indirecto y la *permacrisis*, un término acuñado desde la sociología, que se refiere a ese estado de crisis (por lo económico, social, político, la salud, lo que sea) en que estamos todo el tiempo. Recordé nuevamente a mi madre. Adicta a la *permacrisis* o, dicho de otra forma, adicta al sufrimiento. Cuando no le preocupaba una cosa era otra, la falta de dinero, su salud, mi salud, mi hermano enamorado de quien no debía, la crisis en Uganda o la posible caída de un meteorito en 70 años. ¿Su frase más pronunciada? "¡Qué mortificación!"

La globalización nos permite estar conectados y saber qué sucede en el mundo todo el tiempo. ¿Y qué crees? Siempre hay algún conflicto en alguna parte de la Tierra, desde grandes catástrofes naturales (incendios, terremotos, tsunamis) hasta conflictos bélicos entre países (ya sabes: Ucrania, Rusia, Israel, Palestina, los países en África) y eso, sin tocar el tema que nos afecta a todos: la crisis por el cambio climático.

El conocimiento de todos los problemas globales genera un trauma indirecto. No importa si estás a miles de kilómetros, ver el sufrimiento de otras personas nos genera dolor. Ante tantas noticias de guerras, hambrunas, violaciones a los derechos humanos, etc., la sociedad, a nivel global, está atravesando un trauma colectivo nunca visto. Y eso nos roba la energía y la esperanza de que podemos tener un mundo mejor, un futuro bonito y más cuando tenemos hijos y nos preguntamos qué futuro les espera. Saber que no puedes hacer mucho (o prácticamente nada) genera ansiedad y depresión. ¿Qué sí puedes hacer? Cuidar los estímulos que consumes, no me refiero a que te vuelvas indiferente al sufrimiento humano o a la situación sociopolítica del país, sino a que elijas tus batallas. Y así como ya sabes que hay cosas que te deprimen y entristecen, también sabes que hay cosas que te animan, cosas que agradeces. Identificarlas y activarlas te ayudará a encontrar un equilibrio en este mundo de locos.

¿Qué dice la ciencia?

Los detonadores que te ponen en un modo positivo pueden ser algo tan simple como la postura. Sobre eso investigaron Dana R. Carney, Amy J.C. Cuddy y Andy J. Yap de las Universidades de Columbia y Harvard.

Las personas, incluso algunos animales, nos expresamos a través de nuestras posturas, tal vez pienses, "nada nuevo, lenguaje corporal", pero aquí viene lo bueno:

Podemos sentirnos felices, agradecidos, incluso más poderosos si así lo personificamos o lo actuamos.

Para demostrar su punto, realizaron un estudio con 42 participantes (26 mujeres y 16 hombres) a quienes, de manera aleatoria les pidieron que hicieran poses de "alto poder" y de "bajo poder". Las posturas se relacionan con la expansividad y la apertura del cuerpo, o sea, usar más espacio o mantener las extremidades abiertas son posturas de "alto poder", mientras que usar menos espacio o pegar las extremidades al cuerpo son posturas de "bajo poder". En específico las posturas que usaron fueron:

Para "alto poder":

1. Sentado, reclinarse en el asiento, subir los pies a la mesa y poner las manos atrás de la nuca con los codos abiertos.
2. De pie junto a una mesa, poner las yemas de los dedos sobre la mesa, la espalda recta inclinada hacia adelante y una pierna ligeramente atrás de la otra.
3. Postura erguida, manos en la cintura. Postura de Superman.

Para "bajo poder":

1. Sentado, con la espalda curva, las rodillas casi juntas y las manos entrelazadas sobre las rodillas.
2. De pie, con los brazos cruzados, pero una mano en el hombro y la otra en el costado y las piernas cruzadas.

Ahora viene lo más interesante. Los participantes mantuvieron cada pose durante un minuto. Después, a través de muestras de saliva, se midieron sus niveles de cortisol y testosterona.

¿Y qué crees? Los investigadores identificaron que las poses ¡sí tienen efectos neuroendocrinos! Es decir, no solo "te sientes poderoso" de forma anímica o conductual, sino que tu cuerpo reacciona de manera física y genera menos cortisol (la del estrés) y más testosterona con las poses de "alto poder". De manera contraria, genera más cortisol y menos testosterona con las poses de "bajo poder". ¡Y esto se observó en todos los participantes! Fueran mujeres u hombres, todos reaccionaron a las poses de poder.

Así que poner tu cuerpo en "modo macho alfa" o "modo hembra alfa", de verdad funciona, pues cambia tu fisiología y te empodera de forma física, emocional y mental.

Ahora que ya sabes esto, hagamos una prueba:

Ejercicio: Postura de dos minutos

1. Pon dos minutos en un temporizador o cronómetro de tu celular.
2. Si puedes siéntate en el piso, junta las plantas de los pies y abre tus rodillas. Si no puedes sentarte en el piso, usa una silla, pon las plantas de los pies firmes en el piso y abre un poco tus piernas.
3. Estira la espalda hacia el cielo, abre los hombros y, cual gorila enorme, saca el pecho.
4. Suelta los brazos hacia los lados, con las palmas hacia enfrente si estás en la silla, y con las palmas empujando el piso si estás... pues en el piso.

5. Cierra los ojos.
6. Quédate ahí hasta que suene la alarma del temporizador, si piensas que se siente bien, déjalo pasar, si piensas que te ves ridículo, nadie te está viendo, así que déjalo pasar. Trata de que todos esos pensamientos fluyan y solo concéntrate en tu respiración, en el pulso y en cómo se siente tu cuerpo.
7. Cuando suene la alarma, abre los ojos y piensa en cómo te sientes.
8. Al estar calmado y expandido, te será más fácil identificar las cosas que quieres agradecer y echar a andar la rueda de bienestar y agradecimiento.

Si esto funciona con una prueba simple de dos minutos, solo para moverse un poco y calmarse, ¿funcionará también para los días malos? Pues sí.

Hora de ir al parque, a la plaza o a cualquier lugar con gente caminando, nota cómo las personas felices van con los brazos sueltos, la espalda erguida, el pecho abierto, la cabeza en alto, sonriendo o riéndose. Mientras que las tristes, van cabizbajas, con los brazos pegados al cuerpo, incluso tomando el celular con las dos manos y los codos pegados a los costados. ¿Ves? Nos pasa a casi todos. Así que, ¿por qué no usar ese conocimiento a tu favor? Ya sea para dar las gracias o para una junta de trabajo, una postura expandida, fuerte y firme te da justo eso: expansión, fuerza y firmeza. Haz la prueba y verás o, mejor dicho, sentirás los cambios. Come bien, piensa bonito, platica de cosas gratas, párate firme y verás que todo está, pues... más feliz.

Pero otra cosa interesante de las posturas: no solo se queda en el pecho expandido y la espalda recta, también generas cambios con músculos mucho más pequeños, como los que están entre las cejas o los que generan tu sonrisa.

¿Qué dice la ciencia?

Checa este impresionante estudio y más si te aplicas *botox*.

En 2009, Michael Lewis y Patrick Bowler investigaron la relación entre el uso de *botox* como tratamiento estético y las emociones. Y no solo porque a ellos se les ocurriera, sino que ya había bastantes comentarios en la comunidad médica sobre cómo las pacientes con *botox* eran más positivas que las que recibían otro tipo de tratamiento. Los investigadores mencionan que los músculos de la cara que nos permiten expresar emociones también influyen en la manera que experimentamos o sentimos esas emociones, por lo que esos músculos afectan el estado de ánimo. De hecho, hay evidencia de que los pacientes con parálisis facial que no pueden sonreír tienden a deprimirse más. Y así como no sonreír dificulta mantener emociones felices, no fruncir el ceño también dificulta mantener emociones de enojo, desconcierto y toda la gama que nos hace arrugar el entrecejo (si en este momento lo estás frunciendo porque ya lo leíste, dale unos toquecitos con la punta de los dedos para que se relaje).

Ante la evidencia, decidieron poner a prueba la teoría y medir los cambios en emociones como irritabilidad, depresión y ansiedad en pacientes con *botox* y pacientes con otro tipo de tratamientos estéticos, para ver si el efecto positivo solo se relaciona a que "sienten que se ven mejor" o a que en realidad la parálisis temporal en la frente por el uso de *botox* mejora el estado de ánimo. Para ello analizaron a 25 mujeres, 12 con tratamiento de *botox* en la frente y 13 con otro tipo de tratamiento (como *peelings* o tratamientos con láser). Usaron un cuestionario que incluía una escala de irritabilidad, depresión y ansiedad, y de nuevo, ¿qué crees que pasó? Pues sí, las pacientes que no podían fruncir el ceño tuvieron mejoras en el estado de ánimo respecto al grupo de control, pues al no poder expresar esas emociones con la cara, tampoco las sentían por lapsos prolongados. Revelador, ¿no te parece? Digo, no tienes que ir con tu dermatólogo o cirujano plástico por el *botox* para tener efectos similares (claro que si quieres, adelante), puedes solo crear el hábito de hacer conciencia de que estás frunciendo el ceño y relajarlo.

EJERCICIO "DESFRUNCIDOR"

Frunce el ceño, fuerte, fuerte. Ahora relaja esos músculos. Puede que sientas que no solo frunces el ceño, sino que también arrugas la nariz y respiras menos. Cuando sientas que estás haciendo eso, respira profundo y con tus dedos medio e índice da pequeños golpecitos en la parte del entrecejo para relajarlo. Y si te funciona, mientras lo haces piensa: "Estoy bien, todo está bien".

Aunque estés bien, pero bien enojado, relajar el entrecejo te relaja todo lo demás y te permite pensar con más claridad.

Algo similar pasa con la sonrisa y las carcajadas. ¿Qué sientes cuando oyes a un niño reír? ¿O a un adulto cuando se echa una de esas carcajadas que hasta da gusto verlo? Seguro ya lo suponías, pero nuestros milenios de evolución nos hacen entender que cuando alguien se ríe, el ambiente es seguro (tanto que hay personas que les da risa de nervios o de miedo y ese es un método de defensa, no es que no sientan nervios, miedo o que no les importe, es que de verdad están en modo supervivencia y reírse les ayuda a sobrevivir).

¿Qué dice la ciencia?

Tara L. Kraft y Sarah D. Pressman han indagado sobre esto, y para ello hicieron un experimento con nada más y nada menos que 170 participantes. Su idea fue medir la influencia entre las expresiones faciales y las respuestas cardiovasculares y el estrés. No les dijeron a los participantes de qué trataba el experimento para no influir en los resultados.

El estudio consistió en pedirles que realizaran dos tareas mientras sostenían palillos en la boca de forma que tuvieran una sonrisa de *Duchenne* (la sonrisa amplia que te arruga las patas de gallo, alza tus mejillas y muestra más dientes), una sonrisa estándar y una expresión neutral (grupo de control). A la mitad de los participantes de cada grupo "sonriente" se les pidió que sonrieran (aun con los palillos) y a la otra mitad no le dijeron nada.

El resultado fue que todos, absolutamente todos los participantes del grupo sonriente tuvieron una menor frecuencia cardíaca al recuperarse del ejercicio estresante, que el grupo control, pero también identificaron que las personas conscientes de hacer la sonrisa de *Duchenne* tuvieron frecuencias aún menores que las que solo tuvieron palillos. Esto demuestra que tener expresiones faciales positivas tiene un beneficio no solo psicológico, también físico. Por todo lo anterior, establece el hábito de sonreír.

PONTE EN PAPEL, GESTIONA TUS EMOCIONES

¿Has escuchado que "el que con lobos anda, a aullar se enseña"? ¿O "dime con quién andas y te diré quién eres"? O cualquiera de esos dichos que se relacionan con la mimetización. Somos seres sociales, y por pura evolución hemos aprendido a relacionarnos con las personas que nos rodean, a reaccionar como ellos, a sentir como ellos. También nos acoplamos a los comportamientos y adoptamos sus hábitos. Y no solo de unas personas a otras, también con nosotros mismos. Si estás de malas todo el tiempo, esa sensación se perpetúa (¡ya sé, ya sé, depende de un montón de cosas y problemas como la ansiedad y la depresión, que no se quitan solo "dejando de pensar en eso"). Si necesitas ayuda de profesionales de la salud ¡está bien! Si vas al médico por una gripa, ¿por qué no ir para cuidar tu mente? Si estás de buenas, también se perpetúa, si dejas de fruncir el ceño, si sonríes, también resuenas con esas emociones. Así que, cuando te enojas, "dejar salir un poco de vapor para no explotar" no es precisamente la mejor idea.

Es importante que gestiones tus emociones, no que las elimines, que te permitas sentir todas, las cómodas y las molestas. Para ello, puedes "ponerte en papel" y reducir el impacto y la duración de las emociones incómodas. Eso minimiza la manera en que te afectan (o a los demás).

Pero sí, una cosa es que sea mejor que te permitas sentir tooodos los sentimientos, en lugar de reprimirlos; y otra es que vayas por el mundo gritando lo que sientes sin gestionarlo, incomodando, incluso dañando a los demás y a ti. Insisto, lo importante no es reprimir, es gestionar.

Así que la catarsis es una forma de "liberar presión" para evitar que explote. Pero aquí viene lo bueno, el psicólogo social Brad J. Bushman se preguntó: "Si desahogarse realmente 'libera' la ira, entonces debería disminuir la agresión porque las personas se enojan menos". Suena lógico, ¿no? ¡Pues no! ¡La evidencia científica sugiere justo lo contrario! Hay pruebas que indican que "liberar presión" solo funciona cuando te desahogas con la persona con la que estás enojado, pero si lo haces con objetivos alternos (como una almohada o un saco de box) no reduce la excitación. Ya sé, yo también me creía la teoría de la catarsis y de hecho lo escribí en otro de mis libros. ¿Y tú también la creías?

Así que imagínate a la comunidad científica descubriendo esto, y haciendo más pruebas y sacando más conocimiento y llegando a la teoría que dice que "sacar vapor" aumenta el enojo y la agresividad, en lugar de disminuirlos, pues desahogarse es un acto de agresión contra otras cosas (romper platos, patear cosas, golpear paredes, gritar...) y eso, obvio, hace que tu mente y tu cuerpo entren en modo combate. Así que no, no te calma, te altera. ¿Sabes que existen o existían salas en donde la gente entraba a quebrar cosas, romper platos y demás para externar su enojo?

Ambas son teorías, pues ninguna aplica al 100 %, todas las personas somos únicas y funcionamos con comportamientos distintos. Y aclaro eso, porque seguramente has pasado por una etapa de "liberar presión". A mí me funcionó, pero no porque me sintiera menos enojado, sino porque me cansé, al cansarme me calmé y al calmarme pensé mejor, igual pude haber salido a correr en lugar de golpear un saco de box. Cada persona es un mundo. Nada libera más presión que una cita con un profesional de la salud mental.

¡¡Y Televisa lo sabía!! ¡¿Recuerdas esos comerciales de cuente hasta 10?! No decía "saque su enojo golpeando una almohada o una pared", sino "cuente hasta 10 mientras respira lenta y profundamente".

Entonces, si estás enojado y golpeas algo, sigues pensando que estás enojado y te mantienes en ese estado de enojo. ¿Pero qué pasaría si te distraes? De acuerdo con la teoría de la neoasociación cognitiva, te calmarías.

¿Qué dice la ciencia?

El Dr. Bushman publicó un estudio en *Psychology today.* Hizo un experimento con 600 estudiantes universitarios que consistió en pedirles que hicieran un trabajo y, después, "otro de los participantes" criticaba su trabajo de forma tal que los hacía enojar (claro, eso era parte del experimento porque, en realidad, no había otro participante). Ya que estaban enojados los dividieron en tres grupos: uno para desahogarse, uno para distraerse y uno de control que no hacía nada.

A los integrantes del grupo de desahogo les pidieron golpear un saco de box con la cara del participante que, según, había criticado su trabajo. A los del grupo de distracción también les pidieron golpear el saco de box, pero solo para entrenar y hacer ejercicio. A los del grupo de control no les pidieron golpear nada. Y los resultados indicaron que dejar salir un poco de vapor no funcionó... pues después de la sesión con el saco de box, los del grupo de desahogo estaban más enojados que los del grupo de distracción, ¡incluso que los del grupo de control! Y eso considerando que la actividad de distracción fue una actividad física intensa y agresiva (golpear el saco de box). Es probable que con una distracción no agresiva de actividad física intensa (como correr), una distracción amorosa (acariciar un cachorro) o divertida (ver una película de comedia), se tenga una reducción de la ira aún mayor.

Ejercicio: Usa la pose de poder y la sonrisa de Duchenne

1. Tu jefe es un tirano, todos lo saben (o tu profesor, tu colega, siempre hay uno cerca). De último minuto te pidió sacar un proyecto que, después, el muy miserable presentó como suyo y, para acabar de demostrar el tipo de persona que es, ni siquiera te mencionó y hasta hizo un par de bromas a tus costillas. ¡En serio dan ganas de reclamarle! ¡Y, además, estás en la oficina! ¡O en la escuela! ¡Así que no puedes salir a correr un rato, acariciar un cachorro ni ver una película! Bueno, no vamos a golpear a nadie, a nada en realidad. Vamos a usar las dos herramientas que ya conoces, la pose de poder y la sonrisa de Duchenne.
2. Ve al baño, o a cualquier espacio privado que tengas, y párate derecho, con los puños apoyados en la cadera y las piernas separadas. Echa la cabeza para atrás y piensa en lo que hiciste el fin de semana, qué vas a hacer saliendo de la oficina, en tu rutina de ejercicio, en ver a alguien, lo que sea. Si sabes meditar, mejor, pero si no sabes y estás demasiado enojado como para ponerte *zen*, piensa, pero no en tu jefe y lo bien que sería exponerlo con la verdad. Retoma tu poder. Y cuando te sientas más calmado, regresa la cabeza y sonríe (no una sonrisa irónica de Joker porque estás pensando en tu jefe), sonríe para ti, de verdad, con una sonrisa de Duchenne. Respira profundo. Y a seguir en lo que estabas... pero calmado.

En resumen, la próxima vez que estés como olla de presión a punto de explotar: ¡Apágale a la estufa!, ¡retírate de la flama y deja que el vapor se calme!

Ahora, un punto súper importante sobre recobrar la calma, si quieres expresar lo que sientes y generar una comunicación efectiva: lo peor que puedes hacer es gritar, porque eso hace que la otra persona se ponga a la defensiva y no te escuche. Necesitas calmarte y expresar tu enojo o molestia de manera directa y honesta. Es notorio que hay algo que no te gustó, no tienes que romper algo para demostrarlo.

Otra manera para identificar y gestionar lo que sientes y, sobre todo, cuando ni sabes qué estás sintiendo (ya sabes, ese momento en que todo sucede y es tan confuso que pareces una licuadora de sentimientos y emociones, no sabes si estás triste, liberado, enojado, frustrado, ¿contento?; o cuando ya identificaste que estás muy decepcionado, pero pareciera que no puedes reconocer realmente por qué) es pensarte en tercera persona.

¿Qué dice la ciencia?

Este estudio también te va a impactar. En 2020, Ariana Orvell y otros colaboradores del Departamento de Psicología de la Universidad de Michigan, identificaron que hablar de ti en tercera persona ayuda a regular las emociones. Ya sabes, como Gollum. Para ello desarrollaron dos experimentos: uno con personas hablando de sus emociones y sentimientos en tercera persona (diálogo interno distanciado); y otro con personas hablando de lo mismo, pero en primera persona (diálogo interno inmerso). Descubrieron que, en efecto, hablar en tercera persona de eventos personales difíciles, ya fuera del pasado o en el futuro, nos permite expresarlo mejor, pues a veces la barrera de la perspectiva o expectativa que tienes de ti no te deja profundizar en lo que sientes. Así que ponte en papel, de no ser tú, sino ser el otro tú.

Ejercicio: Ponte en papel

1. Saca lápiz o pluma, tu libreta y una vela.
2. Respira profundo.
3. Prende la vela y di tu nombre.
4. Ahora escribe [tu nombre] y lo que siente "esa persona" en este momento. Por ejemplo: "[Tu nombre] se siente triste, ha intentado tantas veces ese ascenso y ver que se lo dieran a alguien ¡que es mega flojo! Y, además por ser pariente del jefe, es decepcionante; [tu nombre] siente que es injusto y no es que no crea que esa persona no sea capaz, pero [tu nombre] lleva mucho tiempo en esta empresa y ha demostrado la capacidad suficiente..." Y así te sigues, con los ejercicios que necesites.
5. Pero no todo está perdido y esa racha es temporal. Así que vamos a regresar a una emoción más cómoda a través de, precisamente, el agradecimiento. Una vez que termines de escribir, agradécele a [tu nombre] por cuidarte y mantenerte vivo todo este tiempo. Junta las manos en el pecho, abrázate y di un honesto y profundo: "Gracias."
6. Y recuerda apagar la vela... no me culpes si se prende el mantel de tu casa.

Antes de cerrar este capítulo, déjame contarte que apreciar y agradecer son dos hábitos fundamentales en mi vida. Aprecio constantemente y agradezco diariamente.

CÓMO APLICO ESTE HÁBITO EN MI VIDA

- Al despertar agradezco por todo lo bueno vivido, por lo no tan bueno, pero que se convirtió en lección de vida (a veces dolorosa) y lo más importante: agradezco por tres cosas nuevas o diferentes cada día.
- Agrego un agradecimiento más: por todo lo bueno que viene para mi vida y la gente que amo. Es el agradecimiento con fe. De esta manera hago nuevas conexiones en mi cerebro para ejercitarlo en la abundancia y la positividad.

Te quiero compartir una historia sencilla, pero poderosa: la del pajarito en el desierto, te va a gustar.

Un pajarito volaba perdido en medio del desierto. El sol lo quemaba, no encontraba agua ni alimento, y se sentía muy desesperado.

En ese momento se le apareció un ángel, y el pajarito le preguntó:

—¿Qué debo hacer para sobrevivir aquí, donde todo es tan difícil?

El ángel lo miro con ternura y le dijo:

—Cada vez que te sientas cansado, con hambre, con sed o sin fuerzas, repite con fe: "Gracias, Dios, por todo".

El pajarito, aunque dudaba, obedeció. Cada día, en lugar de quejarse, repetía:

—Gracias, Dios, por todo.

Y ocurrió algo extraordinario: al agradecer encontraba siempre algo que le daba fuerzas. A veces una pequeña sombra para descansar, otras una gota de agua, o la brisa que lo refrescaba. Descubrió que su actitud de gratitud abría la puerta de la providencia.

El mensaje es poderoso: la gratitud transforma la percepción. Cuando agradeces en medio de la dificultad, tu corazón se abre y encuentras los recursos, fuerzas y bendiciones que antes no veías.

¡Gracias, Dios, por todo! Y gracias, Dios, porque tú sigues leyendo este libro.

Si de repente guardas resentimiento, con mayor razón, acompáñame al siguiente hábito.

7

Lo grande que es perdonar

> “PERDONAR NO TE HACE DÉBIL, TE HACE LIBRE. SOLTAR LO QUE TE HIRIÓ ES EL ACTO MÁS FUERTE QUE PUEDES HACER POR TI.”

Definitivamente es un hábito que he aplicado en mi vida. Nunca es tarde para decidirlo, ya que, tristemente, después de vivir las secuelas de guardar resentimiento por personas que importan y no importan, me di cuenta de que el más dañado fui yo.

Muchas veces no se mide el impacto inmediato, hasta tiempo después, en el que descubres que quien te ofendió sigue con su vida como si nada hubiera ocurrido y tú con una maraña de emociones donde el enojo y la desilusión destruyen tu vida. Un día me pregunté: “¿Se me hace poco lo que viví como para seguir haciéndome daño cargando el yugo del resentimiento?”

Puedes sentir que es un tema trillado. Tienes el derecho a expresar que nadie entendería lo que sientes por el agravio tan grande hacia tu persona. Puedes y tienes toda la libertad de expresar que no vas a perdonar nunca.

Sé que no es la primera vez que alguien intenta incluir este hábito en tu persona y más cuando te enfrentas al dolor tan grande de una traición. Sin embargo, al paso del tiempo, he aprendido que verdaderamente es un regalo perdonar y perdonarme, porque no habrá un solo año en el que alguien no te falte al respeto o en que tú hagas o digas algo de lo cual te arrepentirás después. Nuestra naturaleza humana nos hace tener aciertos y errores, es precisamente en estos últimos en donde más aprendemos y crecemos.

La gente con la que tratas, tu familia, tus amigos, tus compañeros de trabajo o estudios son imperfectos por naturaleza, como lo somos tú y yo.

Hace unos días una persona allegada a mí me dijo: "César jamás perdonaré —a mi esposo— el haberse acostado durante tanto tiempo con esa vieja..." Está obviamente en su etapa de negación y enojo, en la cual tiene todo el derecho de aventar el inmenso dolor que le causó la traición. Obviamente es el peor momento para intentar convencerla de que el perdón es su aliado en tan duro momento. Como lo sería también para quien vive la inmensa pena de perder a un ser querido por el dolor o la imprudencia de un tercero. No, no es el momento ni somos los indicados de intentar un proceso de perdón en tan crítico momento. Deja que el tiempo pase, deja que los pensamientos llenos de rabia y resentimiento cumplan su función.

¿Por qué digo que incluir este hábito puede hacer de tu vida algo mucho mejor? Porque lo he vivido. Porque como dije anteriormente, me han defraudado y, al igual que tú, no nos merecemos muchas situaciones desagradables que hemos vivido.

Hace unos años viví una situación en la que me pregunté lo que generalmente nos preguntamos todos: ¿Por qué yo? ¿Por qué a mí? Y estar en ese estado de negación y no aceptación me ocasionaba más sufrimiento.

Si tienes mucho tiempo preguntándote lo mismo y no has encontrado una respuesta lógica, te sugiero que no te preguntes más. Son esas preguntas que no tienen respuestas. ¿Por qué yo? ¿Por qué a mí? Entonces la respuesta primera sería ¿Y por qué a mí no? "¡Pues porque yo soy muy bueno!" ¡Zas! ¿Quién dijo que eras bueno? ¿A los buenos no les pasa nada? Después de enterarme cómo murieron la mayoría de los apóstoles de Jesús y el mismo Jesucristo llegué a la conclusión: ¡Qué bueno que no soy tan bueno!, obvio es broma, pero entre broma y broma la verdad se asoma.

Nos suceden y nos sucederán más cosas en la vida y no siempre tendremos el control de evitarlas y es parte de nuestro crecimiento. Son los aprendizajes que no deseamos tener, pero que a fuerzas tendremos.

¿Te suenan estas frases?:

"¡Que Dios te perdone, porque yo no!"

"¡Yo ya lo perdoné, y espero que cuando se esté quemando en las llamas del infierno se arrepienta!" Qué bonitos deseos. Solo te recuerdo que lo que deseas a los demás te lo deseas a ti. ¡Ups!

"¡Te perdono, pero no olvido!" ¿Quién te dijo que perdonar es olvidar? ¡Por supuesto que no!, ni tiene nada que ver con trastornos mentales ni con el Alzheimer.

"¡Pero te aseguro que ahorita no puede vivir en paz por el remordimiento!" ¿En serio? ¿Te consta? A lo mejor ni se acuerda de ti.

Entendamos algo. No todo está bajo nuestro control, mucho menos las decisiones que consideramos erróneas de los demás, y siempre tendrás dos caminos: quedarte eternamente en la etapa de lamentación o victimización o seguir con tu vida.

Si decides la primera, es tu elección, solo te pido que recuerdes que todo tiene sus consecuencias y lamentarte eternamente por lo vivido es aceptar que el estrés, el enojo y el resentimiento hagan de las suyas en tu salud.

Si decides la segunda, felicidades. Y, para eso, deseo ayudarte a que se convierta en un hábito que puede sacar una mejor versión de ti.

No es mi intención que aparezca un supuesto aspirante a pastor o sacerdote llamado César Lozano y te dirija unas palabras, pero te quiero recordar que la oración más poderosa que el mismo Jesús nos dejó es precisamente la oración donde dice claramente: *perdona nuestras ofensas como también nosotros perdonamos a quienes nos ofenden.* ¡Imagínate! Al decirla damos por hecho que estamos perdonando a quienes nos ofenden. Y no solo lo vemos en el catolicismo, también está en el islam, el hinduismo, el judaísmo, el budismo, cada una con sus matices, pero no he encontrado una ideología religiosa que no lo considere como algo fundamental. Eso me refleja el profundo arraigo de este acto con la historia del ser humano y, por ello, independientemente del poder supremo en el que creas, perdonar, que te perdonen y perdonarte es parte del sistema operativo que traes precargado desde hace... miles de años.

Recuerdo a mi abuela y a sus hermanas. Obvio ya no están en este plano. Muy devotas a la misa diaria, al rezo del rosario que decían con singular sentimiento, pero las tres estuvieron peleadas por años por una casa en un pueblo llamado Rayones, Nuevo León. Una casa que era de sus padres y que, sin conocer el porqué, fue motivo de pleito y de división por años. No solo división entre las tres hermanitas, sino división de la casa y el terreno con unas paredes raras, y ahí estaban sin dirigirse la palabra, amontonadas cada quién en su pequeño espacio.

Y ¡ay de ti, César! si te ibas a platicar con tu tía abuela, porque, al llegar, era bombardeado por mi abuela con múltiples preguntas, entre las cuales sobresalía una: "¿Qué te dijo de mí?"

En aquel tiempo era un niño y no entendía ese resentimiento de las tres, pero ahora que pasa el tiempo y veo que nada se llevaron y que esa casa con sus divisiones quedó en el olvido, me pregunto ¿valió la pena tantos años de pleitos y silencios lacerantes entre ellas? ¿Cuántas divisiones hay por dinero, por propiedades, por herencias donde uno o dos fueron los más beneficiados, cuando mamá o papá querían a todos por igual?

"¡Estoy seguro de que la arpía de mi hermana los hizo firmar a su beneficio! ¡Por eso la cuidaba! ¡Mensa no era!"

Cuantas divisiones existirán en este momento por comentarios imprudentes o dichos al calor de las copas.

Por cierto, ¡me daban un miedo las navidades en casa de mi abuela! En lugar de que sea un momento de paz, era una noche en la que se embriagaba mi papá y mis tíos como si no existiera un mañana y, al calor de las copas, se decían hasta lo que no y ahí tenías a mi madre toda mortificada y mis hermanas, hermanos y yo suplicando a mi papá que nos fuéramos a la casa porque ya iba a llegar *Santa Claus* y se iría sin dejarnos nada.

Recuerdo, como si fuera ayer, cuando, a mi corta edad me dije: "Cuando sea grande, nunca permitiré que mis hijos me vean borracho". Claro que me gusta la cerveza, el mezcal y el vino tinto, pero hasta el momento puedo afirmar —sabiendo que mis hijos leerán esto— que nunca me han visto borracho. Y no con esto quiero hacerte sentir mal si no es tu caso, pero nunca es tarde para tomar decisiones de cambio.

Te recuerdo mi primera frase matona: "La gente admira más a aquél que no fue tan bueno y un día cambió, que a aquél que siempre ha sido bueno".

¡Qué bonita frase para quienes un día deciden cambiar de hábitos nefastos que los estaban destruyendo y qué frase tan desalentadora para quienes hemos hecho el esfuerzo por llevar una vida lo más recta posible! Pero los hechos brillan por sí solos. ¡Mira cómo eran Yuri, Lupita D'Alessio, Olga Breeskin, José José, ¡y el compadre Juan, que era súper pirujo! y mira ¡encontraron a Jesús y sus vidas cambiaron! ¡Qué testimonios tan increíbles! Pues sí, qué bonito, pero hay millones de personas que luchan cada día por ser personas que no se dañan ni dañan a los demás y no se les reconoce tanto como a quienes un día tomaron la maravillosa decisión de cambiar.

Lo que me queda claro es que el perdón es un acto increíblemente sanador, y que muchos hemos sido testigos de que quien perdonó, a pesar del dolor infringido, se convierte en un una persona admirable y digna de imitar.

PERO A TODO ESTO, ¿QUÉ ES EL PERDÓN?

Si bien el perdón es algo muy común y discutido por diversas disciplinas (teología, psicología, neurociencia, filosofía...), es sorprendente lo amplia y a veces compleja, que resulta su definición, pues cada persona puede pensarlo de manera diferente.

Algunos piensan que el perdón es condonar las malas acciones. Hay quienes creen que se debe perdonar para reparar la relación con el ofensor. Otros creen que, al perdonar, ya no podrán buscar justicia. Algunos piensan que el perdón debe ser un precursor de la reconciliación. Unos creen que perdonar significa olvidar lo sucedido.

Otros que, como la religión dice que perdonen, deben ser capaces de hacerlo, pero todas estas concepciones no son necesariamente ciertas y pueden tener recovecos sutiles, pero que entorpecen nuestro crecimiento como personas.

¿Qué pasaría si pensamos en el perdón como una acción que libera? Es decir, tomemos la definición de Howard Zehr, criminólogo estadounidense, pionero en el concepto de la justicia restaurativa (de la que hablaremos más adelante):

"El perdón es desprenderse del poder que la ofensa y el ofensor tienen sobre una persona".

Cuando alguien te daña, y tú solo piensas en la ofensa, centras tu vida en algo que no puedes cambiar y te atoras en ese evento y más si esperas que tu agresor se disculpe para perdonarlo. Es decir, esperas que alguien accione antes que tú para que tú reacciones ante eso. En ese momento le estás cediendo tu poder al agresor. Te vuelves un ser pasivo que está a la espera. ¿Qué pasaría si retomas tu poder y decides perdonar? Exacto, te vuelves la parte activa, tu acción no depende de alguien más. Solo de ti y lo que tú quieres en tu vida.

Perdonar es como lavar una herida infectada. Pongamos un ejemplo. Vas al gimnasio y haces pesas sin guantes, te sale una ampolla y no le haces mucho caso, se revienta, se infecta y es súper molesta, pero tolerable. El problema es que no sana, supura, duele y se ve mal, y ahí la traes día y noche, piensas en ella todo el tiempo, pero como no duele demasiado, pues te aguantas... y eso solo empeora. Tienes que hacer algo ¿no? Sabes que tienes que lavarla para que sane. Sabes que lavarla va a arder de verdad y que al ponerle jabón y tallarla sentirás mucho más dolor del que sientes en ese momento. Pero quieres que cierre, así que respiras profundo, te armas de valor (sí, tú solito) y la lavas, la curas, la cuidas y, por fin, sana.

Cuando no perdonas pasa algo similar, te la pasas pensando en la herida, y al hacerlo pierdes tu poder... y ¿adivina a dónde se va? ¡Exacto! ¡Lo cedes a alguien más! Por eso perdonar es un acto de sanación y empoderamiento (y de ahí, tal vez, que la mayoría de las religiones lo incorporen a su ideología), ya que al perdonar tú eres quien acciona, *tú* perdonas y, al hacerlo de manera genuina, liberas a quien te ofendió (sea que se entere o no) y *tú retomas el control*. Perdonar es atender lo sucedido, tomarlo en serio y no minimizarlo, darte tiempo para lavar la herida y evitar que envenene toda tu existencia.

¿QUIÉN PUEDE PERDONAR?

Todos. Sí. Tú y yo, todas las personas somos capaces de perdonar a quien nos lastimó, sin importar si la acción del agresor fue hacia nosotros o no. Es decir, puedes ser víctima indirecta de la acción de otra persona. Por ejemplo, cuando un hermano tuyo sufre por la infidelidad de su pareja a quien consideraban parte importante de la familia. Si eso le pasó a Shakira con Piqué, ¿qué esperanza para los pobres mortales como nosotros?

O casos más graves, cuando una persona agrede sexualmente a alguien. ¿Qué pasa con la familia? ¿Imaginas lo que sienten la mamá, el papá, hermànas y hermanos? Si te ha sucedido, ya sea como parte de la familia o como la persona agredida, de corazón, lamento que hayas pasado por eso. Espero que este capítulo te pueda ayudar en tu proceso.

¿QUÉ SE PERDONA?

Es difícil perdonar el engaño, el rechazo o la injusticia. Es menos difícil si te enfocas en perdonar a quien te engañó, te rechazó o fue injusto. Claro, desde *tu punto de vista*. Pues aquí entra una discusión importante, quien te ofendió tal vez no lo hizo a propósito y ni siquiera es consciente de eso, *hizo lo que pudo con lo que tenía*. ¿Qué tenía? Poco conocimiento, no estaba en su mejor momento, pocos valores, poca formación, poco respeto, lejanía de Dios, etcétera.

NO ESTOY JUSTIFICANDO y eso no significa que no te afecte y te duela, por eso el perdón lo das tú, sea que la otra persona lo pida o no. A veces nos pueden herir (o podemos herir a alguien) y no reconocerlo, ya sea porque de verdad no se dan cuenta o porque no quieren darse cuenta. Pero cuando se toma conciencia de la acción se siente culpa, remordimiento, incluso vergüenza. Y es en ese momento cuando la parte agresora puede pedir perdón, sea que el agredido se lo dé o no. Por eso es importante recalcar que eres tú quien perdona y no necesariamente a quien perdonan.

¿CÓMO SE PERDONA?

Viene lo que puede considerarse complicado porque es un proceso. Y en eso vamos a centrarnos un poco más. Pero quiero recalcar que, al ser un proceso, llevará su tiempo y no todos tienen la misma disposición para realizarlo y hay que trabajar en él de manera constante. Y lo que para alguien puede ser algo fácil, para otro no, ya que todos tenemos nuestra propia historia. Para perdonar (a muy grandes rasgos) es necesario minimizar, incluso desvanecer, las reacciones negativas que tenemos hacia quien nos dañó. No puedes cambiar el pasado y tampoco se trata de que lo olvides. Pero sí de cómo te sientes respecto a las personas que te dañaron. Eso no necesariamente impacta en tu relación con esas personas, pues tal vez perdones a tu ex por engañarte, pero no vas a regresar con él; o puedes perdonar a quien te robó el coche, pero no lo vas a sacar de la cárcel. No es minimizar la acción, pero sí el impacto que tiene en ti.

Para ahondar en el cómo, nos centraremos en la *tríada del perdón,* un concepto de Robert D. Enright, profesor del Departamento de Psicología Educativa de la Universidad de Wisconsin-Madison, quien desde hace casi 20 años explora el perdón y lo clasifica en tres formas de accionar: perdonar, recibir perdón y perdonarnos. Lo que es un verdadero reto. ¿Te animas?

PERDONAR

Existe la creencia de que **no** perdonar es un acto de respeto propio, que el perdonar te hace débil y solo los fuertes pueden mantener su resentimiento hacia un agresor sin importar lo que pase. Pero eso ya no funciona en nuestro mundo, pues, como ya dijimos, si no perdonas le cedes el poder a tu agresor. Con todo lo que eso conlleva.

Perdonar te puede dar una perspectiva más fuerte y respetuosa de ti. Te ayudará a sanar, incluso a crecer como persona y, muy en el fondo de tu corazón, sentirás orgullo de ser quien eres. Y quiero decirte que, entre las acciones que deseo que recuerden mis hijos de mí cuando ya no esté en este plano, está precisamente mi capacidad de perdonar a quienes ellos supieron que me ofendieron. Por ningún motivo quiero fomentar en ellos el resentimiento y si el ser resentido ya lo aprendieron en alguna otra parte, les corresponderá a ellos solos aprender a perdonar en su momento.

Pero la acción personal de perdonar no necesariamente implica al ofensor, pues hay ocasiones en las que quien te dañó piensa que no fue su culpa y por eso no tiene por qué *disculparse,* es decir, que no se hace responsable de sus acciones (y puede que ni le interese responsabilizarse y cambiar). Cuando eso sucede, ¿adivina quién se siente responsable por el acto? ¡Exacto! ¡Tú! Así que aquí entra algo súper importante que necesito que recuerdes siempre: NO fue tu culpa. Lo que sea que te haya dañado, no fue tu culpa, no te lo buscaste y no querías que pasara. Pero por desgracia sucedió. Ya es parte de tu historia y ahora tienes que vivir con eso.

Al salir adelante del evento traumático, hablarlo, perdonar y sanarlo, pasas de ser una víctima a ser un sobreviviente. Y eso, es el gran regalo que te da el perdón: retomas las riendas de tu vida, te centras de nuevo en ti, en tu poder y puedes seguir adelante, aun con lo que te sucedió.

¿Pero qué pasa si no nos damos cuenta del daño? Es decir, a veces no somos capaces de perdonar porque la acción es tan fuerte o cotidiana, que ni siquiera reconocemos que nos han herido. Como sociedad hemos normalizado el rencor y, por desgracia, la violencia. Por eso muchas personas creen que lo que les pasa es "normal", que "así tiene que ser". Es muy difícil y doloroso darse cuenta de que eso no es cierto.

¿Habías notado que el rencor está tan arraigado y normalizado que lo puedes escuchar en un montón de canciones, que van desde el regional mexicano hasta el pop en inglés?

"Si tus besos es que son ajenos que venga la muerte y nos lleve a los dos." (El Recodo).

"Rencor, tan solo siento rencor, tan grande como el dolor que me dejó tu traición." (José José).

"Tuve tantas cosas, yo tenía tu amor, y ahora no tengo nada, solo tengo rencor." (Rocío Dúrcal).

"Ojalá que te mueras, que todo tu mundo se vaya al olvido, sé que no debo odiarte, pero es imposible tratar de olvidar lo que hiciste conmigo." (Grupo Pesado).

"And the saddest fear comes creeping in, that you never loved me, or her, or anyone, or anything." (Taylor Swift).

Sí, y ahí estamos todos cantando con gran sentimiento, reviviendo lo vivido o lo sufrido. Incluso al estar escribiendo este libro en muchas ciudades ya existen las "salas de despecho": bares donde se va a cantar canciones de dolor después de la ruptura amorosa. Hay quienes dicen que eso ayuda mucho a sacar sentimientos dolorosos y otros más recatados dicen que no miden el daño que hacen las letras de las canciones de manera inconsciente. Es muy saludable hacer una inmersión en nuestra historia para notar las cosas que nos han dañado, aceptarlas, dimensionarlas y nombrarlas. Solo así podremos superar la etapa de negación y avanzar en nuestro viaje de sanación y perdón.

¿Pero cómo perdonar a los demás? Decidirlo y accionarlo.

Es un proceso y, como tal, su tiempo e intensidad dependen de cada persona y situación. Pero este es un buen comienzo para intentarlo. De hecho, cualquier momento es bueno para empezar algo. Y recuerda que no estás solo y siempre puedes buscar apoyo profesional.

Te preguntarás el porqué de los ejercicios. Es para ayudarte a que los puntos que estoy tratando se conviertan en hábitos y es el objetivo de este libro.

Así que si deseas comprobar los grandes beneficios que tiene el proceso de perdón, te invito a que me acompañes a realizar estos breves ejercicios:

Ejercicio: Te perdono

1. Saca lápiz o pluma, tu libreta y una vela. Puede que llores puede que no. Y sirve que así también quitamos la creencia de que llorar es de débiles, y que los fuertes no lloran... porque tampoco es cierto. Gestionar las emociones es de humanos, nosotros somos humanos. Lo siento, pero hasta ahora estoy seguro de que no me acerco para nada a la santidad y tú tampoco (creo) ¿o tú sí? Uno nunca sabe...
2. Busca un lugar donde puedas estar y escribir de forma cómoda.

3. Prende la vela (no me preguntes, ¿de qué color?, ¡del que sea! No soy santero para decirte que roja o blanca. ¡El que quieras! La vela es para poner un toque de espiritualidad). Y ahora piensa la ofensa en la que quieres trabajar. Si no se te ocurre ninguna, piensa en mamá o papá, también puedes pensar en tu ex, o en eso de lo que no quieres hablar, pero sabes que está ahí... necesitas aceptarlo y nombrarlo para superarlo, para sanar.
4. Respira profundo tres veces.
5. Examina tus defensas psicológicas. ¿Te costó trabajo identificar a quién quieres perdonar? ¿Por qué crees que sea así? Escríbelo. No tienes que hacer una novela, a menos que eso sea lo que necesites para sanar, solo pon las palabras que vengan y, si desde ahora quieres llorar, no te contengas. ¿Sientes que necesitas perdonar a tu madre o a tu padre o a cualquier familiar, pero no sabes ni por dónde empezar? ¿Por qué crees que sea así? Anótalo.
6. Permite que entren en juego tus emociones, confronta a la ira, admite la vergüenza, y si quieres llorar, llora; si quieres gritar, grita; si quieres correr, corre... pero evita acciones nocivas (fumar, comer en exceso, beber, hablarle a tu ex tóxico...)
7. Analiza si consideras que el mundo es injusto por lo que te pasó. Ya sea que sí o que no, ¿cómo te sientes al respecto? Escríbelo.

8. Respira profundo. De nuevo piensa en la ofensa. Nadie te está viendo ni juzgando, esto es un momento contigo. Así que sé honesto, sé honesta. Anota y responde: ¿Estás dispuesto a considerar el perdón como una opción? ¿Por qué?
9. Si así lo quieres, escribe: "Te perdono, (nombre de tu agresor), por (la ofensa). Con tu acción me hiciste sentir (anota lo que sentiste en ese momento), y eso hace que ahora me sienta (anota las repercusiones que tuvo esa acción). Pero aún con todo ese daño, **YO TE PERDONO**. Repítelo las veces que sean necesarias. Y recuerda que puedes extenderte tanto como quieras. Después de repetirlo varias veces, di **¡te perdono y te libero!**
10. Apaga la vela.

En Psicoterapia Gestalt, que es lo que estudié y me ha ayudado muchísimo, hay un ejercicio sumamente fuerte, el cual no puedo hacer de manera completa aquí, pero después de escribir todo lo anterior, te piden que tú seas eso. "¿Cómo? ¿Yo ser qué?" y me dice la doctora que guiaba la dinámica: "Ahora tú sé ese hermano, sé tu mamá". O sea, intentar empatizar a tal grado de imaginar que yo fui quien ofendió.

Ahora te pido a ti que, para finalizar, seas por un momento esa persona.

Escribe, cómo si fueras ella o él, lo que crees que la orilló a hacer o decir lo que tanto te ofendió. Hazlo, tomate unos minutos. Sé que es difícil pero no imposible.

Cuando yo estaba en victimismo por muchos años, al tener la creencia de que mi papá no me quiso lo suficiente, ni creyó en mí como me hubiera gustado, ni mucho menos me reconocía como yo creía que debería de hacerlo, te quiero asegurar que, en lugar de que el dolor o el resentimiento fueran disminuyendo al paso de los años, siento que lo iba agrandando porque no desaprovechaba el momento para compartir esa carencia cada que alguien me hablaba del poco amor que tuvo en su infancia. Y ahí me tenías en un mano a mano para ver quién ganaba en carencia de amor. Y me enojaba cuando perdía. Yo estaba seguro de que nadie sufrió esa carencia como yo.

El día que en el doctorado en psicoterapia hicimos la dinámica del perdón, y me pidieron que ahora fuera yo papá, ¡ups!, dije que jamás sería así con mis hijos. "No te pregunté cómo eres con tus hijos, César. Ahora tú, sé Antonio", (nombre de mi papá) me dijo la doctora que guiaba la dinámica.

Fue un llorar y llorar, porque entonces descubrí lo difícil que tuvo que ser para él mantener a siete hijos, demostrarle amor a los siete y recordar las carencias afectivas que él tuvo en su infancia. Las crisis económicas tremendas que tuvo durante mis estudios de medicina. Las crisis personales que descubrió en su momento con mi madre y otras cosas más que no vienen al caso en este momento.

Al ser yo mi papá descubrí tanto. Así que, si no lo has hecho, hazlo ahora. No avances más en este momento hasta que logres ese importante paso en tu proceso de sanación.

Por otra parte, si conoces a esa persona que te ofendió, conviértete en este momento en él o ella e imagina toda su historia, por qué crees que reacciona así, el porqué de su dolor acumulado. No es fácil, pero te aseguro que ayuda muchísimo en el proceso del perdón.

Elige un día a la semana y escribe cómo te sientes con esa agresión. Revisa cómo vas evolucionando cada semana. Y si crees que necesitas ayuda, pídela, los profesionales de la salud están para eso, para ayudarte a sanar y que aprendas a cuidar de tu salud mental.

Recuerda, al perdonar, te liberas de forma emocional.

Perdonar se trata de resignificar el acto que te ofendió (o sea, darle un sentido diferente) para entenderlo y sanarlo, pero no para estar de acuerdo con eso. Además, perdonar no necesariamente es olvidar, pretender que las cosas no pasaron, eso no se puede. Sucedieron, sí, por desgracia, sí, pero también de eso se aprende.

RECIBIR PERDÓN

Si bien, al recibir el perdón tú no eres la parte que acciona primero (como ya dijimos, la parte activa es la persona que te perdona), eso no significa que seas solo un recipiente. También tienes que estar dispuesto a aceptar el perdón, incluso a pedirlo. Pero ten cuidado con ese pensamiento de que es tu "derecho" que te perdonen o que "mereces" el perdón. Pues eso es algo en lo que no tienes ni derecho ni control.

Para que la recepción del perdón sea más efectiva, primero debes reconocer tu error, entender cómo afectó (o afecta) a la persona que ofendiste y, después, arrepentirte de manera genuina de lo que hiciste. Cuando te perdonan, no significa que "se borre" tu acción, sino que se resignifica. Tú entiendes que te equivocaste, que dañaste a alguien y eso te hace sentir culpa, remordimiento, tristeza. Es un estado en el que no quieres seguir, por lo tanto, te arrepientes y no lo vuelves a hacer. La persona a la que dañaste puede darse cuenta de eso, y reaccionar, lo que lleva a una reconciliación.

El arrepentimiento es un acto tan poderoso que, junto al perdón, es fundamental en varias religiones, entre ellas, una vez más, el catolicismo. Si tienes un pasado o presente católico, seguro has pasado por los siguientes pasos (este no es un libro de religión, solo quiero retomar el ejemplo para que veas la importancia del arrepentimiento): para recibir el perdón primero necesitas aceptar lo que hiciste (examen de conciencia), después arrepentirte (acto de contrición, de hecho, hasta hay una oración para eso) y, luego, confesar tus pecados a un sacerdote para que te absuelva. Ese proceso es tan poderoso que, sea que creas en el Dios católico o no, aceptar un error que te carcome, confesarlo y ser perdonado es un gran alivio.

Y recuerda, si tú eres suficiente para que te perdonen, también lo eres para perdonar. Para ayudarte a saber cómo ser perdonado te dejo este ejercicio inspirado en la "tríada del perdón" de Robert D. Enright:

Ejercicio: Me perdonan

1. De nuevo toma tu libreta y busca un lugar donde puedas estar y escribir de forma cómoda. Respira profundo y prepárate para la introspección.
2. Piensa en la ofensa que hiciste y anótala.
3. Analiza por qué lo hiciste. Encontrar las razones de nuestras acciones nos ayudan a evitarlas. Hay veces que tenemos detonadores escondidos por ahí, mismos que cuando se activan reaccionamos de forma inadecuada, lo que puede dañar a quienes queremos. Hay veces que nuestras carencias se re-

flejan en comportamientos dañinos. Reflexionar sobre tus acciones te ayuda a gestionarlas de mejor manera.

4. ¿Quieres pedir perdón? Sea que sí o no, escribe tu respuesta y por qué lo crees así. Puede que tengas una fase de negación y pienses que lo que hiciste no fue tan malo, así que cuestiónate ¿realmente fue muy malo? ¿Cómo tu acción afectó a la otra persona? Anótalo también. Y sé honesto. Si estás pensando que lo que hiciste estuvo mal, es porque estuvo mal. Ya lo sabes, es hora de reflexionarlo.
5. Si así lo quieres. Pide perdón. No necesitas un gran evento, puedes tomar el teléfono en este momento para llamarle o escribirle a esa persona. Si la persona no está en este plano o no sabes dónde se encuentra después de tanto tiempo, escríbelo como sea. Así, sin más.

¡Aceptar tu error es de valientes! Al escribirlo hay más posibilidades de reflexionar sobre las razones que te llevaron a actuar de esa forma y hacer los ajustes necesarios en tu vida para sacar de ti una mejor versión. Que de algo sirva lo vivido, para aprender y evolucionar.

Ahora, date cuenta de qué cosas debes cambiar. Incluida tu postura de querer o no pedir perdón. Si así lo deseas, pide perdón, pero de manera auténtica, ya sabes que lo que hiciste estuvo mal y puedes inferir cómo afecta a la persona que ofendiste. Así que díselo. Puede que te perdone, puede que no, pero ya sabe que estás dispuesto a recibir su perdón y cuando la persona a la que lastimaste se sienta lista para perdonarte, tal vez te lo diga o lo haga. Si no, es parte de su proceso, tu proceso es aparte.

Sé paciente. Tú mismo has perdonado a alguien, así que ya sabes que es difícil.

PERDONARTE

¡Hora de una pausa! Párate frente al espejo (sí, ahora), respira profundo y lee esto en voz alta:

- Me perdono por el daño que le hago a mi cuerpo al consumir tanto mugrero.
- Me perdono por el daño que le hago a mi mente al rumiar pensamientos negativos.
- Me perdono por el daño que infrinjo a otros sin saberlo y sin quererlo.
- Y sé que soy capaz de hacerme responsable de mis actos.

Ahora, esta parte la iniciamos con una acción, porque perdonarte es el único de la tríada donde tú eres la parte activa y receptora. En otras palabras, tú das y al mismo tiempo recibes el perdón. El autoperdón es la voluntad de dejar a un lado el resentimiento, por lo que perdonarte y reconciliarte contigo están vinculados.

Tú sientes culpa por algo que hiciste (o haces) y tú te perdonas por eso. Por ejemplo, es probable que hayas experimentado en carne propia la culpa derivada de esas ganas de ser perfecto y vivir con cero errores. ¡Sabes que es imposible! Sufrimos porque queremos. Como dijo Confucio, 500 años antes de Cristo: "La vida es muy simple, pero insistimos en hacerla complicada". Nos la complicamos por querer agradar a todo el mundo, por los errores que como humanos naturalmente cometemos, por los cambios que tenemos y tienen los que nos rodean. Por preocuparnos por el futuro o querer cambiar el pasado y mucho más. Descansar y cuidar de ti es un acto de amor y rebeldía en contra de lo que mucha gente piensa.

Existe la preocupación en el ámbito científico de que el autoperdón prematuro puede reducir la motivación para asumir la responsabilidad y reparar el daño, lo que podría ser perjudicial, sobre todo en casos de adicción. "¡Ni modo, así soy! Algún defecto tenía que tener". "No puedo dejar de fumar o meterme sustancias nocivas". "Así soy, me encanta la comida y los postres, no puedo quitarlos. ¡Me perdono!" Y ¡zas! Asunto acabado. Perdonarte no es lo mismo que excusarte, permitir tus comportamientos injustos o pensar que "así eres". Es decir, no se trata de que "te perdones" y, como ya te perdonaste, puedas comer o meterte todo lo que se te antoje. En otras palabras, primero debes comprender que tu acción daña a alguien, que en este caso eres tú. Se trata de que te perdones por haber sido un depredador de azúcar, entonces ahora, de manera consciente, te vas a cuidar y si comes una rebanada de pastel en tu cumpleaños, está bien, pero no te vas a comer todo el pastel cada semana o cada que cumpla años alguien que ni tratas. Por cierto, no es obligación comer pastel en todas las celebraciones, ni excusarte con que no comes azúcar o estás a dieta. Simplemente di que por ahora no ¡y ya!

Así que vamos de nuevo a hacer un ejercicio para reflexionar sobre esto.

Ejercicio: Me perdono

1. Toma lápiz o pluma, tu libreta y la vela.
2. Prende la vela y, de nuevo, piensa en lo que te quieres perdonar.
3. Anota la o las ofensas que te haces, lo que ingieres, piensas, consumes, tus acciones dañinas... Esas solo son algunas ideas, puedes encontrar (si quieres) muchas más.
4. No reprimas lo que sientes: vergüenza, pena, enojo, desprecio... lo que venga siéntelo, pero no te enganches, déjalo pasar y respira profundo. Anota toda esa maraña de pensamientos sobre tus emociones. Eso te ayudará a que, cuando lo releas, puedas desmenuzar qué sientes y sepas cómo gestionarlo.
5. Respira profundo. De nuevo, piensa en tu ofensa y, de manera honesta, en si quieres cambiar por eso, si realmente te arrepientes y quieres perdonarte. No lo hagas porque "así tiene que ser" o porque es moral o teológicamente correcto, hazlo porque de verdad lo crees y lo quieres. Si no, no tiene sentido.
6. Escribe: Me perdono por (la ofensa). Hacer esto me hace sentir (lo que sentiste en ese momento), pero incluso con todo ese daño, YO ME PERDONO. Y me comprometo conmigo a (las acciones que reparen el daño).
7. Apaga la vela y respira profundo.

Recuerda que muchas veces el juez más severo de nuestras acciones somos nosotros y el autoperdón es una mezcla de perdonar y ser perdonado; por eso, al hacerlo, también te liberas de forma emocional y te reconcilias contigo. Dialogar con tu juez interno para dimensionar las acciones siempre ayuda.

Y como todo proceso de crecimiento, es justo eso, un proceso, puedes regresar a estos ejercicios tantas veces como quieras a lo largo de tu vida.

¿QUÉ PASA CUANDO PERDONAS?

Qué maravilla decirte que me constan los grandes beneficios de perdonar a quien me hizo daño. Quiero decirte que, después de publicar mi último libro, viví circunstancias que nunca imaginé, donde se puso a prueba todo lo que he dicho en conferencias y he publicado en mis diez libros anteriores. Claro que sentí enojo y, en su momento, puse los límites necesarios para salvaguardar mi amor propio; tomé decisiones trascendentes en mi vida que, en su momento, me dolieron y mucho, que hasta la fecha sé que ha sido lo mejor, pero decidí perdonar por congruencia y por salud.

Tú sabes que he sido un promotor del perdón porque vi los estragos que causa el resentimiento en mi práctica médica y, por el contrario, me enteré hace años de cómo mi madre llegó a perdonar a su agresor que le robó su infancia. No te imaginas el dolor tan grande que sentí con esa confesión que un día me hizo y saber que esa misma persona que la dañó tanto fue a quien atendió hasta los últimos días de su vida.

Por supuesto que cada uno tiene el derecho de perdonar o no. Puede que en este momento que estás leyendo el libro, pasen por tu mente escenas dolorosas de alguna etapa de tu vida y decidas no perdonar y jamás volver a ver ni saber nada de tu agresor. Estás en tu derecho, pero si ese suceso sigue afectando tu vida en el presente al pensar una y otra vez en lo sucedido, al revivir mentalmente el hecho y llenarte de enojo, tristeza y dolor al recordarlo, estoy convencido de que lo que te recomendaré te ayudará mucho a evitar que esa ofensa haga más estragos en tu vida.

Seguro has escuchado que el rencor produce cáncer, gastritis y muchos otros problemas físicos, ¿no? Pues hasta ahora no hay evidencia científica de esas relaciones con exactitud, pero sí de que el rencor y la falta de perdón producen estrés. Y ya sabes cómo es el estrés y todo lo que genera el aumento de cortisol (gastritis, hipertensión, dolores de cabeza, contracturas musculares y más).

¿Qué dice la ciencia?

En 2005, los investigadores Everett Worthington, Charlotte van Oyen, Andrea Lerner y Michael Scherer, de la Universidad de la Mancomunidad de Virginia, indagaron acerca de cómo el perdón influye en la investigación sanitaria y en la práctica médica, y lo relevante aquí es que no solo se enfoca en los pacientes, sino que también revisa cómo influye en los profesionales de la salud.

En su artículo, "El perdón en la investigación en salud y la práctica médica", explican que, como seguro ya imaginabas, perdonar es un factor relevante en la salud física y mental. Sus estudios de neuroimagen mostraron que la falta de perdón activa áreas del cerebro relacionadas con el estrés, la ira y la agresión. Así que perdonar contrarresta los efectos físicos del estrés crónico y la hostilidad, los cuales pueden afectar la función cardiovascular, el sistema inmunológico, las hormonas y la química cerebral. Además, el rumiar las ofensas (reproducir mentalmente el agravio) se asocia con una mayor activación fisiológica (tensión muscular, ritmo cardíaco), por lo que perdonar mejora el bienestar y aumenta la sensación de control personal al renunciar a los deseos de venganza.

Una mujer me habló del intenso coraje que siente por la negligencia médica sufrida por su hijo hace varios años. Su odio hacia el médico que se equivocó en el diagnóstico y tratamiento era tremendo. Desde entonces ella padecía insomnio, hipertensión y períodos depresivos.

Tal vez te ha pasado que un médico se equivocó. Sí, también son humanos y se equivocan, como tú y yo. Y eso te hace sentir rencor hacia los médicos por errores o resultados insatisfactorios. Pero no solo eso, los mismos profesionales de la salud también pueden luchar con el autoperdón por sus errores, lo que lleva a sentimientos de culpa, vergüenza y angustia (y es que, imagínalo, un error puede matar a alguien y están expuestos a ese tipo de situaciones de manera mucho más cotidiana que cualquier otra profesión). Al indagar en eso, hay investigadores que descubrieron que los médicos que reconocen sus errores, se disculpan y buscan reparar el daño, experimentan mayor curación personal. Muy distante de los médicos que no solo no aceptan su error, sino que lo justifican de una y mil maneras. Además, al pedir perdón de forma sincera pueden reducir la probabilidad de demandas por negligencia médica. Pero, en contraste, si los pacientes perciben que la disculpa no es real o que está motivada por razones económicas (como evitar la demanda), puede tener el efecto contrario, generar más enojo, estrés y necesidad de justicia disfrazada de venganza.

Perdonarnos es fundamental para sentirnos capaces. En el caso de los profesionales de la salud, cuando tienen un error y no se lo perdonan, sienten que en cualquier momento pueden fallar de nuevo, lo que, además de afectar física y mentalmente, también merma en su desempeño laboral. ¿Te ha pasado algo similar?

¿QUÉ DICE LA CIENCIA SOBRE EL AUTOPERDÓN?

El autoperdón o perdonarte también tiene implicaciones en la salud. En 2015, Don Davis y varios investigadores de la Universidad del Estado de Georgia (entre otras universidades), analizaron la salud física y mental y el autoperdón. Consideran este último como una estrategia que busca reducir los pensamientos negativos y las emociones que generan para incrementar los pensamientos positivos. Eso implica "reparar" la manera en que nos vemos y pensamos en nosotros para resolver la angustia emocional (culpa, vergüenza, ira, arrepentimiento).

Para ello realizaron una serie de ensayos clínicos. Para analizar la salud física utilizaron 18 muestras y 5,653 participantes. Para el bienestar psicológico utilizaron 65 muestras y 17,939 participantes.

Con toda esa gente encontraron que, en efecto, existe una correlación entre el autoperdón y la salud física, aunque cabe aclarar que fue moderada y tiende a disminuir con el aumento de la edad y también con participantes hombres. Esa relación se refleja en las consecuencias relacionadas con el estrés que genera la falta de perdón y el rumiar esos pensamientos y emociones derivados de la ofensa.

En cuanto a la salud mental, también obtuvieron una correlación positiva entre el autoperdón y el bienestar psicológico, que se reflejó en una reducción de los niveles de depresión y ansiedad, y en el aumento de la satisfacción con la vida y una mejor salud mental general.

Ahora, el autoperdón puede aliviar emociones como la vergüenza, la culpa, la ira, el arrepentimiento o la decepción (asociadas con problemas de salud física y mental), pues esas emociones dificultan la conexión con los demás, lo que disminuye la autoaceptación y el crecimiento personal. Además, al existir una relación entre el perdonarte y los niveles de ansiedad, también se observa que se relaciona con los síntomas de trauma y depresión. Y eso se puede relacionar con acciones suicidas. Triste, muy triste, pero cierto.

Así que, en resumen, perdonar, que te perdonen y que tú te perdones, hace tu vida más llevadera. Por el contrario, si te la pasas rumiando el rencor, usas tu tiempo y energía en eso. Ese "rumiar" es de las cosas que no quieres en la lista del súper, así que deshazte de ella.

¿Qué dice la ciencia?

Otro de los factores que relacionan tu salud con el hecho de perdonar, es la relación con el agresor. Noah Webster, Kristine Ajrouch y Toni Antonucci, de la Universidad de Michigan, realizaron un estudio para examinar cómo la gravedad de una ofensa reciente cometida por una pareja u otra relación social cercana, se asocia con la salud física en adultos mayores. Para su análisis seleccionaron 380 encuestados de 50 años o más y utilizaron datos de la "Encuesta Comunitaria de Detroit".

Los resultados indicaron que una mayor gravedad de la ofensa se asociaba con una peor salud autoevaluada, por lo que resaltan la importancia del perdón como un recurso que ayuda a facilitar un envejecimiento positivo. Además, el impacto negativo de las ofensas en la salud es mayor cuando la ofensa se encuentra en la relación de pareja (en comparación con otras relaciones cercanas). Esto se basa en dos cosas: la primera es el valor que le otorgamos a esa relación (no impacta igual la ofensa de la pareja que la del tío que solo ves una vez al año en la cena familiar); la segunda es que el contacto tiende a ser mucho más frecuente (ves a la pareja todos los días y al tío... pues solo en Navidad y eso si se digna a ir).

El perdón es un recurso esencial para ayudar a las personas a afrontar de forma emocional eventos estresantes. Por eso influye directamente en la salud física al disminuir la presión arterial, la frecuencia cardíaca, la ira y el estrés (y todo lo que eso conlleva, como disminuir la necesidad de consumir tabaco, alcohol, cualquier otra sustancia nociva, los atracones de alimentos o actividades dañinas). Además, entre los adultos mayores, el vínculo con la pareja ayuda a mantener la salud porque se vuelve una provisión de apoyo y cuidado. Las parejas de adultos mayores se ayudan a recordar las citas médicas, las tomas de medicamento (ya sabes, me tomo mis pastillas y te paso las tuyas de una vez), se apoyan en las dietas especiales, incluso se ayudan a recordar qué pueden comer. Así que fíjate con quién quieres envejecer, digo...

Ahora, como seguro te imaginas, entre más grave sea la ofensa es más difícil que se perdone, pero el perdón cuando se convierte en hábito nos ayuda a enfrentar transgresiones futuras. Es decir, si ya le perdonaste una traición a tu ex o a un amigo, es más probable que vuelvas a perdonar a otras personas. Y saber que puedes hacerlo te da más confianza para salir adelante. Tal vez por eso la capacidad de perdonar aumenta con la edad, pues con el tiempo vamos coleccionando experiencias. Obvio, no es que nos guste la mala vida, es que queremos ser mejores personas y darnos la oportunidad de perdonar más.

Cuando el perdón es "insuficiente", las ofensas pueden quedar sin resolver, conducir al aislamiento social y convertirte en la típica persona que está peleada con dos miembros de la familia, con tres compañeras del trabajo, con la mejor amiga, con la que le arreglaba las uñas, con la vecina de enfrente, con el marido que ahora se convirtió en su exmarido, y ¿quién se hizo más daño? ¿Toda esa gente a quien no perdonó? No lo creo.

Por ello, mantenerse socialmente activo y tener una red diversa o diferentes tipos de vínculos sociales en etapas posteriores de la vida es esencial para mantener una buena salud. Ser capaz de perdonar a los amigos en sus *lapsus brutus*, los cuales aumentan al paso del tiempo. Así que sé fuerte, perdona a quien quieras y cultiva buenas amistades y buenos amores.

"NI PERDÓN, NI OLVIDO"

Seguro has escuchado esa frase en protestas sociales, marchas, manifestaciones, música, etc. Y es que pareciera que perdonar es tan complejo que a veces es "injusto". Pero aquí es importante recalcar que el perdón y la justicia, si bien son "amiguitos" y se hablan a veces, no necesariamente van de la mano. Recuerda, desde tu trinchera, perdonar se trata de resignificar el acto que te ofendió para sanarlo, no para estar de acuerdo con eso o para olvidarlo. Las consecuencias de los actos de la persona que te ofendió y la "justicia" que se haga al respecto no están en tu trinchera. Pueden ser un factor clave para que se haga justicia, pero si eso no sucede no es tu culpa.

En esa relación del perdón con la justica se ha acuñado el término de justicia restaurativa. Como mencionábamos al principio de este capítulo, deseo que este libro ayude a que te conviertas en una persona de luz para iluminar a tanta gente ofendida con la que tratas y apoyarlas, en lo posible, a reconocer el daño que se causan; y quienes ofendieron, reconozcan su error, el daño que causaron y, como consecuencia, los animes a repararlo (en la medida de lo posible, claro). En lugar de obsesionarse con que los infractores "reciban su merecido" o no, la justicia restaurativa se centra en reparar el daño causado por el delito e involucrar a las personas y a los miembros de la comunidad en el proceso.

Por mucho, mucho tiempo hemos visto que la justicia legal se centra en qué hacer con los infractores, desatendiendo a las víctimas y sus necesidades, pero también es necesario tenerlas en el centro de la ecuación, como menciona Zehr: "Cuando se ha cometido un daño, es necesario nombrarlo y reconocerlo. Quienes han sido perjudicados necesitan lamentar sus pérdidas, contar sus historias, obtener respuestas a sus preguntas; es decir, que se aborden los daños y las necesidades causadas por la ofensa. Ellos y nosotros necesitamos que quienes han obrado mal acepten su responsabilidad y actúen para reparar el daño en la medida de lo posible". Así que podríamos pensar que es una especie de perdón integrado que no solo se queda en el nivel personal, sino que escala al nivel social.

Retomando el análisis que hace Ari Kohen sobre el perdón y la justicia restaurativa, cuando perdonas, dejas de tener ese resentimiento, aunque mantienes el conocimiento de que las cosas sí se hicieron y estuvieron mal. En ese sentido, al analizar la conexión entre el perdón y la justicia restaurativa, es fundamental comenzar con las víctimas, pues (triste pero cierto) a menudo se sienten ignoradas, desatendidas, incluso maltratadas por el proceso judicial. Espero que nunca te haya pasado algo así, pero si lo has vivido sabes a qué me refiero. Denunciar un delito lleva mucho tiempo, te tienen horas esperando en las oficinas de la fiscalía que te corresponde, te piden que repitas una y otra vez lo sucedido, a veces con tan poco tacto, incluso te confrontan con tu agresor, eso es doloroso, deprimente y muy desgastante.

En mi país son múltiples las historias de falta de sensibilidad de algunos jueces y magistrados que, teniendo las pruebas en la mano de agresores que causaron muchísimo daño, los dejan en libertad por la terrible corrupción que sigue vigente y en aumento. Una madre de Chihuahua, México, luchó incansablemente por justicia para su hija asesinada y, como si fuera un castigo para ella, fue asesinada frente al palacio de gobierno sin que a la fecha haya justicia real.

El sistema actual parece que anima a los infractores a guardar silencio para evitar la autoincriminación y que al "castigarlos" se satisfacen las necesidades de las víctimas, pero eso no siempre funciona así. Las personas afectadas necesitan saber qué pasó, por qué sucedió, requieren respuestas y no solo que se castigue al agresor. Es decir, las víctimas suelen querer una explicación de por qué fueron atacadas y, aunque a menudo no existe tal razón, pueden beneficiarse mucho al descubrir que sus acciones no tenían nada que ver con su victimización. Además de la necesidad de información, la experiencia de contar la historia puede ser transformadora, pues como señala Martha Minow, exdecana de Escuela de Derecho en Harvard: "La historia del trauma se transforma en testimonio, pasando de ser un relato sobre la vergüenza y la humillación a una representación de la dignidad y la virtud; al hablar del trauma, los sobrevivientes recuperan el mundo y la identidad perdidos". Además, la restitución es importante, no solo porque se recuperan algunas pérdidas reales, sino porque implica un reconocimiento del agravio de una manera que un simple veredicto de culpabilidad no lo hace.

Uno de los aspectos más poderosos del perdón es permitir a las víctimas reafirmar su poder sobre sus vidas. Hay mucho que ganar al elegir perdonar y, de hecho, el mismo acto de elegir nos empodera.

Al perdonar, podemos recuperar la autoestima y autonomía. Y el hecho de que sea un acto personal que solo depende de ti no significa que se deba minimizar la gravedad del daño que te han hecho, ni excusar o condonar la injusticia. Además, no hay beneficios psicológicos ni morales en aferrarse a un resentimiento que nos deja atorados en el pasado.

Te quiero recomendar una estrategia que utilizo para facilitar el hábito del perdón:

Prográmate en la mañana para tener paciencia, prudencia y entendimiento. Haz lo que te recomendé. Como dice Sadhguru, al despertar, apaga el despertador y pon una sonrisa en tu rostro unos segundos, posterior a eso practica tu sesión de agradecimiento, de preferencia tres cosas por las que hoy deberías de estar agradecido. Y luego prográmate para tener paciencia, prudencia y entendimiento con quienes no opinen igual que tú o busquen trastocar tu paz. Es increíble cómo esta programación puede ayudarte a controlar tus emociones y a utilizar el perdón como hábito.

Como ves, perdonar es todo un reto, pero es uno que vale totalmente la pena. Sé paciente y compasivo contigo. Tómate el tiempo necesario para los ejercicios que te presenté en este capítulo. Recuerda que lo que pasó no es tu culpa y, lo más importante, no puedes hacer nada para cambiar el pasado; la aceptación ante lo que no puedes cambiar, libera. Pero tienes lo necesario para resignificar lo que te pasó, para decidir y para cambiar tu futuro. Tú puedes. Y lo sabes.

Te dejo esta frase para reflexionar: "Perdono no porque lo merezcan, sino porque mi paz vale más que cualquier herida".

CÓMO APLICO ESTE HÁBITO EN MI VIDA

- Además de lo anterior, otras estrategias que yo utilizo actualmente para mantener el hábito del perdón, la reconciliación y autoreconciliación son:
- No cargo con equipaje pesado. No guardo rencor hacia nadie. Hago del perdón un hábito.
- Perdono, aunque no necesariamente las relaciones sigan igual; tengo el derecho de alejar a quienes considero personas no gratas en mi vida: "Te perdono porque lo necesito, pero me alejo porque lo requiero".
- Me perdono mis errores porque me acepto imperfecto, pero siempre aprendo de ellos y hago el firme propósito de no volver a fallar. Habiendo tantos errores nuevos por cometer, ¿para qué repetir los mismos?

8

Conectar con la gente: FLUIR

“CONECTA SIN FORZAR Y FLUYE SIN AFERRARTE; LO AUTÉNTICO LLEGA SOLO CUANDO DEJAS DE EXIGIR, SUPLICAR O MENDIGAR LO QUE NO ES PARA TI.”

¿No crees que sería más facil la vida asi? Las cosas y las personas son como son y punto. Difícil aceptar que no piensen ni sean como tú quieres.

Lo desees o no, las relaciones con los demás son fundamentales para logar lo que deseas y para disfrutar más la vida.

Te confieso que tengo muchos conocidos y pocos amigos, pero a quienes considero mis amigos son personas que me han demostrado estar en las buenas y en los peores momentos.

“Quien tiene verdaderos amigos difícilmente sufre”.

Esta frase me la dice constantemente mi amigo Martín Cruz, quien trabaja en Televisa.

Tantas investigaciones no son en balde. Y, además, la ciencia lo demuestra: quien tiene más y mejores relaciones saludables, vive más y mejor; estoy seguro de que te sorprenderá lo que leerás en este capítulo.

Te quiero pedir que pienses en este momento en alguien que conozcas y tenga dificultades para relacionarse con la gente que lo rodea, por decisión, por carácter difícil, por sus celos enfermizos o por la razón que tú consideres. Analiza sus actitudes, sus facciones pero, sobre todo, analiza si transmite bienestar, tranquilidad o felicidad.

Ahora, por el contrario, piensa en alguien que se caracteriza por su capacidad de fomentar relaciones sólidas, amable, con capacidad de adaptarse a diferentes tipos de individuos. Una persona sociable. Compárala con la anterior. ¿Con quién te identificas? ¿Quién se ve más saludable? Te puedo asegurar que la mirada es distinta, la energía que emana también y, sobre todo, es muy diferente tener cerca a uno y al otro. Nadie quiere subirse a un barco que se está hundiendo. Así siento a la gente difícil. ¿Quién se quiere trepar a sus vidas? ¡Treparse del verbo que sea! ¡Nadie!

No tiene que ver con el gusto por estar solo ya que tú sabes que hay mucha gente que ama y disfruta la soledad. No es lo mismo estar solo que sentirse solo.

Las conexiones sociales pueden predecir la salud del cuerpo y el cerebro. Así como lo oyes. Sorprendente, ¿verdad? Por eso vamos a formar el hábito de cuidar tus relaciones, ser más activo y asegurarte de mantenerte conectado con las personas que te importan. Y, de pasada, fomentemos el hábito de fluir ante lo que no podemos cambiar.

"No trates de que las cosas ocurran como tú quieres; quiere, más bien, que las cosas que ocurran sean como son, y la vida trascurrirá con tranquilidad" .

—Epicteto

¿Qué dice la ciencia?

En enero de 2023, la revista *Harvard Medicine* entrevistó a Robert Waldinger coautor de *Una buena vida: el mayor estudio mundial para responder a la pregunta más importante de todas: ¿Qué nos hace felices?* El libro describe lo que Robert y sus colegas han aprendido del Estudio de Harvard sobre el desarrollo de adultos, un esfuerzo por identificar los predictores del envejecimiento saludable. Los investigadores empezaron estudiando dos grupos de hombres durante más de 80 años y, ahora, han comenzado a hacer un seguimiento a los hijos de esos hombres. He aquí un resumen de esa entrevista:

¿Qué le impulsó a escribir este libro?
Nos dimos cuenta de que la gente quería saber qué tiene que decir la ciencia sobre nuestras relaciones y cómo afectan nuestras vidas. Así que escribimos el libro como una forma de profundizar, tanto en las historias que se encuentran en el estudio, las historias de los participantes y, después, la ciencia que extraemos de todas esas historias.

¿Qué lección duradera aprendió de la investigación y las entrevistas que realizó para producir el libro?

La primera lección no sorprenderá a nadie: cuidar la salud física tiene gran importancia para el tiempo que nos mantenemos sanos y para la duración de nuestra vida. Eso significa hacer ejercicio con regularidad, cuidar la salud de manera preventiva, no fumar, no abusar del alcohol o las drogas. Todas esas cosas tuvieron efectos muy poderosos al seguir las vidas de las personas durante ocho décadas, ¡80 AÑOS!

Pero lo que nos sorprendió fue lo poderosa que es la calidez de nuestras conexiones con otras personas para predecir cuánto tiempo nos mantenemos sanos, cuánto tiempo vivimos y cuán felices somos.

Cuando empezamos a obtener los hallazgos de que las relaciones nos mantienen más sanos y felices, al principio no lo creíamos. Es decir, sabíamos que la mente y el cuerpo están conectados, pero ¿podrían prevenir enfermedades cardíacas o artritis? Nos preguntábamos cómo era posible, pero entonces otros grupos de investigación comenzaron a descubrir lo mismo, y cuando eso sucede, cuando múltiples estudios de investigación apuntan a los mismos hallazgos, podemos tener cada vez más confianza en lo que nuestros datos nos muestran. Y así empezamos a ver que este era un hallazgo muy poderoso y repetible... y que importa muchísimo cuán conectados estamos con otras personas.

¿Algo que quiera que los lectores sepan?
Nuestra principal conclusión es que, si vas a hacer una inversión en tu bienestar, la mejor inversión que puedes hacer a largo plazo es cuidar tus relaciones, ser más activo y asegurarte de mantenerte conectado con las personas que te importan. Amigos cercanos, familiares, cualquier persona que quieras asegurarte de que siga en tu vida. No lo dejes al azar. Sé proactivo.

Impresionante ¿no? La cantidad y calidad de las relaciones que tienes será una gran inversión para el activo más importante que tenemos: nuestra propia salud. Inspirado en las palabras de Robert Waldinger, me puse creativo y preparé un ejercicio para que conectes más con los miembros de tu familia. Integra a tus hermanos, hijos, sobrinos, padres o a cualquier persona con la que quieras generar una conexión profunda y feliz. Puedes hacerlo como un hábito semanal.

Antes de compartir este ejercicio que puede ayudarte a conectar con tu familiar quiero decirte algo que he convertido en hábito y me ha funcionado.

Reconozco que había ocasiones en las que no quería convivir en familia, por el cansancio natural después de una gira, por no haber dormido bien o simplemente porque no me nacía. Además, me escudaba diciendo que no tengo la necesidad de fingir con mi familia. Deben de conocerme (aguantarme) como soy. Error garrafal que cometemos muchos y nos convertimos en verdaderos candiles de la calle y oscuridad de la casa.

Un día tomé la decisión de esforzarme para que siempre que haya convivencia familiar ponga mi mejor cara y disfrute lo más que pueda. Y así ha sido de unos años para acá. Mi familia no tiene la culpa de lo que vivo (o imagina que vivo), ya que la mayoría de los problemas que tenemos los agrandamos con los pensamientos.

A veces requiere esfuerzo pero hay una frase que se me quedó muy grabada hace muchos años:

"Haz que tus hijos tengan una infancia lo más feliz posible, sin necesidad de que sea con cosas, sino con tu presencia".

Ese mismo principio lo podemos aplicar con la gente que queremos, que nuestra presencia ilumine y no apague el lugar en el que estamos. Es increíble la necesidad que todos tenemos de sentirnos escuchados y no juzgados. Aplicar esto es un avance increíble en la mejora de las relaciones con la familia.

He aprendido que los hijos están hartos de sermones interminables donde les decimos una y otra vez cómo deben ser. Que los niños no son adultos pequeños y que el nivel de madurez no va a ser igual que el mío y el tuyo. A fomentar la paciencia y la prudencia cuando no esté de acuerdo con la manera de ser o pensar de los demás.

He aprendido a fluir y dejar fluir lo que creo que en el momento es importante y, generalmente, al paso del tiempo, vemos que no era para tanto.

Ahora sí te comparto el ejercicio que estoy seguro te servirá.

Ejercicio: Juego familiar para conectar y conocerse mejor

1. Toma lápiz o pluma y tu libreta. Escribe o inventa seis preguntas que te ayudarán a conectar con tu familia. Pon a prueba qué tanto se conocen; por ejemplo:
    - ¿Cuál es el hobbie que más disfrutaban tus padres de niños?
    - ¿Cuál ha sido el cumplido que más te gusta que te digan?
    - ¿Qué es lo que más disfutas de la vida?
    - ¿Cuál es la aventura o alguna anécdota más memorable que te ha pasado?
    - ¿Cuál es el sueño más grande que deseas cumplir?
    - ¿Qué es lo que más te choca o te molesta?
2. Agrega todas las preguntas que quieras.
3. Copia en limpio las preguntas en tarjetas de cartón y ponles números del 1 al 6.
4. Consigue un dado.
5. Juega con tu familia a responder las preguntas.

Instrucciones de juego: pueden empezar con el más pequeño y seguir en el sentido de las agujas del reloj. El participante tira el dado y responde la pregunta que tiene ese número en la tarjeta. Gana quien tenga más respuestas correctas.

También te recomiendo un juego que mi hija, la psicóloga Alma Lozano, diseñó especialmente para el conocimiento de familia y amigos, se llama “Entre Almas” y puedes pedirlo en sus redes sociales (@almaypsicologia)

¿Qué dice la ciencia?

Hacer preguntas sobre la historia familiar, especialmente de tus padres, también tiene sus beneficios, según el trabajo de Robyn Fivush, Marshall Duke y Jennifer G. Bohanek. En 2010, estos psicólogos de la Universidad Emory publicaron un artículo titulado "El poder de la historia familiar en la identidad y el bienestar del adolescente". El estudio revela que los adolescentes que saben más sobre su historia familiar muestran mayores niveles de bienestar emocional.

Preguntaron ¿dónde y cómo se conocieron tus padres?, ¿qué hobbies disfrutaban?, ¿cuáles fueron sus más grandes logros?, ¿qué carencias o problemas graves tuvieron en sus vidas?, ¿cuál es la anécdota que más recuerdas con ellos?"

El estudio evaluó a 66 chicos, usando una escala llamada *"Do You Know" (DYK)*, que mide cuánto saben sobre su historia familiar, además del desarrollo de la función familiar, de la identidad y el bienestar emocional. Encontró que quienes sabían más sobre su historia familiar mostraron niveles más bajos de conductas relacionadas con la ansiedad, depresión, ira y agresión.

En conclusión, el estudio subraya el poder de la historia familiar en la formación de la identidad y el bienestar de los adolescentes. Las historias familiares brindan una sensación de continuidad y conexión, lo que ayuda a los chicos a enfrentar los desafíos de la formación de la identidad.

Los hallazgos sugieren que las narrativas familiares son más que simples marcadores del funcionamiento familiar; desempeñan un papel activo en el desarrollo de una identidad adolescente saludable.

Interesante, ¿verdad? Sigamos conectando con los demás.

BUENOS SENTIMIENTOS = BUENA VIDA (TELÓMEROS Y OXITOCINA)

Ser amable, generoso, bondadoso, empático y todos esos adjetivos, no cuestan nada (bueno, nada en términos de dinero, pero para mucha gente es súper difícil tenerlos). Pero, ¿qué crees? Resulta que algunas investigaciones demuestran que las personas más bondadosas pueden tener una vida más larga. Por eso deberías adoptar el hábito de la generosidad y la bondad, así que antes de presentarte otra investigación te pregunto:

¿Qué tan amable te consideras del 1 al 10? Siendo lo más amable 10.

¿Qué tan generoso?

¿Cuán empático eres ante la alegría y el dolor de quienes te rodean?

Espero que apliques la sinceridad para contestar lo anterior y, ahora sí, veamos:

¿Qué dice la ciencia?

Ya habíamos escrito sobre la longitud de los telómeros. Pequeños filamentos que están en la punta de los cromosomas de nuestras células y, entre más cortos, más envejecimiento. En 2013, investigadores de la Universidad de Harvard publicaron el artículo "La práctica de la meditación con amor y bondad se asocia con telómeros más largos en las mujeres y más inmunidad". En ese artículo explican que la longitud corta de los telómeros sirve como un marcador de envejecimiento acelerado y se ha relacionado con el estrés crónico.

Entre menos estrés, telómeros más largos, esto significa menos envejecimiento. Investigaciones anteriores sugieren un vínculo entre los comportamientos que se centran en el bienestar de los demás, como el voluntariado y el cuidado de personas, la salud general y la longevidad. Se examinó la longitud relativa de los telómeros en un grupo de personas con experiencia en Meditación de amor y bondad (una práctica derivada de la tradición budista que se centra en la bondad desinteresada y la calidez hacia todas las personas) y participantes de control que no habían practicado la meditación. Les tomaron muestras de sangre y extrajeron ADN genómico de los leucocitos.

En resumidas cuentas, los resultados fueron que ser bondadoso puede hacer retroceder el reloj y mantenernos jóvenes. Además, si eres amoroso y empático con alguien, recordarás lo bien que lo hiciste sentir. Los efectos de ser amable y generoso van más allá de la piel.

¿Y LAS HORMONAS VARIAN?

En 2003, Paul Zak publicó el articulo llamado "Confianza" en *Revista de transformación.* En este artículo habla de su descubrimiento: cuando una persona deposita su confianza en otra, la persona receptora de esa confianza experimenta liberación de oxitocina. El sentimiento hace que te sientas más seguro. Zak aplicó pruebas de laboratorio a múltiples personas y concluyó que la oxitocina es "la molécula moral". Esta hormona alienta la confianza, guía a la empatía y conexión, disminuye la frecuencia cardíaca, calma la respiración, baja la ansiedad y las hormonas del estrés; además, aumenta la atención, la memoria y el reconocimiento de errores de nuestro cerebro; en otras palabras, es como si la oxitocina bajara el miedo, aumentara la confianza y creara en nosotros ese espacio intangible donde podemos compartir las ideas con otras personas y encontrar acuerdos. Es la molécula que te da ese superpoder de ser una persona que puede cambiar un espacio lleno de sentimientos como ansiedad y prejuicios a uno con apertura y empatía.

Claro, con esto no te estoy diciendo: "Ve y confía en todo el mundo". Más bien recuerda confiar y verificar. También piensa que sí, la confianza es muy importante, pero lo difícil es generarla. Resulta que gran parte de nuestra dificultad para comprender la confianza surge porque pensamos que es un sentimiento o una emoción. Pero la confianza es una sustancia química.

Los humanos sentimos confianza cuando tenemos oxitocina en el cerebro y el torrente sanguíneo. Producimos esta molécula de forma natural, de hecho, es un péptido (una cadena de aminoácidos, si te quieres ver muy científico). Tu cuerpo libera oxitocina cuando te involucras en actividades de vinculación fuerte, por ejemplo: al parir un bebé, al amamantar, al abrazarnos, al comer en compañía, al tener relaciones sexuales...

La versión tradicional de este experimento de laboratorio (en el mundo de la economía) es así:

1. Tenemos dos jugadores, el A y el B.
2. El jugador A recibe $10 y le dicen que puede darle cualquier cantidad al jugador B, incluyendo $0.
3. A ambos jugadores les explican que se triplicará el dinero transferido (o sea, si el jugador A envía $5 al jugador B, este recibirá $15).
4. Al jugador B le dicen que puede devolver cualquier cantidad al jugador A, incluyendo $0.

¿Qué te parece? Seguro piensas que este experimento no va a producir ninguna inversión porque le están diciendo a la persona A que confíe en la persona B sin siquiera conocerla y le devolverá una parte de la cantidad recién triplicada. Pero el individuo B puede llevarse el dinero y fin, así que el jugador A debería llevarse el dinero primero, ¿no? Pues no.

Resulta que casi siempre los dos ganan porque los humanos somos una especie que confía. Después de todo el juego, el doctor Zak y su equipo tomaron muestras de sangre de los participantes ¿y qué crees? "Las decisiones de inversión se correlacionaban con el nivel de oxitocina en sangre". Entre más oxitocina tenían, más confiaban en la otra persona. Y entre más confiaba el individuo A en el B, el B sentía más confianza y respondía de forma recíproca.

La oxitocina es una hormona reproductiva que inicia las contracciones uterinas durante el parto y facilita la lactancia. Esta pequeña molécula es esencial para el vínculo materno y paterno con la descendencia en los mamíferos, y también está implicada en el "vínculo de pareja" (permanecer con una pareja después del acto reproductivo) en algunas especies de mamíferos. La forma más fácil de aumentar la oxitocina, aparte de dar a luz o amamantar, es tener relaciones sexuales. El tacto, el arreglarnos, un baño tibio, la vibración y la comida también aumentan la oxitocina. Esta hormona activa el sistema nervioso parasimpático al indicar que el entorno es seguro y podemos relajarnos. La oxitocina también induce una leve sensación de satisfacción, reduciendo la frecuencia cardíaca y la respiración y haciendo que disminuyan las hormonas del estrés. Esta descripción sugiere que la oxitocina produce confianza.

La oxitocina aumenta cuando alguien confía en ti y facilita la confiabilidad. Este hallazgo muestra que confiamos en los demás porque "parece" lo correcto, lo que activa los mecanismos de apego social.

La distribución de los receptores de oxitocina en el cerebro humano sugiere que la decisión de confiar en otro ser humano es en gran medida inconsciente y utiliza el "cerebro social". En los humanos, los receptores de oxitocina se concentran en la amígdala, en el hipotálamo (que regula el sistema nervioso "autónomo", incluida la respiración, la frecuencia cardíaca, etc.) y las áreas asociadas con la memoria. Estas regiones cerebrales tienen abundantes conexiones con un área del cerebro asociada con la atención y la identificación de errores en el entorno (la corteza cingulada anterior), que a su vez se proyecta a las regiones de toma de decisiones que está en la corteza prefrontal. Eso significa que la oxitocina influye en la toma de decisiones. La confianza parece impulsada por un "sentido" de lo que hay que hacer, en lugar de una determinación consciente.

Los mecanismos de apego social se pueden activar y puedes aumentar la confianza que te tiene la gente de muchas maneras, por ejemplo: reúnete en persona, estrecha la mano, establece contacto visual frecuente, comparte una comida, pregunta por la familia, da seguimiento por teléfono y envía felicitaciones navideñas y de cumpleaños. Cuando la interacción con los demás es afectuosa y honesta, estarán más dispuestos a depositar su confianza en ti (evita un simulacro de atención, ya que el cerebro social es experto en identificar a los tramposos).

PERTENECER A UN GRUPO

Claro que las palabras tienen un enorme poder desde que tenemos uso de razón.

"¡Tú no juegas!"

"¡Tú cállate! Esta plática es de adultos".

"¿A ti, quién te preguntó?"

"No gracias, no bailo". (Entonces ¿a qué fuiste?) Traducción: "Contigo no bailo".

"Eres una gran persona, y creo que mereces a alguien mejor que yo". Traducción: "Tengo otra veladora prendida en otra parte".

"¡Ah! ¿no te invitaron?"

"Gracias por su curriculum; nosotros le hablamos". Traducción: 99 % de probabilidades de que no te hablen.

"¿Esa era tu idea para mejorar? ¿Eso es todo?"

"Hubo un reajuste de personal y en esta ocasión te tocó a ti".

Y otras frases más que si no se procesan como debe ser y las tomamos personalmente nos hacen un daño tremendo en nuestro amor propio.

No sentirnos que somos parte de... causa dolor porque, por naturaleza, todos deseamos pertenecer a un grupo. Sentir rechazo duele y mucho; más cuando nos sentimos vulerables o ese rechazo lo traemos cargando desde la infancia.

La herida del rechazo puede manifestarse de muchas maneras en la etapa adulta:

1. Una alta sensibilidad a lo que percibes como rechazo: críticas, bromas o indiferencia.
2. Miedo al abandono. Aunque alguien no tenga la intención de irse, percibes en ti una ansiedad de que te dejen o peor, aguantas malos tratos con tal de que no te abandonen.
3. Demasiada autoexigencia. Buscas la perfección, cero errores, para evitar el rechazo.
4. Dificultad para recibir reconocimientos o halagos. Llegan pensamientos de no ser suficiente o de creer firmemente que esos halagos son falsos o inmerecidos.

5. Necesidad continua de aprobación en lo que dices o haces.

   Todo lo anterior, aunado a síntomas físicos como ansiedad, dolor de estómago, insomnio, entre otros.

Valoramos ser parte de una comunidad, ser amados y contribuir de alguna manera. Por eso, forma el hábito de llamar a tus seres queridos cada semana, por ejemplo. Los seres humanos estamos programados para evitar el rechazo.

Si retrocedemos el tiempo, sabremos que nuestros ancestros eran cazadores y recolectores que vivían en tribus y eran conscientes de lo que poseían, lo que les faltaba y lo que necesitaban para sobrevivir un día más. En ese contexto, la paranoia era buena. Si te desplazabas junto a tus compañeros y pasabas por alto una fuente vital de alimento, agua o refugio, ponías en riesgo las vidas de todos. Al mismo tiempo, los primeros humanos entendieron que, otro aspecto clave de la supervivencia, era su constante pertenencia a los grupos que les ayudaban a enfrentar el difícil entorno de la época. Si quedabas fuera del grupo o no tenías acceso a la información, estabas en peligro. Sabías que debías formar parte de la manada; la inclusión era esencial para sobrevivir en un mundo donde solo los más aptos prevalecían.

En el presente, por supuesto que esos antecedentes influyen, sentirnos aceptados, valorados, no solo por sobrevivir, sino por salud. Los estudios lo demuestran.

COMER JUNTOS

Una buena forma de poner en práctica lo que hemos visto hasta ahora es formar el hábito de hacer comidas compartidas o acompañadas. Conéctate con los demás a través de esta actividad milenaria.

¿Qué dice la ciencia?

En 2017, Robin Dunbar uno de los principales investigadores sobre comunidades y creación de vínculos, publicó "Compartir: las funciones de la alimentación social en el comportamiento humano adaptativo". Su investigación descubrió que las personas que comen de manera social son más felices, están más comprometidas con la comunidad y tienen más amigos.

Las comidas familiares están muy extendidas y son habituales en todas las culturas; invitar a amigos o visitantes a cenar sigue siendo una actividad social habitual en la mayoría de las sociedades. Incluso en estos tiempos en que la comida rápida parece dominarnos, sentarse a comer con familiares y amigos sigue considerándose algo importante y deseable. Pero de manera sorprendente, esa alimentación comunitaria ha traído poca atención para la investigación.

¿Y qué tiene de beneficiosa la alimentación comunitaria? Te preguntarás. Bueno, el artículo identifica beneficios en tres niveles:

1. La creación de relaciones comunitarias e intercomunitarias más amplias, normalmente a gran escala, pero a intervalos poco frecuentes ("festejos" en el sentido más convencional).
2. La creación y el refuerzo, es decir, el mantenimiento de relaciones familiares y de amistad, normalmente a

una escala modesta y a intervalos más frecuentes, incluso diario.

3 A nivel personal, beneficios para la salud.

Por lo tanto, se podría esperar que las personas que comen a menudo con otras personas tengan redes sociales más amplias y sean más felices y estén más satisfechas con sus vidas, además de estar más comprometidas con sus comunidades.

Sus resultados demostraron que quienes comen de manera social con más frecuencia se sienten más felices y están más satisfechos con la vida, confían más en los demás, están más comprometidos con sus comunidades locales y tienen más amigos en los que pueden confiar para recibir apoyo. Las comidas provocan que se sientan más cerca de las personas, implican más risas y recuerdos.

ERRORES AL CONOCER A ALGUIEN

No cabe duda de que la infancia nos marca. La relación que formamos con nuestro cuidador principal (mamá y papá o padres adoptivos, abuelos, tíos...) conduce a lo que llamamos un "estilo de apego". Esto es muy importante porque pasamos esas estructuras a nuestras relaciones adultas. A veces es bueno y otras no tanto, ya que cualquier cosa diferente a un apego seguro (los otros tipos de apego son evitativo, ambivalente y desorganizado) puede guiarnos a errores comunes que cometemos al conocer a alguien, por ejemplo: ser muy empalagoso, acosar, sentir que lo vamos a perder, fingir cosas que nos gustan para agradar, escuchar sin poner atención.

Esa necesidad de sentirnos escuchados y amados viene desde la infancia y me atrevo a decir desde que estábamos en el vientre materno.

Tristemente, repercute en nuestras relaciones en la edad adulta. Quien sufrió rechazo o abandono puede llegar a convertirse en una persona demandante de afecto, necesitada de aprobación constante, con urgencia por sentirse amado o amada. Y con relaciones de pareja ¡imagínate! Vamos al inicio.

Me permito compartir contigo los errores más comunes en las primeras citas de amistad o interés amoroso:

1. Hablar demasiado de ti. Pues querer hablar no es monopolizar la conversación. Es fundamental que muestres interés genuino haciendo preguntas inteligentes y escuchando con atención. Escucha más y habla menos sin caer en la exageración.
2. Criticar a otros o hablar mal de tu ex. Ya que, inmediatamente, quien escucha, interpreta lo siguiente: "Si así habla de esa persona ¿qué podría decir de mí?" Nada apaga más el interés que alguien que sigue viviendo en el pasado, en el ayer. Recuerda esta frase matona: "Quien no ha cerrado su ayer, no puede abrir un buen mañana".
3. Forzar la química. Seamos claros. Se siente o no se siente. ¡Pero no la inventes! Se tú misma, tú mismo, sin sobreactuar ni querer impresionar.
4. Ser negativo o quejumbroso. Enfocar tu conversación en todas las miserias que has vivido es como empantanar a la otra persona desde el inicio. O siente compasión, lástima, o probablememte interpreta tu plática como una gran falta de amor propio. Entiendo que todos hemos pasado por momentos muy difíciles, pero, ¿platicarlo en la primera cita? ¿En serio es necesario? Cuidado,

porque si hay interés genuino de tu parte por esa persona, lo puede interpretar así: "Mira nada más cuánto ha sufrido, con cualquier amor que le dé se va a conformar". Y recuerda esto, "la queja aleja, la alegría acerca". Es por eso por lo que me atrevo a recomendarte que en la primera cita de lo que quieras no enseñes todo tu juego por más drámatico que sea.

5. Usar tu celular constantemente. Tú crees que la otra persona va a pensar: "Qué persona tan ocupada". ¡NO! Lo más seguro es que piense: "¿Qué estoy haciendo aquí perdiendo mi tiempo?". Porque "quien no está presente, se ausenta, aunque esté sentado frente a ti".
6. Mentir o exagerar. La mentira dura hasta que la verdad llega. Y más si con quien platicas tiene muy buena memoria. Mejor sé honesto desde el principio para que no te esfuerces en recordar cómo contaste esa anécdota después.
7. Tengo una amiga a quien conozco desde hace muchos años que utiliza una técnica que cree que es infalible para conectar, dice: "Te voy a platicar esto solo a ti por la confianza que te tengo" y me cuenta algo que considera *top secret*. El problema viene cuando meses o años después me repite el mismo argumento y la historia contada diferente. Obviamente su nivel de credibilidad está muy bajo.
8. Tener muy altas expectativas. Hacer suposiciones sobre lo que puede haber entre la pareja y pegarse contra la pared. La necesidad de querer ser amada o amado nos lleva a imaginar lo que no hay y muchas veces ni existirá. Duele enfrentarse a esa realidad.

Mejor disfruta la velada sin anticipar resultados. Deja que la vida te sorprenda. Leí en alguna parte esta frase: "Las mejores relaciones nacen cuando no buscas impresionar sino disfrutar".

Estos tipos de apego influyen en todas nuestras relaciones y en la forma de actuar cuando estamos con una persona nueva. Uno de los errores más comunes que cometemos al conocer a alguien es no escucharlo con atención. Recuerda: *"La escucha activa implica repetir una versión parafraseada del mensaje del hablante, hacer preguntas cuando sea apropiado y mantener una participación de moderada a alta en la conversación no verbal."* Así que, la próxima vez que platiques con alguien, guarda tu celular y regálale lo más valioso que tienes: tu tiempo y atención.

¿Qué dice la ciencia?

En 2014, investigadores de Estados Unidos estudiaron a 115 participantes que interactuaron con 10 compañeros entrenados para responder con mensajes de escucha activa, consejos o simples reconocimientos.

Por eso, Weger, H., Castle Bell, G., Minei, E. M., & Robinson, M. C. se propusieron comparar las percepciones de los compañeros de interacción que usan la escucha activa, los consejos no solicitados o los simples reconocimientos durante una charla.

Los resultados del estudio indicaron que los participantes que recibieron respuestas de escucha activa se sintieron más comprendidos que los participantes que recibieron consejos o simples reconocimientos. Además, los participantes que recibieron respuestas de escucha activa estaban más satisfechos con su conversación y percibieron que el compañero era más atractivo socialmente que los participantes que recibieron simples reconocimientos, aunque los tamaños del efecto para estas diferencias fueron pequeños.

Entre las habilidades de escucha que los académicos y los profesionales identifican como valiosas, la escucha activa, también llamada escucha empática, continúa atrayendo la mayor parte de la atención.

Así que forma el hábito de escuchar de manera activa a las personas con las que quieres conectar.

Ejercicio: Escucha activa

1. Repite una versión parafraseada del mensaje de quien te habla.
2. Haz preguntas cuando sea apropiado y
3. Mantén una participación de moderada a alta en la conversación.

Si sientes que últimamente no has conectado con la gente o la conexión que tienes no ha sido favorable, es momento de que tomes las riendas de tu vida.

Procura convertir en hábito la costumbre de sumar y no restar en la vida de los demás. Busca empatizar con la gente que te importe. No exageres en tu autenticidad expresando una y otra vez que así eres y no puedes cambiar. ¡Claro que puedes! y depende de ti convertirte en un ser más sociable, menos conflictiva o conflictivo.

¡A conectar con la gente!

CÓMO APLICO ESTE HÁBITO EN MI VIDA

- He hecho el firme propósito de no querer cambiar a la gente. Procuro adaptarme y, si no me siento a gusto, procuro alejarme. Vale mucho mi tiempo y mi tranquilidad.
- Acepto que no siempre tengo la razón y procuro, en cualquier diferencia, entender las razones de los demás. Fluyo con quien piensa diferente, con quien no desea escucharme y con quien goza discutir. No derrocho mi energía y me apego a la teoría *Let them* (déjalos) y comparto mi reacción de la forma más amable posible.
- Fluyo con la vida y me dejo sorprender por lo que me depara. Me programo diariamente para tener paciencia y prudencia, para que suceda lo mejor y, en caso contrario, pido a Dios fuerza para aceptar lo que no puedo cambiar.
- Procuro ver a mis mejores amigos, aunque no siempre tengo el tiempo que merecen y quisiera. No me olvido de mis amigos y amigas, con quienes, hace muchos años, impartímos catecismo a niños de escasos recursos. Cada vez que nos reunimos, reímos y contamos las mismas anécdotas. Nos vemos, aunque sea una o dos veces al año.

9

Ser más productivo

> “LA PRODUCTIVIDAD NO DEPENDE DEL TIEMPO QUE TIENES, SINO DEL ENFOQUE CON EL QUE USAS CADA MINUTO.”

Tú sabes, hay días en los que nos sentimos tan, pero tan productivos, que limpiamos nuestro entorno, contestamos mensajes, trabajamos entusiastamente, planeamos el futuro y, de paso, reflexionamos sobre el sentido de nuestra vida y así como sobre la vida de quienes nos rodean.

Pero hay otros que, para ser honestos, batallamos para levantarnos de la cama y no sabemos qué hacemos en este mundo.

La diferencia no está en lo que haces, sino en cómo te organizas y cómo te hablas.

Seamos sinceros, si todo el día te repites frases de que no te alcanza la vida, “¡no tengo tiempo!” ¿Adivina qué sucede? ¡Concedido! Menos te va a alcanzar.

La productividad no se trata de hacer más cosas, sino de hacer las cosas correctas con una mente lo más en paz posible.

Hay personas tan pero tan ocupadas que no tienen tiempo ni de ser felices.

Recuerda, la productividad sin bienestar es como tener wifi sin internet, parece que funciona, pero no sirve de mucho.

En este capítulo, al hablar de "objetivos" pensaremos en los hábitos que tú deseas establecer. Por ejemplo:

Objetivos = Hábitos:

- Comer más saludable
- Leer una hora en las mañanas y en las tardes.
- Ejercitar mi cuerpo
- Estudiar o trabajar en algo todos los días para lograr algo concreto.
- Respirar de manera consciente.
- Llevar un diario de agradecimientos.
- Conectar con mis amigos.
- No perder el tiempo en redes sociales.
- Dejar de fumar, tomar o comer al prójimo
- Agrega el hábito que no se me ocurrió a mí.

En el mundo de la productividad (y en realidad en todos los mundos), los objetivos son como un maratón, no como una carrera de 100 metros a toda velocidad. Si consigues trotar un poco todos los días durante un mes y lo logras, es bastante seguro que trotarás más al siguiente mes y lograrás más. El enfoque de paso-a-pasito es mucho mejor que el de mátate-durante-un-mes. ¿Por qué? Pues porque este último casi siempre termina de dos formas: o pierdes tu objetivo y te rindes... o alcanzas tu objetivo, pero estás tan cansado que te rindes.

¿Te ha sucedido que inicias un nuevo hábito que deseabas fervientemente, como bajar de peso, dejar de fumar o hacer ejercicio y, de pronto, lo dejas por una o más razones? Generalmente, expresamos "no pude continuar porque..." y sacamos la justificación que más nos acomode.

PLANIFICA TU DÍA Y ESTABLECE OBJETIVOS SMART

Mucha gente se pasa la vida yendo y viniendo de una actividad a otra, de un trabajo a otro... ya sabes, corriendo en círculos tratando de hacer muchas cosas sin lograr completar casi nada. Por eso, es muy importante que planifiques tu día. Establecer objetivos SMART te ayuda a aclarar tus ideas, enfocar los esfuerzos y usar tu tiempo, energía y recursos de manera productiva, lo cual, obvio, se traduce en un aumento de probabilidades de lograr lo que quieres en la vida.

Los criterios de los objetivos SMART se le atribuyen al mayor filósofo de la administración, Peter Drucker. La primera vez que se habló del concepto "Management by objectives" fue en la edición de noviembre de 1981 de *Management Review* por George T. Doran. Tiempo después, el profesor Robert S. Rubin escribió sobre SMART en un artículo para *Sociedad de psicología industrial y organizacional.*

Pero ¿qué son los objetivos SMART? Bueno, digamos que es la forma más conocida de establecer metas. Se trata de las iniciales que resumen las características que debe tener un objetivo:

S – *Specific* (Específico)
M – *Measurable* (Medible)
A – *Achievable* (Realizable)
R – *Relevant* (Relevante)
T – *Time-Bound* (Tiempo limitado)

El profesor Robert S. Rubin dice que SMART, a veces, significa cosas diferentes y que necesita una actualización para reflejar la importancia de la eficacia y la retroalimentación. Además, otros autores han ampliado el acrónimo para incluir áreas de enfoque adicionales, por ejemplo, SMARTER tiene una E y una R al final para *Evaluated* (Evaluado) *y Reviewed* (Revisado). Paul J. Meyer en su libro *La actitud lo es todo: si tú quieres triunfar al máximo*, explica este acrónimo de forma muy pertinente.

A partir de todo eso, te preparé un ejercicio para que empieces a establecer objetivos SMART y puedas agendarlos en tu día a día. Así que saca lápiz o pluma y tu libreta.

Cómo escribir un Objetivo SMART

1. S – *Specific* (Específico)
Tu objetivo debe ser claro y específico. Si no, no podrás concentrar tus esfuerzos ni sentirte motivado de verdad para lograrlo. Al escribirlo, responde estas preguntas:

- ¿Qué quiero lograr?
- ¿Por qué es importante este objetivo?
- ¿Quién más está involucrado?
- ¿Dónde se ubica?
- ¿Qué recursos o límites están involucrados?

Ejemplo: imagina que eres un maestro de escuela y te gustaría convertirte en supervisor. Un objetivo específico podría ser: "Quiero adquirir las habilidades y la experiencia necesarias para convertirme en supervisor de zona".

Imagina ahora que quieres tener tu negocio propio. Deseas independizarte. ¿Qué tipo de negocio deseo y qué necesito para iniciar?

2. M – *Measurable* (Medible)

Es importante tener objetivos medibles para que puedas seguir tu progreso y seguir motivado. Evaluar el progreso te ayuda a mantenerte concentrado, cumplir con los plazos y sentir la emoción de estar más cerca de lograr tu objetivo. Un objetivo medible puede responder preguntas como:

- ¿Cuánto?
- ¿Cuántos?
- ¿Cómo sabré que lo logré?

Ejemplo: puedes medir tu objetivo contando los cursos de capacitación y actualización que tomes durante cinco años.

Si es el ejemplo del negocio propio. ¿Cuánto dinero necesito para invertir? ¿En cuánto tiempo veré utilidades? ¿Cómo sabré que lo logré?

3. A – *Achievable* (Realizable)

El objetivo debe ser realista para tener éxito. Sí, es muy bueno que algo te desafíe y te ponga a prueba, pero debe ser posible. Por ejemplo, si quieres ahorrar 25 millones de dólares para comprar un terrenito en Marte... pues, ¿qué te digo?... mejor pensemos en otro objetivo.

Al establecer objetivos alcanzables, puedes identificar oportunidades o recursos que antes habías pasado por alto y que ahora pueden acercarte a él. Recuerda, cuando sabes el qué, encuentras el cómo.

Un objetivo realizable responde las siguientes preguntas:

- ¿Cómo puedo lograr este objetivo?
- ¿Qué tan realista es el objetivo en función de otras limitaciones, como los factores financieros?

Ejemplo: pregúntate si desarrollar las habilidades necesarias para convertirte en supervisor de zona es realista en función de tu experiencia y calificaciones existentes. Por ejemplo, ¿tienes tiempo para completar los cursos de manera efectiva? ¿Tienes los recursos necesarios disponibles? ¿Te lo puedes permitir?

Si es el ejemplo del negocio propio, ¿tengo el recurso para invertir o necesito financiamiento? ¿Qué necesito aprender o a quién necesito capacitar? ¿Qué permisos requiero para desarrollar el negocio? ¿Hay alguien a quien puedo recurrir para solicitar ayuda?

4. R – *Relevant* (Relevante)

Asegúrate de que el objetivo es importante para ti y está alineado con otros objetivos relevantes. Un objetivo relevante responde "sí" a las siguientes preguntas:

- ¿Parece que vale la pena?
- ¿Es este el momento adecuado?
- ¿Coincide con mis otros esfuerzos/necesidades?
- ¿Soy la persona adecuada para alcanzar este objetivo?
- ¿Es aplicable en el entorno socioeconómico actual?

Ejemplo: quieres adquirir o desarrollar las habilidades necesarias para ser supervisor, pero ¿es el momento adecuado para realizar la capacitación requerida? ¿Estás seguro de ser la persona adecuada para el puesto de supervisor? ¿Has considerado los objetivos de tu pareja? Por ejemplo, si quieres tener hijos, ¿completar la formación en el tiempo libre dificultaría las cosas?

Si es tu negocio propio, ¿es buen momento para iniciarlo? ¡Cuidado! Siempre existirá el riesgo y te aseguro que puedes encontrar una o mil razones para decir que no. ¿Vale la pena el riesgo? ¿Qué sería capaz de hacer si no tuviera miedo o si estuviera seguro de que lo voy a lograr? ¿Qué es lo peor que puede pasar? Estoy seguro que 90 % de quienes iniciaron algo exitoso iniciaron con temor a fallar. Así que cuando se trata de una inversión se requiere una buena dosis de optimismo.

5. T – *Time-Bound* (Tiempo limitado)

Cada objetivo necesita límites temporales para que tengas una fecha límite y te concentres en lo que debes hacer. Eso evita que las tareas cotidianas tengan prioridad sobre los objetivos a largo plazo. Un objetivo con tiempo limitado responde las siguientes preguntas:

- ¿Cuándo?
- ¿Qué puedo hacer dentro de seis meses?
- ¿Qué puedo hacer dentro de seis semanas?
- ¿Qué puedo hacer hoy?

Ejemplo: ¿Cuánto tiempo te llevará adquirir esas habilidades? Establece un marco de tiempo realista para lograr los objetivos más pequeños (necesarios para lograr el objetivo final). En otras palabras, es importante tomar un calendario y escribir los objetivos pequeños para que los puedas ver.

Recuerda, al usar SMART, puedes crear objetivos claros, alcanzables y significativos, y desarrollar la motivación, el plan de acción y el apoyo necesarios para lograrlos.

¿QUÉ ES LA FALACIA DE LA PLANIFICACIÓN?

Muy bonito todo, ya tienes tus objetivos SMART, ya pusiste en tu calendario qué debes hacer cada día... ¡y pum! Fracasas.

¿Alguna vez te has preguntado por qué 92 % de la gente fracasa en lograr sus metas? Porque establecen objetivos demasiado optimistas. Eso se llama "falacia de la planificación". Los primeros en estudiarlo fueron Daniel Kahneman y Amos Tversky, y lo describieron como: el fenómeno donde la predicción para completar una tarea futura muestra una inclinación al optimismo y subestima el tiempo necesario.

Este estudio me recordó cuando terminé mi doctorado en psicoterapia y me entregaron el certificado de "doctorante". ¿*What*? ¿Cómo que doctorante? ¿Qué no debería de decir en este papel "Doctor" en piscoterapia? Nos graduamos 12 piscólogos y yo médico. Me acerqué a mi maestro, el Dr. Fernando García Licea y le pregunté si el papel recibido traía un error al decir "doctorante" a lo que me contestó que no. "Cuando hagas tu tesis y tu examen profesional, entonces serás doctor en psicoterapia Gestalt". ¡No puede ser! Sin embargo, así es la vida, cuando creemos que terminanos algo, no siempre es así. Soy de las personas que cuando se proponen algo lo termino o lo termino. A medias no. Decidí iniciar la tesis doctoral con más fuerza que los casi tres años de estudios. ¿Y sabes qué? Terminé la tesis, presenté mi examen profesional y hasta mención honorífica recibí. No quise caer en la falacia de la planificación.

Múltiples estudios confirman nuestra tendencia a la falacia de la planificación. Por ejemplo: la gran cantidad de personas que al incio de año se proponen hacer ejercicio y estar a dieta para tener un cuerpo escultural. Dicen, "si corro todos los días 45 minutos, hago pesas otros 45 minutos y me pongo a dieta, en seis meses estaré irreconocible". ¿Y qué sucede? Según varias fuentes, 80 % desiste de sus objetivos de ejercicio y bajar de peso antes del 14 de febrero del mismo año.

Esa falacia de la planificación aparece en todo, desde pensar que una llamada te tomará cinco minutos hasta creer que acabarás la tarea en dos horas, así que ten mucho cuidado al momento de establecer tus objetivos y planificar tu día. Eso sí, puedes usarla a tu favor, pensando algo así como: "¡Apunta al Sol para llegar a la Luna!", pero siempre con mucho cuidadito y atención a la realidad.

MOTIVACIÓN

Reflexiona lo siguiente:

¿Qué es más importante para lograr lo que deseas? ¿Decidirlo o motivarte?

¿Qué es lo más importante para realizar ejercicio diariamente?

¿Qué es lo más importante para bajar de peso?

Puedes decir que todo esto, pero la pregunta es ¿qué es primero?

Lo contesto como aprendí de un maestro hace años:

Por 100 dólares, ¿serías capaz de cruzar sobre una tabla gruesa de un metro de ancho y 20 de largo sobre el suelo, sin riesgo alguno? ¿Seguro que cruzarías sobre la tabla por 100 dólares? ¡Sí! Contestan los asistentes a mis conferencias.

La misma tabla, el mismo grueso, ancho y largo sobre dos edificios de 10 pisos, ¿la cruzarías por 100 dólares? Es de pensarse, pero algún valiente diría todavía que sí.

La misma tabla con las mismas características, sobre los mismos edificios, pero del otro lado está tu hijo o tu madre pidiendo auxilio para que le ayudes a cruzar porque el edificio se está incendiando, ¿cruzarías a ayudarle por los mismos 100 dólares? "¡Lo haría sin necesidad de dinero! ¡Solo por salvar la vida de mi hijo!"

Entonces qué es más importante para lograr lo que te propones: ¿La decisión o la motivación?

La respuesta es: la motivación. Tener algo que me motive para ir al otro lado.

Gran y dura motivación para bajar de peso es el saber que te diagnosticaron prediabetes. Cuando te dicen que si no dejas de tomar, tu hígado dejará de funcionar en los próximos días. Tremenda motivación al escuchar el ultimatum de tu pareja: "Si sigues con esas actitudes, es mejor que cada quién siga su camino". Mientras no te motive algo, difícilmente sigues en la lucha por tu objetivo.

Muchos objetivos fallan porque no reconocemos lo "divertido" o "motivador". Es como tener la cuenta correcta, pero olvidar la contraseña. Si usas el tipo de motivación incorrecta nunca podrás entrar a la cuenta. Por ejemplo, vas al doctor y te dice que debes bajar de peso porque si no, aumentarás las probabilidades de enfermarte; esa es una motivación de miedo. Pero si a ti te gustan las recompensas, los consejos del doctor te van a entrar por un oído y salir por el otro. Entonces, necesitas motivarte pensando que debes bajar de peso para ir a esquiar o tener un mejor cuerpo para ir a la playa con la persona a la que amas. O bajar de peso para lucir un vestido que te gusta.

Quiero decirte que mi motivación más grande para terminar un doctorado a mi edad fueron mis hijos y los millones de personas que siguen mi trabajo. Mis hijos, para que vean y recuerden que nunca es tarde para aprender. Sé que difícilmente olvidarán que su papá empezó un doctorardo en plena pandemia y con una crisis emocional tremenda. "¿Qué hago con esto que me está sucediendo? Transformarlo en algo productivo", dije sin dudarlo.

Y lo hice también por la gente que me sigue porque, como te habrás dado cuenta al leer este libro, he procurado aplicar mucho de lo aprendido en mi doctorado y fundamentar todo con la neurociencia. Ese es el porqué de tantas investigaciones que incluyo.

La motivación es como una chispa: enciende el motor pero no mantiene el fuego. La decisión es el compromiso que asumes contigo, incluso cuando no tienes ganas, cuando nadie te aplaude y cuando el resultado aún no se ve.

Por otra parte, muchas personas esperan a sentirse motivadas para empezar algo, y no inician nada. Y ahí entra otro factor fundamental: la disciplina. Por motivación y con disciplina hago ejercicio diariamente y, si no tengo tiempo, mínimo mis 90 lagartijas diarias. Ya es parte de mis hábitos diarios desde hace más de dos años. No hay excusa, me motiva mantenerme en forma y saludable y, si no siento motivación, por disciplina y promesa hago mis 90 lagartijas al día.

¿Te motiva el miedo a las fechas límite? Entonces, establece muchas fechas límites pequeñas a lo largo de tu proyecto, hábito u objetivo.

¿Te motiva la recompensa del reconocimiento social? Escribe actualizaciones del progreso que vas logrando.

¿Te motiva la recompensa de sentir que vas ganando? Agrega algunos premios personales a lo largo del camino.

Ya tienes la idea, ¿verdad? Ahora haz una lista de tus prioridades y clasifícalas por miedo o recompensa. Así será más fácil lograr tus objetivos.

En este mismo sentido, pregúntate ¿eres abstemio o moderado? Para lograr un objetivo como dejar de fumar ¿qué te funcionaría más? Dejar de fumar en absoluto o solo fumar un cigarro al día. Al reflexionar en ti y conocerte es más fácil que logres tus objetivos y establezcas los hábitos que quieres.

SEGUIMIENTO AL PROGRESO, A LAS PEQUEÑAS VICTORIAS

Además de establecer objetivos SMART, poner atención a la falacia de la planificación, descubrir qué te motiva y enfocarte en la disciplina, debes dar seguimiento a tu progreso.

Esto es clave en todos los hábitos, propósitos, metas y objetivos porque a los humanos nos encanta la sensación de progresar, de ganar pequeñas victorias, de completar tareas.

Asignar tiempo para registrar el progreso es una forma de mantener los niveles de motivación altos. De hecho, las investigaciones demuestran que el factor más fuerte en la motivación es la sensación de progreso.

¿Qué dice la ciencia?

Teresa Amabile, de la Escuela de Negocios de Harvard, está en el centro de esas investigaciones. En uno de sus estudios, la doctora Amabile y sus colegas trabajaron con más de 200 empleados a quienes les enviaban una encuesta diaria. En ella expresaban sus emociones, estado de ánimo, percepciones del ambiente laboral y el trabajo que habían hecho cada día. En total, durante cuatro meses, Amabile y su equipo recopilaron casi 12,000 entradas de siete compañías. Al terminar de estudiar todas las entradas (las cuales iban desde días muy felices y positivos hasta unos muy terribles y negativos) descubrieron que los empleados eran mucho más productivos en días positivos que en negativos... "Ahhh, no, pues qué gran descubrimiento", pensarás un poco decepcionado por la obviedad del asunto.

Pero aquí viene la sorpresa: el detonador que generaba un buen o un mal día no era el jefe, la pareja, el camino al trabajo, el sueldo... Era el **sentimiento de progreso** en su trabajo. Y el detonador para los días más negativos fue lo contrario: tener un contratiempo inesperado.

En pocas palabras, el principio del progreso significa que el factor más importante y poderoso en las experiencias que vivimos (y, por lo tanto, nuestra motivación) es la sensación de progresar. Además, conforme la gente progresa hacia un objetivo, se esfuerza más para conseguirlo.

Tender la cama todos los días

La sensación de progreso es tan importante que el almirante McRaven la usó como base en su famoso discurso de graduación para los alumnos de la Universidad de Texas. De hecho, ese discurso de 2014 se considera uno de los mejores de la época contemporánea y tiene millones de vistas en Youtube.

Durante sus 37 años de servicio militar, William McRaven fue comandante de las Fuerzas de Operaciones Especiales de Estados Unidos (entre muchos otros nombramientos en el ejército y la marina). He aquí la traducción de un fragmento de su discurso:

Todas las mañanas, durante el entrenamiento básico de los SEAL, (se les llama así a las fuerzas de operaciones más prestigiosas y exigentes de Estados Unidos), mis instructores (que en aquel momento eran veteranos de Vietnam) se presentaban en la habitación del cuartel y lo primero que inspeccionaban era tu cama. Si la tendías bien, significaba que las esquinas estaban en escuadra, las sábanas bien extendidas, la almohada centrada justo bajo la cabecera y la manta extra doblada con cuidado al pie del estante.

Era una tarea sencilla, mundana en el mejor de los casos. Pero todas las mañanas se nos exigía que hiciéramos la cama a la perfección. En aquel momento parecía un poco ridículo, sobre todo teniendo en cuenta que aspirábamos a ser verdaderos guerreros, duros SEAL curtidos en la batalla... pero muchas veces la vida me demostró la sabiduría de ese acto simple.

Si tiendes la cama todas las mañanas, habrás cumplido la primera tarea del día. Te dará una pequeña sensación de orgullo y te animará a hacer otra tarea y otra y otra. Al final del día, esa tarea completada se habrá convertido en muchas tareas completadas. Tender la cama también reforzará el hecho de que las pequeñas cosas de la vida importan. Si no puedes hacer bien las pequeñas cosas, nunca harás bien las grandes.

Y, si por casualidad tienes un mal día, llegarás a casa y encontrarás una cama tendida, la cual te dará ánimos para pensar que mañana será mejor.

Si quieres cambiar el mundo, empieza por tender tu cama.

ORDEN Y LIMPIEZA

No sé si sea obsesivo con la limpieza y el orden, pero es un hábito que fomento constantemente. ¿Sabes por qué? Porque el orden y la limpieza no solo despejan tu espacio, también despejan tu mente. La productivad nace donde todo tiene su lugar, incluso tus pensamientos.

Por eso es tan imporante tener espacios limpios y ordenados donde quiera que estés. Te comparto esta frase matona:

"Cuando limpias tu espacio, también limpias tus excusas". ¡Zas!

¿Qué dice la ciencia?

En 2023, los investigadores Yulfani Akhmad Rizky, Khuzaini y Syahrial Shadiq publicaron un artículo en *Jurnal Inovasi Ekonomi*. Este artículo emplea una revisión bibliográfica, analizando fuentes relevantes como revistas, libros y artículos anteriores. La revisión concluye que el método 5S (que te explico más abajo) es la técnica de *decluttering* (ordenamiento) más práctica para las organizaciones.

Un entorno desordenado y caótico obstaculiza la productividad y el bienestar. Los espacios desordenados provocan distracciones, reducen la concentración y *aumentan los niveles de estrés*. La presencia de un exceso de objetos puede obstruir el movimiento y crear una sensación de desorden, lo que dificulta que la gente encuentre lo que necesita y se concentre en sus tareas. Ese desorden no solo afecta el entorno físico, también afecta el estado mental, lo cual disminuye la satisfacción laboral y el rendimiento general. Y ni se diga de cajones desordenados y con múltiples cosas que jamás se usan.

Yulfani y sus colegas explican que el orden implica eliminar los elementos que no agregan valor a nuestro entorno y crear un ambiente más eficiente y ordenado.

Varios métodos se centran en el uso y almacenamiento eficientes, conocidos colectivamente como técnicas de *decluttering* "ordenamiento" o, en nuestras palabras: recoger tu cuarto, ordenar el clóset, despejar la mesa, organizar tu librero, limpiar el escritorio, acomodar el refri, se entiende la idea, ¿verdad?

La metodología 5S, originaria de Japón, es un enfoque eficaz para ordenar y mejorar el entorno de trabajo. Varios estudios han demostrado que las 5S mejoran el rendimiento de los empleados de manera significativa, aumentan la eficiencia general de la organización y ahorran tiempo, energía y recursos.

La metodología 5S
Seiri – Clasificación
Seiton – Organización
Seiso – Limpieza
Seiketsu – Estandarizar
Shitsuke – Seguir mejorando

Así que no lo olvides, el desorden excesivo en tu entorno de trabajo (y en cualquier entorno) perjudica de manera significativa tu rendimiento. Entre más objetos se acumulen, más difícil se vuelve mantener la limpieza o regresar al orden. Esto genera un espacio de trabajo sucio y desorganizado.

El desorden aumenta los niveles de estrés porque eleva el cortisol y el cerebro interpreta eso como una señal de fracaso. Como sabes, viajo mucho y a varias ciudades por semana. Mantener el orden de la maleta en las habitaciones de los hoteles a los que llego no es fácil, pero quiero afirmarte que mi sensación de saber dónde está todo, y que lo que saco de la maleta quede a la mano me produce un efecto de paz. Ordenar las cosas personales en el baño, el cepillo de dientes a un lado de la pasta, las cremas que uso, la rasuradora eléctrica acomodada, todo tiene sentido y la mente lo interpreta como orden y paz en mi vida. Por eso te sugiero dejar de guardar lo que no usas, de acumular, de solo aventar lo que te quitas y decide hoy mismo probar cómo el orden y la limpieza tienen un efecto inmediato en tu mente.

MULTITAREAS

"¡Yo mismo me asusto de mi capacidad!", expresaba con orgullo, "puedo estar hablando por celular, escribiendo en la computadora y checando en la pantalla grande de mi cabina un nuevo video que iba a subir a mis redes sociales ¡Qué bárbaro! Gracias, Dios. ¡Me impresiono de mí!" Hasta que un día detecté el nivel de ansiedad que eso me ocasionaba, obviamente sin darme cuenta. ¿Es cualidad o defecto querer estar en todo al mismo tiempo? Ser *multitask* o multitareas.

Cuando tomé el seminario de *mindfulness* me di cuenta del terrible error que durante muchos años estuve cometiendo de estar en todo y en nada, ya que mi capacidad de enfoque, que es lo más importante, jamás sería la adecuada. Mantener el orden y la limpieza también se aplica en el plano mental.

A estas alturas de mi vida decido qué quiero en mi mente, qué debo organizar y aclarar en relación con mis pensamientos y, sobre todo, detectar y modificar los pensamientos que solo me hacen sentir mal. ¡Te prometo que tú también puedes! Te recuerdo que a la mente le gusta lo conocido y esa es la razón por la cual repetimos patrones de pensamiento y creamos "nuevas autopistas" o nuevos surcos mentales que nos hagan la vida más feliz y productiva.

Una forma de lograrlo es evitar el decir sí a todo y el *multitask* (multitareas) porque nos distrae de lo que queremos lograr. Dividir tu atención en múltiples tareas o múltiples pensamientos es fuente de estrés y no te das cuenta. La mente divaga gran parte del tiempo. Algunos tipos de mente errante pueden ser creativos, pero cuando los pensamientos son negativos, eres más infeliz y tienes niveles más altos de estrés.

¿Qué dice la ciencia?

Cada vez se comprueba más que la mente errante *negativa* es una fuente invisible de problemas, como explican Veronika Engert, Jonathan Smallwood y Tania Singer, del Departamento de Neurociencia Social, Instituto Max Planck de Ciencias del Cerebro Humano y Cognitivo de Leipzig, Alemania. En 2014, desarrollaron una investigación sobre las asociaciones entre pensamientos autogenerados y pensamientos inducidos por el estrés y los niveles de cortisol, la hormona del estrés. ¿Y qué crees? Pues descubrieron que existe un vínculo fundamental entre los pensamientos y los niveles de estrés que experimentamos. Así que, ¡cuidado con lo que piensas!

El estrés es una carga importante para la salud en la sociedad actual, y se relaciona con un estado de ánimo bajo y un envejecimiento celular acelerado (¿recuerdas los telómeros?). Ahora, no todas las personas desarrollan trastornos por estrés, tú y yo conocemos a gente que, por naturaleza, son acelarados y les encanta estar en todo y los ves saludables; mi teoría es que disfrutan tanto lo que hacen y sienten tanta trascendencia en sus acciones, que no les afecta, (aparentemente).

Los pensamientos autogenerados cubren una amplia categoría de experiencias, que incluyen soñar despierto, divagar, planificar y rumiar. Esos pensamientos se relacionan con estados de creatividad, pero también de infelicidad, por lo que influyen tanto a nivel psicológico como biológico.

Las mujeres que informaron la mayor frecuencia de divagación mental negativa tenían una longitud de telómeros más corta (esto indica envejecimiento celular). Los pensamientos sociales temporales centrados en el pasado y de tono negativo se asocian con el impacto total y la duración de los niveles de cortisol inducidos por el estrés.

CONSEJOS Y EJERCICIOS

1. Determina tu incompetencia

Este consejo quizá te suene un poco incongruente con el título del capítulo, pero agregar actividades a tu vida (de por sí muy ocupada) no te hará sentir mejor, sino más estresado. Por eso te sugiero decidir con antelación en qué quieres ser malo para dejar ese tiempo a cosas más importantes o prioritarias.

Josh Davis, en su libro *Two awesome hours: Science-based strategies to harness your best time and get your most important work done,* lo llama "incompetencia estratégica". Se trata de decidir con anticipación que no te importa algo (que generalmente está de moda); aceptar que no tienes tiempo para hacer todo, y que, a propósito, algo se quedará a medias o lo harás de forma irregular. Por ejemplo:

Exceso de series y películas. Claro que ver la tele quita mucho tiempo que puedes usar para estudiar y, retomando el ejemplo de los Objetivos SMART, hacer lo que creas que te deja algo más positivo. Analiza cuánto tiempo pierdes en eso. Eso sí, cuando estés en una cena y alguien hable sobre series famosas, pues te verás un poco fuera de lugar, pero no pasa nada. ¿Vieras cuánto me ha costado esto en este momento que estoy escribiendo el nuevo libro? La verdad veo muy poco la televisión pero lo que sí me gusta es descargar series en mi celular y verlas en los vuelos que frecuentemente realizo por mi trabajo. Y, como si fuera una gran tenación, me han recomendado más de diez series en los últimos días. Simplemente digo, "gracias, pero por ahora no puedo ver ni leer nada. Hasta que termine esta nueva aventura llamada *Más hábitos, menos dramas*".

Exceso de redes sociales. De por sí ya perdemos el tiempo con una red, imagínate ¡tener varias cuentas y publicar en todas! Las redes sociales no son gratis... siempre cuestan algo. Así que decide eliminar algunas para no perder el tiempo.

Es probable que esas decisiones cambien con el tiempo. Pero, por ahora, para enfocarte en los hábitos/actividades/objetivos que te importan, decide ser el malo en los que no son tu prioridad.

Si no se te ocurre nada para bombardear, te daré un buen inicio: las redes sociales. Ya sé, ya sé, seguro te angustia pensar en qué pasará si no actualizas tu Instagram... Pero ¿adivina qué? ¡No pasará nada! Una vez, dejé de publicar durante diez días y nadie lo notó, seguro tú tampoco. Así que borra por completo las aplicaciones en tu teléfono cuando tengas una fecha límite.

2. Usa los 20 segundos

Debo reconocer que no tuve la suficiente fuerza de voluntad para ignorar YouTube. Mis dedos lo abrían de forma automática. Entonces, lo cerré y lo configuré para tener que poner la contraseña, luego lo metí en una carpeta y lo pasé a la tercera página de mi pantalla.

Ese tipo de actividades se usan en la regla de los 20 segundos.

Es curioso cómo este hábito se relaciona con varios capítulos.

Se trata de poner una barrera entre el detonador y la respuesta o romper el *loop* del hábito que ya vimos al inicio del libro. En otras palabras, la idea es que pongas barreras que te permitan parar, reflexionar y ayudarte a tomar la mejor decisión. Recuerda, para crear barreras efectivas, lo mejor es identificar y entender tus detonadores, porque muchas veces no podemos evitarlos o controlarlos (pueden ser eventos, personas, lugares, estímulos, olores, tu estado de ánimo).

3. Sé un procrastinador activo

Los procrastinadores activos deciden posponer las tareas porque saben usar su fuerte motivación de trabajar bajo presión. Así que prueba "procrastinar" con actividades que verdaderamente necesitas hacer después, no las prioritarias; completa las tareas importantes antes de las fechas límite y logra resultados satisfactorios.

4. Aprovecha el cambio

Probablemente lo has vivido. Estrenas auto y lo traes impecable, sin cosas que estorban en la guantera. La cajuela o porta equipajes inmaculado, odias que se quite el olor a nuevo. Estrenas casa o departamento, los primeros días procuras ordenar todo y cada adorno que colocas está en el lugar perfecto. Pero, conforme pasa el tiempo, tristemente volvemos al mismo hábito del desorden.

Seamos claros, todo cambio es una buena oportunidad para transformar, incluso cuando se trata de una ruptura amorosa. Si existieron razones de sobra para que sucediera, claro que es recomendable hacer los cambios pertinentes antes de iniciar una nueva relación, incluyendo aprender la lección de la experiencia. Es una pena no explotar el poder del "borrón y cuenta nueva".

¿Qué dice la ciencia?

Lo vemos en investigaciones como *Relatos personales de intentos exitosos y fallidos de cambio de vida*, de Todd Heatherton y Patricia Nichols. En el estudio, 36 % de las personas que lograron hacer una transformación (como implementar hábitos, cambiar de carrera, cortar una relación, vencer adicciones o incluir una dieta más sana) estuvo asociado con moverse a un lugar nuevo. ¡Zas!

Eso sí, no te confíes, porque, aunque esta estrategia ofrece oportunidades maravillosas para formar nuevos hábitos, tiene su lado malo: puede romper los que ya estaban establecidos y eran buenos para ti.

HAZLO DIVERTIDO

"¿Usted no se cansa?" Es una pregunta que me hacen con mucha frecuencia. No sé cómo expresar que la respuesta es sí y no. Claro que mi cuerpo siente la fatiga, pero como hábito procuro no estarlo expresando porque mi mente lo acepta irremediable y fehacientemente como un decreto concedido. Por eso procuro usar frases como, "he estado muy entretenido últimamente haciendo lo que me apasiona", y por supuesto, pedirle perdón a mi cuerpo cuando exagero en actividades en las que pude haber dicho que no. Cuando haces lo que te apasiona, ¡claro que puede cansar! Pero es un cansancio diferente, con sentido, porque hago mi *ikigai*, un concepto japonés que signfica mi "razón de ser" o "razón para levantarse cada mañana".

Proviene de las palabras: iki = vida y gai = valor o propósito.

En otras palabras, es la unión entre lo que disfrutas o amas, lo que sabes hacer y crees firmemente que el mundo necesita y, además, te pueden pagar por eso.

Me queda claro que el nivel de satisfacción aumenta cuando haces lo que te apasiona.

Hay un mito detrás del desempeño de alto nivel: todos creen que debe ser agotador, doloroso y difícil. Pero no siempre es así.

¿Qué dice la ciencia?

Daniel F. Chambliss y sus colegas descubrieron en "La banalidad de la excelencia: Un informe sobre la estratificación de los nadadores olímpicos" que, incluso en los entrenamientos a las 5:30 de la mañana, los atletas "estaban animados, riendo, platicando, divirtiéndose". En su investigación, reportaron que "es incorrecto creer que los atletas de alto rendimiento sufren grandes sacrificios para alcanzar sus metas. Muchas veces ni siquiera ven lo que hacen como un sacrificio. Les gusta".

Sufre todo lo que quieras, esfuérzate hasta donde puedas, oblígate y disciplínate, saca sangre, sudor y lágrimas... no importa. La mejor forma de lograr un objetivo o establecer un hábito es justo lo contrario. La diversión entra en el plan. Elegir un objetivo divertido aumenta 31 % tus probabilidades de satisfacción y 46 % tu éxito en el desempeño. Tu rendimiento mejora al hacer algo que te gusta, que te divierte.

Así que hazlo divertido, pero no te olvides de premiarte ni de tomar tus períodos de descanso.

PIDE TESTIGOS

Muchas investigaciones demuestran que los seres humanos se motivan más (en múltiples formas) cuando otros seres humanos están de testigos.

Usa esa información para motivarte y/o volver divertido tu hábito. Por ejemplo, ¿cuánta gente conoces que tiene equipos para hacer ejercicio en casa y nunca los usan? Está comprobado que quienes hacen ejercicio acompañados se esfuerzan más porque son observados, ya sea con admiración o con juicio. Me decía un amigo que acostumbra a ir al gym diariamente, que su mayor motivación era que se formó un grupo de cuatro personas que se apoyan mutamente. Su rendimiento jamás pudo llegar a tanto si no fuera por eso.

¿Qué dice la ciencia?

En 2020, Janina Steinmetz y Ayelet Fishbach publicaron "Trabajamos más cuando sabemos que alguien nos observa" en la *Revista de negocios* de Harvard. En ese artículo mostraron que las personas corren más rápido, son más creativas y se esfuerzan más en los problemas matemáticos cuando saben que alguien las observa.

Esto también se llama *sprint* de trabajo y puede funcionar para completar muchas tareas o para sentir responsabilidad de cumplir con un hábito como meditar, leer, respirar de manera consciente... usa la imaginación.

ESTABLECE TU RITUAL

Tengo varios rituales que me han funcionado y muchos ya te los he compartido a lo largo de este libro. Los enlisto a continuación esperando que puedan ayudarte a elegir lo que toma la gente feliz: *decisiones.*

1. Durante las mañanas, apago el despertador, que generalmente es mi celular, pero como regla no reviso mensajes hasta realizar cuatro acciones:
   * Sonrío sin razón. Simplemente lo hago. Como te lo dije anteriormente, lo aprendí de Sadhguru, un maestro espirtual yogui y escritor de la India, su nombre real es Jaggi Vaseudev. Él recomienda la sonrisa como primera acción en la mañana durante unos segundos. Ahora entiendo que gran parte de esta eseñanza es para enviar un mensaje al subconsciente de que todo va a estar bien.
   * Preparo mis tres motivos para estar agradecido el día de hoy. De preferencia motivos nuevos y diferentes a los días anteriores. Lo he recomendado en varios de mis libros. Inicié este hábito-ritual con un diario de agradecimiento. Escribía cada mañana todo lo que me venía a la mente para agradecer, y de tanto hacerlo me acostumbré a hacerlo mentalmente. Desde hace años enfatizo en los *tres motivos más importantes y nuevos* que *HOY* tengo para agradecer.

"El agradecimiento es la memoria del corazón."
—Jean-Baptiste Massieu.

* Visualizo qué quiero que pase en el día, defino cómo quiero hacer mi trabajo del día y la forma en que quiero relacionarme con quienes veré.
* Pienso en *El poder de los 5 segundos*. Este acto servirá mucho a quienes les gusta posponer varias alarmas en el celular hasta que suene la tercera, lo cual quiere decir que es momento de levantarse, error garrafal. Porque quien pospone su despertar puede posponer otras cosas igualmente importantes.

Te comparto lo aprendido en otro libro de Mel Robbins llamado *El poder de los 5 segundos.* Una herramienta de autosuperación que te ayudará a salir de la cama sin pensarlo tanto, a hacer ejercicio, a realizar esa llamada que estás postergando, ¡a continuar leyendo este libro! La autora dice que es como la cuenta regresiva del lanzamiento de un cohete de la NASA, sobre todo los últimos segundos. 5-4-3-2-1. Lo aplicó cuando era el momento de salir de la cama, así como para otras actividades que muchas veces dejaba para después. 5-4-3-2-1 y a ordenar la ropa. 5-4-3-2-1 y rumbo al ejercicio.

Quiero decirte que me ha servido para no pensar tanto las cosas y actuar. Puedo decir que ya es un ritual en mi vida. El poder de los 5 segundos es una charla que Mel Robbins tiene en TEDx y cuenta con millones de visitas.

2. Estiramientos y mis ochenta lagatijas diarias. Ochenta o noventa, pero siempre lo hago. Cuando hablamos del hábito del

ejercicio te lo comenté. No hay excusa y si por alguna razón un día no lo hice, al día siguiente lo hago dos veces al día. No siempre hay oportunidad de ir a ejercitarnos al gym, pero hacer eso diario, ya tiene un beneficio para mi cuerpo.

3. Agua fría. Haz la prueba. Procura ver el cambio tan radical que es bañarte con agua fría en las mañanas. Sentirás menos somnolencia, más claridad mental, menos cansancio durante el día, serás más productivo. La UCLA Health Clevelad Clinic, señala como posibles beneficios el aumento del estado de alerta, mejora en la circulación, activación metabólica leve y posible estimulación del sistema inmune. ¿Así o más bonitos los beneficios? Aclaro algo importante. En las noches me ducho con agua caliente y duermo mejor.

4. ¿Lo quiero o lo necesito? Al comer me formulo esa pregunta. "Esto que quiero comer o tomar del buffet ¿lo quiero o lo necesito?" Claro que se me antojan muchas cosas que sé que mi cuerpo no necesita. Es por eso que me pregunto constantemente esto para no comer lo que sé que no es saludable. ¡Claro que hay días que no hago caso y como lo que quiero! Está bien darte de vez en cuando tus gustitos.

5. Fluir. Ha sido el reto más grande que he tenido en los últimos años. Dejar de querer controlarlo todo y a todos. Fluir ante

lo que no puedo cambiar. Fluir y dejar que la gente tome sus decisiones y si esas decisiones no me gustan, retirarme. Fluir ante los cambios imprevistos que son parte de nuestra vida. Doy gracias por los grandes cambios que he tenido al aceptar que las cosas simplemente *son.* Recordar que todo lo que vivimos era lo que teníamos que vivir para que nuestra alma evolucione.

¡DESCANSA!

Como ya vimos en diferentes partes de este libro, descansar es vital para todo... hasta para ser más productivo.

Ahora tú ya lo sabes, cuando sientas que el estrés sube o la energía baja, no vayas por un café, ve al parque más cercano. Respira unos minutos de aire fresco.

No importa si estableces estas prácticas específicas en tu rutina o inventas tus propios hábitos, lo importante es decir cuándo es suficiente y enfocarte en otros elementos de tu vida. Trabajar desde casa facilita que el trabajo se convierta en tu vida: cuida este aspecto.

¿Qué dice la ciencia?

Investigaciones como las de Kristin M. Finkbeiner, Paul N. Russell y William S. Helton demuestran que los descansos más positivos y restauradores son en la naturaleza porque te hacen sentir feliz y recuperado. Por eso, asegúrate de agendar un ratito junto a los árboles. Es curioso, pero la gente subestima el poder de la naturaleza para hacerte feliz. Amo los espacios en mi finca campestre. Amo quitarme los tenis o las sandalias para sentir el pasto y cargarme de energía y lo que más me gusta es buscar el río cercano y meterme, aunque el agua esté helada. Sé que es la mejor forma de fortalecerme emocional y físicamente.

Por eso, espacios y tiempos fuera del trabajo me fortalecen y, a veces, no trabajar es lo más productivo que puedes hacer a largo plazo (¡tampoco abuses!).

NOTA PARA *FREELANCERS*

Antes de cerrar este capítulo de la productividad y los hábitos que te ayudan a incrementarla, si eres *freelancer*, trabajador independiente, nómada digital o simplemente trabajas en casa, te tengo un último consejo: que no se te pase la mano, por favor.

Quiero decirte que, al escribir este libro, de alguna manera me convierto en un trabajador independiente que controla el tiempo de escritura a la hora que quiera. Pero ¿sabes cuándo me presiono más? Cuando tengo fecha límite de entrega.

¿Qué dice la ciencia?

Dave Cook, en su artículo "La trampa de la libertad: nómadas digitales y el uso de la disciplina para gestionar límites entre el trabajo y el ocio", estudió a dieciséis trabajadores remotos (nómadas digitales); como ellos podían hacer lo que quisieran a la hora que quisieran, fracasaban en desarrollar la disciplina para "ser efectivos en el trabajo" y "tener tiempo libre para recuperar energía".

El doctor Cook no solo hizo una encuesta. Durante más de cuatro años siguió a un grupo de nómadas digitales, es decir, personas que trabajaban en espacios de destinos turísticos populares (pero baratos para los estadounidenses, como Tailandia). Pues resulta que esa gente sufría en las primeras semanas de trabajo por algo que Cook llamó la "trampa de la libertad".

La trampa de la libertad es lo que mencioné: como pueden hacer lo que quieran a la hora que quieran, no desarrollan la autodisciplina requerida para ser efectivos en el trabajo y usar de manera eficaz el tiempo libre para recuperar energía. Como podían trabajar en cualquier hora y lugar, pues trabajaban a todas horas y en todas partes hasta que se agotaban.

Lo bueno es que muchos de los trabajadores remotos que estudió, lograron establecer buenos hábitos de descanso. Solo deseo que tú también.

Deseo que todo lo que te he compartido en este capítulo sea una herramienta que te impulse a ser más productivo, más consciente de cómo usas tu tiempo y tu energía y a tomar mejores decisiones cada día.

A continuación, quiero compartirte más acciones que realizo para poner en práctica este hábito tan importante en mi vida, para aprender a hacer más con menos tiempo, esfuerzo y desgaste:

CÓMO APLICO ESTE HÁBITO EN MI VIDA

- Organizo mi día. Apunto mis pendientes diarios y divido los prioritarios de los no tan importantes. Llevo mi agenda. No me confío de mi mente.
- Organizo mi ropa constantemente por colores y por temporada. Dono la que tengo más de dos años sin usar. Creo firme-

mente que para que lleguen cosas nuevas a mi vida, hay que hacer espacio.

- No dedico tiempo a quien no cumple con sus promesas. Doy mi tiempo a quien lo merece o me nace, no a quien me siento obligado.
- No voy a donde no deseo ir y amo innovar constantemente.
- Me quedo con rutinas saludables y detecto rutinas aburridas; las modifico o las elimino.
- Reconozco que los vuelos me causan sueño, así que procuro dormir o también aprovecho este tiempo para escribir o leer libros de novela o autoayuda. Además, las mejores ideas me llegan en los aviones. Si sumara las horas de vuelo en el año, ¡serían más de dos meses! ¿Desperdiciar tantas horas? ¡Jamás!
- Las redes sociales son fundamentales para mi trabajo. Mi equipo me ayuda enormemente con el seguimiento de seminarios en línea, y a buscarme publicaciones relevantes en diversos espacios, y yo me encargo de producir y publicar un mensaje diariamente que pueda ayudar a la gente a tener una vida mejor. Sin embargo procuro no distraerme viendo cientos de publicaciones. He aprendido que causa ansiedad.

IO

Cuidar tu salud espiritual

> “LA SALUD ESPIRITUAL SE NOTA CUANDO TU ALMA ESTÁ EN PAZ, NADA EXTERNO PUEDE ROMPER TU EQUILIBRIO INTERNO.”

Bendita salud espiritual que sostiene lo que no siempre se ve, se siente y se decide. Podremos tener éxito, lograr las metas, tener dinero, pero si estás vacío, confundido o desconectado, no habrá nada que te llene.

Tener salud espiritual le da sentido a todo lo que hago. Saber que hay algo más que lo material en mi vida me hace esforzarme por algo más superior, llámalo Dios, universo, poder supremo, energía. Cuando siento que no estoy solo, el dolor pesa menos y la esperanza pesa más.

Viajar tanto por trabajo y por placer, me ha hecho conocer a tantas personas tan diferentes; pero hay algunas que se caracterizan por su forma de enfrentar la vida, por la actitud que tienen ante los problemas que, por naturaleza, todos tenemos; por la fe que manifiestan y, algunas de ellas, por la paz que transmiten en sus palabras y sus acciones.

Cuando puedo darme el tiempo de conocer un poco más de sus vidas, el común denominador es que son seres con crecimiento o desarrollo de su espiritualidad.

Son esas personas que buscan mantener la paz en su corazón, a pesar de las tormentas emocionales que pueden estar viviendo. Son quienes buscan el cómo sí, en lugar del siempre no. Platicar con ellas es un bálsamo de paz por la forma de expresarse de sí mismas y de la gente que las rodean.

Como seguramente ya te diste cuenta, en este libro hablamos de los hábitos relacionados con la salud física y mental, pero ¿qué pasa con la salud espiritual?

Ahora ya sabes que la mente, el cuerpo y el espíritu están conectados de maneras muy profundas. La salud de uno afecta de forma significativa la salud del otro.

La espiritualidad es muy importante para la vida humana. Es esa sensación de bienestar, plenitud, gozo interno, incluso éxtasis (no por nada existe esa bellísima escultura llamada *El éxtasis de Santa Teresa*). Es sentir cómo te conectas con algo más grande que tú, ya sea Dios, un poder superior, la humanidad, la naturaleza o algún tipo de arte como la música o la danza.

La espiritualidad se describe como una fuerza que motiva, habilita, empodera y proporciona esperanza.

¿Qué dice la ciencia?

El doctor Russell D'Souza explica que la conexión con "Dios" o una conciencia superior puede generar esperanza, sobre todo en personas con enfermedades crónicas.

En 2007, publicó un artículo en la *Medical Journal of Australia* titulado: "La importancia de la espiritualidad en la medicina y su aplicación en la práctica clínica", el doctor Russell nos dice que existe evidencia de que muchos pacientes gravemente enfermos utilizan creencias religiosas para hacer frente a la enfermedad. La práctica religiosa/espiritual ayuda a tener un enfrentamiento exitoso con la enfermedad física.

Una alta religiosidad predice una remisión más rápida de la depresión, sobre todo en pacientes cuya función física no mejora. En un metanálisis de más de 850 estudios que examinaban la relación entre la participación religiosa y varios aspectos de la salud mental, la mayoría de los estudios mostraron que las personas religiosas experimentan una mejor salud mental y se adaptan mejor al estrés.

Otro análisis de 350 estudios encontró que las personas religiosas son físicamente más saludables, llevan estilos de vida más sanos y requieren menos servicios de salud. ¡Claro! No falta quien esté pensando en este momento, "¡no es cierto!, mi tía Esperanza era muy religiosa, de misa y rosario diario y estuvo enferma de múltiples padecimientos durante toda su vida". Bueno, contestaría yo: por eso vivió más de lo que la ciencia predice.

Aunque la espiritualidad es un concepto reconocido mundialmente, no hay consenso sobre cómo definirlo. La espiritualidad puede abarcar la creencia en un ser superior, la búsqueda de significado y un sentido de propósito y conexión. Aunque religiosidad y espiritualidad no son sinónimos, puede haber una amplia superposición entre ellas.

Al hablar de espiritualidad, en realidad se habla de las formas en que las personas cumplen lo que consideran el propósito de sus vidas. Por lo tanto, es fácil entender por qué se han propuesto tantas definiciones diferentes de espiritualidad.

Algunos perciben a los seres humanos como si tuvieran dos reinos de existencia. El reino externo consiste en la interacción de una persona con el mundo. El reino interno es su interacción con lo trascendental, que puede ser un ser divino o ideales insinuados a través de la experiencia de sentimientos como el asombro, el amor y la apreciación de la belleza. La mayoría de las personas sostendrían que la acción correcta en el reino externo consiste en la justicia y la amabilidad, mientras que el reino interno se ocupa de la sinceridad. Estos principios pueden surgir de diferentes contextos. Por ejemplo, en las religiones monoteístas se actúa con justicia para conocer a Dios, mientras que en el budismo se actúa con justicia para liberarse del sufrimiento. Pero a pesar de las diferentes creencias, el concepto de espiritualidad es similar para la mayoría de las personas. De hecho, el doctor Russell (el médico de la investigación que compartí) nos habla de la necesidad de incorporar la dimensión espiritual y religiosa de los pacientes en el tratamiento que cada uno está llevando.

Si sientes ese vacío o sensación de que siempre te falta algo, te recomiendo que adoptes el hábito de creer en algo más grande que tú, lo que tú quieras, el cosmos, la Virgen María, Mahoma, la naturaleza, Buda, Jesús, Dios... date cuenta de que eres parte de un todo. Pruébalo y me dices si hay algún cambio al adoptar este nuevo hábito.

LA ESPIRITUALIDAD Y LA SALUD

Cada vez hay más evidencia de que la espiritualidad mejora la salud. Lo compartí en un capítulo de mi libro *Actitud positiva... ¡Y a las pruebas me remito!* Sin embargo, hay otros estudios que fortalecen lo que publiqué hace años.

¿Qué dice la ciencia?

Joanne Coyle, investigadora del Queen Margaret University College, en su artículo "Espiritualidad y Salud: hacia un marco para explorar la relación entre espiritualidad y salud" argumenta que, aunque hay evidencia de que la espiritualidad mejora la salud mental y física, la falta de una definición estándar dificulta la investigación y la comprensión de esta relación.

El análisis identificó tres enfoques de la espiritualidad:

- **Enfoque trascendental:** la espiritualidad se relaciona con una conexión con Dios o una fuerza superior.
- **Enfoque de guía de valor:** la espiritualidad se basa en cualquier valor firme que dé significado y propósito a la vida, sin importar su naturaleza religiosa o trascendente.
- **Enfoque estructural-conductista:** la espiritualidad se relaciona con las acciones y comportamientos asociados con la religión organizada o la creencia de la persona.

Coyle destaca que la búsqueda de significado y propósito en la vida es un aspecto unificador de los tres enfoques de la espiritualidad y que eso puede influir positivamente en la salud. La principal diferencia entre el enfoque trascendental y el de guía de valor es que el primero enfatiza la relación con un reino más allá de lo material, mientras que el segundo se centra en el contenido de las creencias, siempre y cuando proporcionen valores que guíen la vida.

La fe, aunque fundamental en la espiritualidad, es un concepto que no se explora a fondo en la literatura revisada. La fe se define como "una creencia fuerte e inquebrantable en algo, especialmente sin pruebas" y como "una confianza completa en una persona o remedio".

Además, según las investigaciones, la espiritualidad puede influir en la salud de varias maneras:

- Sentido y propósito: mejora el bienestar a través de una mentalidad positiva que puede fomentar comportamientos saludables.
- Responsabilidad: la creencia en un poder superior ayuda a equilibrar la sensación de responsabilidad por la enfermedad, disminuyendo la carga.
- Certidumbre: la fe proporciona seguridad en momentos de incertidumbre y miedo relacionados con la enfermedad.
- Altruismo: el cuidado y la ayuda a otros fortalecen la espiritualidad y el bienestar personal.
- Acción: la espiritualidad motiva acciones dirigidas a mejorar la salud.
- Esperanza: la conexión con lo trascendente se asocia con esperanza, pero esta también puede surgir de relaciones sociales. La esperanza se describe como una actividad mental energizante enfocada en resultados futuros importantes.
- Revelación: los hallazgos de ciertos estudios indican que revelaciones o experiencias espirituales más profundas tienen un efecto sanador en la vida de aquellos que las experimentan.

Conclusión: por supuesto que la espiritualidad tiene grandes beneficios para la prevención y recuperación de la enfermedad o cómo la enfrentamos. Interesante, ¿verdad? Ahora veamos cómo llevar la espiritualidad a los hábitos de tu vida diaria.

RESPIRACIÓN CONSCIENTE

Por si te quedó alguna duda en el capítiulo en que hablamos de la respiración consciente y *mindfulness*, te comparto otra investigación reciente que lo avala.

¿Tú crees que con solo cinco minutos al día puedes tener cambios intensos y ayudarte con la conexión espiritual?

¿Qué dice la ciencia?

En 2023, investigadores de la Universidad de Stanford publicaron un artículo titulado "Prácticas breves de respiración estructurada mejoran el estado de ánimo y reducen la excitación fisiológica", donde mostraban los resultados de su trabajo sobre la respiración. En resumen, Balban, Neri, Kogouna y otros colegas querían determinar si solo cinco minutos diarios de respiración deliberada causaban cambios significativos en la mejora del estado de ánimo y la ansiedad, así como la reducción de la activación fisiológica (frecuencia respiratoria y frecuencia cardíaca).

¿Y qué crees? Pues sí, utilizando un modelo de efectos mixtos, demostraron que la práctica de la respiración mejoraba el estado de ánimo, la activación fisiológica, el sueño, además de reducir el estrés y la ansiedad. ¡Con solo cinco minutos al día!

Los investigadores realizaron tres ejercicios diferentes de respiración diarios de cinco minutos en comparación con un período equivalente de meditación de atención plena durante un mes. Las condiciones de respiración fueron: (1) suspiro cíclico, que enfatiza las exhalaciones prolongadas; (2) respiración en caja, que es de igual duración de inhalaciones, retenciones de respiración y exhalaciones; y (3) respiraciones fuertes y profundas con un periódo de retención e inhalaciones más largas y exhalaciones más cortas.

El "suspiro", caracterizado por respiraciones profundas seguidas de exhalaciones prolongadas y relativamente más largas, se ha asociado con alivio psicológico, cambios en los estados autónomos y restablecimiento de la frecuencia respiratoria. Como los "suspiros" cíclicos diarios de cinco minutos prometen ser un ejercicio eficaz para todo lo que ya mencioné, vamos a practicarlo y volverlo un hábito.

Ejercicio: Suspiro cíclico

1. Siéntate o acuéstate de manera que estés cómodo.
2. Pon cinco minutos en un temporizador.
3. Inhala por la nariz de manera lenta y profunda, llenando el abdomen como un globo. Cuando sientas que tus pulmones se expanden, inhala otro poquito para llenarlos al máximo (no importa si esta segunda inhalación es más corta en duración y menor en volumen que la primera).
4. Ahora exhala por la nariz todo el aire con mucha lentitud.
5. Repite este patrón de respiración durante cinco minutos.
6. Para terminar, cuando suene la alarma, respira de manera normal.

Integrado en prácticas antiguas durante siglos, el trabajo de respiración ha surgido como una herramienta para el bienestar y el manejo del estrés debido a sus beneficios para la salud reportados.

¿Y por qué sucede todo esto? Bueno, ahí te va una explicación muy científica: las inhalaciones aumentan la frecuencia cardíaca y las exhalaciones la disminuyen. El patrón y la profundidad de la respiración tienen un impacto fisiológico directo en el nivel de oxigenación, la frecuencia cardíaca, la ventilación y la presión arterial. Este estado de ánimo y tranquilidad que se genera es la mejor forma de entrar en un estado de introspección y conectar con nuestro espíritu.

ALIMENTAR EL ALMA Y EL ESPÍRITU

En esta vida tan agitada a veces no nos damos espacio para alimentar el alma y ser felices con aspectos tan trascendentales como admirar la belleza, un momento de paz, el servicio a los demás e incrementar nuestra fe. Es muy común que hagamos eso a un lado por las demandas más urgentes y nuestra existencia empiece a sentirse vacía y sin propósito.

Hacerse el hábito de agendar un espacio para alimentar tu alma es una forma de asegurar que lo espiritual tenga atención. Para esto hay muchas opciones, ya vimos la respiración deliberada, pero aquí te van otras ideas:

1. **Leer.** Todos los días dedica unos minutos a leer algo que te alimente (¡pero que sea algo productivo, que sientas paz o te de conocimientro para tu diario vivir!). Por ejemplo, recuerdo que mi abuela leía "15 minutos en compañía de Jesús sacramentado", me imagino que esos minutos la ayudaban. Puedes leer fragmentos de un libro sagrado (como la Biblia), hojear libros de arte, leer biografías de grandes figuras que sortearon múltiples adversidades... ya tienes la idea, ¿verdad?

2 **Pasar tiempo en la naturaleza.** No importa si vives en la playa o en la montaña, en una gran ciudad o en el desierto, pasar tiempo en la naturaleza mejora tu salud espiritual. Nuevamente mi recomendación de desconectarte por un tiempo del celular, de tus angustias y problemas, de la infinita lista de tareas que tienes todos los días; desconéctate de todo por un rato y sal a caminar, a observar el cielo, las nubes, los árboles meciéndose con el viento, los animales viviendo y jugando sin temor, las olas del mar rompiendo en la playa, alimenta tu alma y conéctate con el todo.

3 **Música.** Practica tu instrumento favorito; escucha música clásica sin hacer otra cosa más que poner toda tu atención en las ondas sonoras que salen del reproductor de audio; ve a conciertos que llenen tu espíritu.

4 **Servicios religiosos.** Dependiendo de tus creencias puedes ir a misa, a rezar a una iglesia, o alabar con cantos. Jamás olvidaré los viajes a lugares con alta frecuencia espiritual como Tierra Santa, India, los monasterios budistas de Vietnam y Camboya. La paz que he sentido ahí es fuera de serie.

5 **Pasatiempos.** Apuesto a que no lo sabías, pero tener un pasatiempo y perderte en él también es una forma de alimentar tu alma. Seguro te ha pasado, cuando se te va el tiempo sin darte cuenta haciendo algo que te gusta como tejer, pintar, colorear, bailar. Concentrarte en lo que te gusta puede darte una sensación de propósito y mantenerte en un estado de atención plena sin darte cuenta, aunque solo sea un ratito.

6 **Ejercicio.** Para mí el gym es el mejor antiestrés. Para algunas personas los deportes parecen tener un valor espiritual, con sus aspectos de identificación, lealtad, esperanza y perseverancia. Incluyendo el "sufrimiento" cuando tu equipo pierde. Solo no te vuelvas un fanático que deposita su vida en un equipo, disfrútalo como lo que es, solo un juego.

7 **Hacer voluntariado.** Busca una causa que te importe. Por ejemplo, puedes convertirte en mentor o tutor de otras personas; ayudar en un comedor comunitario; visitar ancianos en asilos o niños en orfanatorios; adoptar y cuidar animales; hay una infinidad de opciones. Retribuir a tu comunidad fomenta experiencias espirituales y te conecta con personas de ideas afines.

8 **Ayudar a los demás.** Obvio, ayudar, apoyar y salvar a alguien son cosas buenas, pero aquí hay un detalle que, de hecho, se aplica en todas las opciones para alimentar tu alma y tu espíritu: debes hacerlo con límites y de manera responsable. Por ejemplo, en el caso de ayudar a los demás, si no lo haces de corazón, conviertes a las personas en problemas para ejercitar tu bagaje emocional y tu ego. Así que, como siempre, todo con medida, no por ponerte muy espiritual afectes a los que te rodean; o no por perderte en la naturaleza se te olvide darle de comer a tus hijos.

9 Y claro, tenemos opciones más evidentes como la **oración**, el ***grounding***, la **meditación** o el **yoga**, pero como esas actividades son mucho más extensas, cada una tiene su propio apartado.

ORACIÓN

Como dije, en mi libro *Actitud positiva... ¡Y a las pruebas me remito!*, incluí un capítulo sobre el increíble poder de la oración. Lo incluí porque durante el tiempo en el que escribía ese libro, viví una etapa de cierto escepticismo con relación a mis creencias religiosas. Empecé a ver cambios en personas importantes en mi vida y utilicé las técnicas que recomendaba en conferencias y en mis publicaciones. Pero sin los resultados esperados, entonces me refugié en la oración.

Te confieso que sentía que Dios no me escuchaba ya que mis problemas iban en aumento. Al adentrarme en el tema, me topé con investigaciones con fundamento científico que realmente me impactaron e incrementaron nuevamente mi fe. Te pido que, si te interesa, al terminar la lectura de este libro, leas éste que te recomiendo. Hoy que escribo mi nuevo libro encuentro nuevas investigaciones que sé que te sorprenderán y te las compartiré:

Cuando era niño y tenía miedo, mi abuela Consuelo siempre me decía que rezara el rosario. Ahora entiendo por qué y aunque sus motivos eran meramente religiosos hoy te comparto otra razón de por qué ella sentía tanta paz.

¿Qué dice la ciencia?

En 2001, Bernardi y sus colegas investigadores del Departamento de Medicina Interna de la Universidad de Pavia y la Universidad de Oxford, publicaron un artículo en la revista *British Medical Journey*. El objetivo fue analizar las oraciones religiosas rítmicas (el rosario y el japa mala) como posibles actividades para el bienestar y una buena salud. El artículo explica que las fórmulas rítmicas como las Avemarías del rosario o los mantras pueden sincronizar y reforzar los ritmos cardíacos. Además, los investigadores revisaron los efectos de dichas fórmulas rítmicas en la frecuencia respiratoria, la presión arterial y la circulación cerebral.

Tanto la oración como el mantra causaron aumentos notables y sincronizados en los ritmos cardiovasculares cuando se recitaron seis veces por minuto. Por otro lado, la respiración se hizo más lenta a seis respiraciones por minuto.

El diseño del experimento incluyó 23 adultos, no hubo consideraciones particulares de género y ocurrió en Florencia, Italia. Los investigadores llegaron a la conclusión de que, de acuerdo con los resultados obtenidos, rezar puede considerarse una práctica de salud tanto como una práctica religiosa. También consideran que el rosario resulta particular entre los rezos de la religión cristiana debido a la imposición de un ritmo que induce una frecuencia respiratoria determinada.

Hoy reafirmo no solo por la ciencia mis creencias religiosas y me consta que la oración puede hacer milagros. No una, en varias ocasiones he sido testigo de milagros que pueden ocurrir cuando existe le fe. Y esta convicción es similar a la que muchos agnósticos afirman de manera contraria, al no creer en nada, lo cual, igualmente, respeto.

Creer firmemente en algo me da sentido y motivación para continuar con esta misión que tanto amo; sería para mí sumamente frustrante creer que todo lo que realizo no tiene una función trascendente, que al morir no siga algo más y todo lo vivido quede siemplemente como un recuerdo para los que continúan.

Mi fe me dice que viene algo más y que vale la pena esforzarnos no solo para disfrutar la propia vida sino para mejorar, si puedo, la vida de los demás. Que al caer el telón de mi existencia, pueda decir con orgullo: ¡Misión cumplida! Hice lo que podía con lo que tenía, hice lo que me apasionó sin la intención de dañar a los demás. Me quedo con la consigna de saber que alguien vivió mejor, gracias a mi granito de arena.

GROUNDING

El *grounding* es la forma más antigua y natural para favorecer los cambios fisiológicos y electrofisiológicos del cuerpo. Esta técnica, también llamada "conexión con la tierra" o *earthing* se define como colocar los pies descalzos en el suelo. ¿Tú crees que caminar con los pies descalzos sobre tierra o césped puede mejorar tu salud y tu conexión espiritual?

¿Qué dice la ciencia?

En 2011, los famosos doctores Chevalier y Sinatra publicaron "Estrés emocional, variabilidad de la frecuencia cardíaca, conexión con la tierra y la mejora clínica" en la revista *Integrative Medicine*. En este estudio de 27 participantes, los sujetos que hicieron *grounding* (pies descalzos) tuvieron mejoras en la frecuencia cardíaca que, según ellos, va más allá de la relajación básica. Esta mejora tiene un impacto muy positivo en el estado cardiovascular.

Practico la técnica de pies descalzos siempre que estoy en mi lugar feliz, mi finca campestre. No desaprovecho el momento para conectarme con la madre tierra y sentir que soy parte de un todo. Me gusta practicarlo más con el césped húmedo, en el río que pasa muy cerca de la finca, pero también cada que tengo oportunidad de ir a la playa.

Terrible costumbre de caminar con sandalias que impiden la conexión energética de la tierra con el cuerpo.

Así que vamos a seguir esa sugerencia, ¿estás listo? ¡Pues fuera los zapatos!

Ejercicio: *Grounding*

1. Puedes establecer diez minutos para empezar y después ir aumentando el tiempo.
2. Coloca los pies descalzos en el suelo, ya sea tierra, hierba, arena u hormigón. La tierra mantiene un potencial eléctrico negativo en su superficie; cuando estás en contacto directo con el suelo, los electrones de la tierra viajan a tu cuerpo, llevándolo al mismo potencial eléctrico que la tierra.
3. Puedes permanecer de pie o caminar (caminata meditativa), pero guarda silencio. Respira profundo.
4. Concéntrate de una manera mucho más consciente. Relaja los ojos. Vuélvete parte del mundo que te rodea. Conéctate con la tierra.
5. Siéntete suelto, fluido, relaja el rostro y ten una visión periférica. Observa lo que te rodea como si estuvieras parado en la cima de una montaña y pudieras ver para todos lados al mismo tiempo.
6. Ahora cierra los ojos y pon mucha atención. Siente el suelo bajo tus pies y el universo sobre tu cabeza. Date cuenta de que la tierra te sostiene y no te preocupes por nada.
7. Con suavidad, abre los ojos y deja que el mundo llegue a ti, despacio, y siéntelo. Percibe mayor suavidad y relajación y nota cómo cambió tu estado de ánimo.
8. Sonríe, siente tu sabiduría y tu conexión con el todo. Una sonrisa en los ojos cálida y relajada, siempre y cuando la sientas genuina, puede cambiar todo para bien.

Tú sabes que todo lo que hemos vivido en los últimos años ha incrementado nuestro nivel de estrés. La pandemia no sacó lo mejor de nosotros, porque por lo visto no cambiamos para bien. Más gente vive día a día con estrés. Esos estados fisiológicos implican una sobreactivación crónica del sistema nervioso autónomo.

Conectarse con la tierra induce cambios fisiológicos y electrofisiológicos favorables que promueven una salud óptima. El *grounding* puede, además, mejorar la dinámica del sueño al bajar el cortisol nocturno.

¿Quieres más pruebas? ¡Además es gratis!

MEDITACIÓN

Amo darme el tiempo para meditar unos minutos al día. Te mentiría si te digo que duro mucho tiempo haciendo esta maravillosa técnica, pero procuro hacerlo durante algunos minutos a diario.

La meditación es una práctica humana fundamental. Sentarse, respirar, ser, estar. Es una forma de ejercicio mental, consciente e intencional que se ha convertido en una práctica de salud en todo el mundo. Es quitar todo, excepto la existencia. Es tan humano como puedas lograrlo.

La religión puede ser parte de ella o no. En este libro, cuando hablo de meditación, agradecimiento, atención plena, oración, etc., lo digo como hábitos que cualquiera puede adoptar. La religión no tiene que estar más unida a la meditación de lo que está a cualquier ejercicio. Si rezas un Padre Nuestro y tres Avemarías antes de entrar a la clase de baile o de natación depende de ti. Lo mismo aplica para la meditación.

Muchos investigadores han informado que la meditación produce cambios en el estado mental y en los patrones electroencefalográficos en reposo que persisten más allá del período de práctica activa. Hay otras investigaciones que demuestran que meditar durante ocho semanas estimula la materia gris en áreas del cerebro asociadas con la memoria y el aprendizaje. La meditación también ayuda a las personas a tener menos explosiones emocionales.

Un ejemplo muy concreto es el estudio que la doctora Lazar y sus colegas publicaron en *Neurorepo*r, en el artículo de 2005 titulado "La experiencia de la meditación se asocia con un mayor grosor cortical". Con resonancias magnéticas evaluaron el grosor cerebral de áreas claves en 20 participantes con una amplia experiencia en meditación. ¿Cuál crees que fue el resultado? ¡Adivinaste! Las regiones cerebrales asociadas con la atención y la capacidad de saber y entender lo que sucede dentro de nosotros eran más gruesas en los participantes de meditación que en los que no la practican, incluida la corteza prefrontal (la zona de toma de decisiones). Las diferencias entre grupos en el grosor cortical prefrontal fueron más pronunciadas en los participantes de mayor edad, lo que sugiere que la meditación podría ayudar a compensar los estragos mentales causados por la edad. Después de leer estos ejemplos sobre lo poderosa que es la meditación, tal vez pienses ¡yo quiero eso!, así qué, adelante, agrega a tu salud espiritual la meditación.

Trata de abrir tu mente y entender que puedes sentarte o recostarte para MEDITAR, respirar en el presente y ser consciente de tu existencia. Experimentarás sentimientos, pensamientos y sensaciones físicas nuevos, tal vez extraños, pero eso es bueno porque te da la oportunidad de construir tu capacidad para manejarlos. Al principio, quizá sea muy complicado tener tantos pensamientos (sin importar cuáles sean), es normal perseguir esos pensamientos. Por eso estás tratando de adoptar el hábito de meditar, para aprender cómo regresar tu conciencia al presente una y otra vez. Es como un cachorro que está aprendiendo algún truco y no obedece al principio, pero con las repeticiones constantes estoy seguro de que lo logrará.

Algo súper importante es saber que "la práctica misma, es la auténtica recompensa", en otras palabras, "la práctica *es* perfecta". El simple hecho de llegar al salón, sentarte, centrarte, respirar... asistir. Eso es lo que vas a hacer: **identificar cuando tu mente empieza a divagar** (pensar en treinta mil cosas; perseguir ideas y juicios; recordar cosas que te arrepientes de haber dicho; agobiarte por sensaciones físicas como que hace calor, frío, huele raro; tratar de calmarte pensando que no eres una persona horrible; discutir de forma imaginaria con tu pareja o ex; pensar en grandes ideas de negocios; sentir emociones que habías ocultado; pasarte todo el tiempo preocupado por el trabajo y, al final, enojarte por "desperdiciar" el tiempo de la meditación y ser "malo" en ella) **y, entonces, traerla de regreso al presente: ¡Practicar la meditación!**

Ese es el ejercicio de la meditación: la repetición de regresar tu conciencia al momento presente.

Ejercicio: Meditar

Siéntate o acuéstate y ponte cómodo.

Cierra los ojos y lleva la atención a la zona de tu cuerpo donde haces contacto con la superficie en la que estás sentado. Nota la sensación física de contacto y deja que eso calme por un momento a tu mente platicadora. Respira profundo. Quédate con esa conciencia y sensación de tacto durante varias respiraciones.

Ahora, con suavidad, trae tu conciencia al cuerpo. Inhala por la nariz e imagina que al exhalar relajas los dedos de los pies. El hecho de concentrarte en una parte del cuerpo llevará la mente a esa zona.

Vuelve a inhalar y, al exhalar, relaja los empeines. Así ve repitiendo con cada parte del cuerpo: respira profundo, exhala relajando los talones; inhala, exhala y relaja los tobillos; inhala, exhala y relaja las pantorrillas...

Pasa un tiempo así, consciente de ser y respirar. Relájate. Si la mente se va, tráela de regreso. Mantén la concentración en cada inhalación y exhalación. La meditación implica prestar atención a la respiración con el fin de aumentar la conciencia del momento presente.

Trata de poner toda tu atención en un punto en medio de tus ojos, como si vieras tu entrecejo con los ojos cerrados.

Ayúdate contando cada respiración hasta llegar a diez. Inhalas, uno; exhalas, dos; inhalas, tres; exhalas, cuatro... Cuando llegues a diez, vuelve a empezar. No se trata de ver cuántas puedes hacer sin distraerte. Si diez es demasiado, empieza con cuatro, incluso con dos. Nota la entrada de aire y la salida. Repite.

La mente seguirá mandando pensamientos y tal vez notes que los juzgas. Está bien. Recupera la concentración con suavidad. Recuerda que estás practicando esto: identificar cuando la conciencia se aleja y, luego, regresarla. Es como flexionar un músculo. Es lo que harás durante diez minutos.

Después de algunos minutos, con los ojos cerrados, pon atención a lo que te rodea, a los sonidos, a las sensaciones. Entonces regresa a esa sensación de contacto con la que empezaste. Abre los ojos muy despacio y estírate como si acabaras de despertar.

Esa es la práctica de la meditación: es traer tu conciencia al momento presente. Es como hacer una sentadilla, levantar una pesa, lanzar la pelota al cachorro, poner un paso en la pista, una y otra vez. Así alcanzamos nuestros límites, una y otra vez. No podemos ir más lejos, levantar más peso o mantener la atención en el presente más segundos. Por eso lo intentamos una y otra vez. ¡Hazlo de nuevo!

YOGA

Si adivinas por qué lo dejo al final de este capítulo, sabré que tu nivel de intuición e inteligencia es muy alto. ¡Efectivamente! Porque yo no hago yoga.

Amo que mi hija esté certificada como maestra de yoga. Fue un día a una clase por pura curiosidad y con ganas de verificar si controla sus niveles de ansiedad, y se quedó con este hábito hasta el momento.

El yoga no necesita presentación. Se ha puesto muy de moda en nuestra época y seguro ubicas a quienes lo practican porque llevan su tapete (*mat* o esterilla) a todas partes. Bueno, pues no por nada se puso tan de moda y occidente lo adoptó con tanto entusiasmo. Efectivamente, esa práctica reduce los síntomas de estrés, depresión y ansiedad; fortalece y estira el cuerpo; y ayuda a la mente y al espíritu.

¿Qué dice la ciencia?

En un artículo publicado en 2023 en *Cell Reports*, la doctora Melis Yilmaz Balban dice: "Una revisión de las prácticas de respiración yóguica informó sobre un aumento de los sentimientos de paz, una mejora del tiempo de reacción y la resolución de problemas, una disminución de la ansiedad y una reducción de la divagación mental y los pensamientos intrusivos". Esto último, en otras palabras, apacigua a "la loca de la casa" que es la mente.

La palabra yoga viene del sánscrito *yuj* y puede significar:

1. Concentrarse, centrar el pensamiento o meditación profunda.
2. Unir, juntar y conectar.
3. Enyugar, uncir.

Por la segunda acepción, decimos que yoga significa "unión", porque unimos el cuerpo, la mente, el espíritu y la respiración. Y le podemos agregar, por ejemplo, unir los pensamientos, emociones, espacio, tiempo, energía, ¡todo! ¡Unir todo! "Es como tomarnos un descanso de nuestro estado mental habitual".

No es necesario ser muy elástico o un maestro yogui para recibir los beneficios espirituales de la práctica. El yoga es para todos, a cualquier edad, en cualquier nivel. El yoga es una práctica individual donde las asanas o posturas (como el triángulo, los guerreros, la cobra, los perros...) solo son una rama del gran árbol del yoga.

Nuestro cuerpo es la herramienta que tenemos para transitar por esta vida. El cuerpo quiere moverse, está diseñado para eso. Por eso nos sentimos mejor cuando estamos distendidos y sueltos que tensos, engarrotados y contraídos. Al ejercitar el cuerpo también ejercitamos la mente y, por eso, las asanas o posturas de yoga tienen propiedades transformadoras. Al acabar una sesión de yoga, siempre te sentirás mucho mejor que al inicio de la misma. El punto en que encuentras un límite varía con cada asana, con cada respiración, con cada día. Redescubre tus límites. Nunca des por hecho que podrás estirarte con la misma rapidez que lo hiciste ayer y nunca asumas que no podrás hacer algo solo porque antes no pudiste. Mantente flexible y abierto.

Un tema central de muchas prácticas yóguicas es la inclusión de patrones deliberados de respiración llamados *pranayama*. Como dice la doctora Balban, hay evidencia creciente a favor de los beneficios de estas prácticas para la salud y el bienestar general.

El *pranayama* tranquiliza, calma y sana. La respiración es el espejo de la mente: están intrínsecamente conectadas. Si una se altera, la otra lo resiente. Por eso vamos a adoptar el hábito de practicar un *pranayama* todos los días.

Ejercicio: *Samavritti pranayama*
La respiración cuadrada, cuadrática, en caja o táctica es un *pranayama* que consiste en igualar el tiempo de inhalación y de la exhalación. Consta de cuatro fases:

- Inspiración o puraka
- Retención o antara kumbhaka
- Exhalación o rechaka
- Apnea o bahya kumbhaka

El objetivo de este *pranayama* es mejorar la atención y calmar la mente. Ha sido utilizada por miembros de las fuerzas armadas para regular el estrés y mejorar el rendimiento. Para realizarlo:

1. Siéntate en el piso o en una silla, también puedes hacerlo acostado.
2. Pon cinco minutos en una alarma.
3. Inhala profundo por la nariz durante cuatro segundos.
4. Mantén la respiración durante cuatro segundos.
5. Exhala lentamente por la nariz durante cuatro segundos.
6. Y, ahora, contén ese vacío durante cuatro segundos.
7. Repite este patrón durante los cinco minutos completos.
8. Apaga la alarma y vuelve a respirar de forma normal.

Si en algún momento necesitas esforzarte para alcanzar esos tiempos, solo reduce la duración de las inhalaciones, retenciones, exhalaciones y apneas.

De todo el libro, este es el único hábito que sigue en mi lista de pendientes. Mi hijita me ha insistido en practicarlo y lo he postergado, pero te aseguro que lo iniciaré lo más pronto posible. Probablemente, ahora que estás leyendo este libro, ya lo practico. Por el momento no soy quién para hacerte la siguiente recomendación, pero toma una clase de yoga en algún lugar con un instructor o instructora formado en cualquiera de las múltiples ramas de esta práctica. Pero si eso no es posible, siempre puedes recurrir a YouTube y practicar con videos en casa, solo ten cuidado de respetar tus límites físicos y no lastimarte.

Recuerda, con el yoga volvemos a nuestro auténtico yo, a nuestra esencia y totalidad. Toda sesión de yoga es un pequeño retorno a la conciencia, cada emoción, cada pensamiento, cada movimiento, cada respiración nos aporta algo.

Como decía el gran maestro Iyengar: "El yoga es una metáfora de la vida".

Como te darás cuenta, el cuidar mi salud espiritual se ha convertido en algo fundamental en mi vida. No es algo que reserve solo para ciertos momentos, es una práctica constante que me acompaña en lo cotidiano.

CÓMO APLICO ESTE HÁBITO EN MI VIDA

- Busco siempre tener un propósito no solo con la gente que amo servir, sino un propósito que le agrade a mi Dios. Creo en Él firmemente y en el poder de la oración y procuro tomar mis decisiones basadas en las enseñanzas que Jesús nos dejó.
- Leo la Biblia, oro y disfruto el rezo del rosario. Cuando tuve la oportunidad de viajar a la India, algo que llamó poderosamente mi atención fue ver cómo muchas personas utilizaban

el mala, que es como un collar con 108 cuentas (número considerado sagrado) y una cuenta especial llamada *gurú*, que marca el inicio y el final del recorrido, y lo usan para repetir mantras, oraciones o simplemente mantener la concentración. Al ver el fervor con el que lo usaban, no pude evitar pensar cómo, en mi religión, utilizamos el rosario con un propósito muy similar, ya que el rosario, al igual que el *mala* no tienen poder en sí mismos, su poder está en lo que provocan: pausa, enfoque, silencio interior y conexión. Desde entonces decidí incorporar el rezo del rosario también en mi vida.

- Respeto todas las religiones y me encanta leer y practicar recomendaciones del budismo.
- Terminé el curso de *mindfulness* y disfruto practicarlo incluyendo la meditación diaria durante los minutos que pueda.

Hasta aquí, mis hábitos más productivos.

Ahora te invito que profundices en el porqué de cada uno de ellos, así como de otros hábitos estrechamente relacionados con los que practico y pueden ayudarte enormemente a mejorar tu vida.

No dejes de leer las investigaciones científicas que respaldan todo lo que te recomiendo.

Deseo de corazón que este libro sea el inicio de algo mucho mejor para ti, que te ayude a tomar decisiones más conscientes, a evitar dramas innecesarios y, sobre todo, a crear hábitos maravillosos para tu vida solo, ¡por el placer de vivir!

¡Disfrútalo!

Bibliografía

CAPÍTULO 1

Gardiner Morse. "Hidden Minds", *Harvard Business Review,* 2002.

Marzola, P. *et al.* "Exploring the Role of Neuroplasticity in Development, Aging, and Neurodegeneration", *Brain Sciences, 13*(12): 1610, 2023.

Karimpour Vazifehkhorani, A., Attaran, A., Karimi Saraskandrud, A., Faghih, H., & Yeganeh, N. "Effectiveness of Cue-Exposure Therapy on Alcohol Craving in Virtual Environment: Based on habit loop", *Addiction & health, 14*(2): 78-86, 2022.

Mark Lepper, David Greene & Richard Nisbett. "Undermining Children's Intrinsic Interest with Extrinsic Reward: A Test of the 'Overjustification' Hypothesis", *Journal of Personality and Social Psychology, 28*(1): 129-37, 1973.

Traci Mann *et al.* "Medicare's Search for Effective Obesity Treatments: Diets Are Not the Answer", *American Psychologist, 62*(3): 220-33, 2007.

Huberman, A. "Build or Break Habits Using Science-Based Tools", *Neural Network Newsletter*, 2022.

Gardner, B., Lally, P., & Wardle, J. "Making health habitual: the psychology of 'habit-formation' and general practice", *The British Journal of General Practice, 62*(605): 664-666, 2012.

Mel Robbins. "La teoría del Let Them" 2024, 43-54.

CAPÍTULO 2

Michael A. Singer "La liberación del alma". 2023, 23-27, 49-54.

Mel Robbins 2025, 48-58.

CAPÍTULO 3

Brian Wansink. "Environmental Factors That Increase the Food Intake and Consumption Volume of Unknowing Consumers", *Annual Review of Nutrition, 24*: 455-70, 2004.

Roth, W., Zadeh, K., Vekariya, R., Ge, Y., & Mohamadzadeh, M. "Tryptophan Metabolism and Gut-Brain Homeostasis", *International journal of molecular sciences, 22*(6): 2973, 2021.

Selinger, E., Neuenschwander, M., Koller, A., Gojda, J., Kühn, T., Schwingshackl, L., Schlesinger, S. "Evidence of a vegan diet for health benefits and risks – an umbrella review of meta-analyses of observational and clinical studies", *Critical Reviews in Food Science and Nutrition, 63*(29): 9926-9936, 2022.

Mente, A., Dehghan, M., Rangarajan, S., O'Donnell, M., Hu, W., Dagenais, G., Wielgosz, A., A Lear, S., Wei, L., Diaz, R., Avezum, A., Lopez-Jaramillo, P., Lanas, F., Swaminathan, S., Kaur, M., Vijayakumar, K., Mohan, V., Gupta, R., Szuba, A., Iqbal, R., ... Yusuf, S. "Diet, cardiovascular disease, and mortality in 80 countries", *European heart journal, 44*(28): 2560-2579, 2023.

Reuven Dar *et al.* "The Craving to Smoke in Flight Attendants: Relations with Smoking Deprivation, Anticipation of Smoking, and Actual Smoking", *Journal of Abnormal Psychology, 119*(1): 248-53, 2010.

J. Barton & Jules Pretty. "What Is the Best Dose of Nature and Green Exercise for Improving Mental Health? A Multi-Study Analysis", *Environmental Science & Technology, 44*(10): 3947-55, 2010.

Van Der Helm, E., *et al.* "REM Sleep Depotentiates Amygdala Activity to Previous Emotional Experiences", *Current Biology, 21*(23): 2029-32, 2011.

Marc T. Hamilton *et al.* "Too Little Exercise and Too Much Sitting: Inactivity Physiology and the Need for New Recommendations on Sedentary Behavior", *Current Cardiovascular Risk Reports, 2*(4): 292-98, 2008.

Nurudeen, A. S., & Toyin, A. "Knowledge of Personal Hygiene among Undergraduates", *Journal of Health Education, 5*(2): 66-71, 2020.

Charlesworth, J. E. G. *et al.* "Effects of placebos without deception compared with no treatment: A systematic review and meta-analysis", *Journal of Evidence-Based Medicine, 10*(2): 97-107, 2017.

CAPÍTULO 4

Freire, P. "The importance of the act of reading", *Journal of education, 165*(1): 5-11, 1983.

Reder S. "Adults' reading engagement and wellbeing in Aotearoa New Zealand", *PLoS One, 18*(9): 2023.

Dweck, CS, Chiu, C; Hong Y. "Implicit Theories and Their Role in Judgements and Reactions: A World from Two Perspectives", *Psychological Enquiry, 6:* 267-285, 1995.

Maslow, AH. *The Further Reaches of Human Nature,* Viking Press, New York, 1971; o Maslow, AH. *La amplitud de la naturaleza humana,* Trillas, 1990.

Fuhs, Monika; Peper, Erik. "The Limits of your Beliefs are the Limits of your Reality", *Psychophysiology today – the magazine for mind-body medicine, 2*(1), 2005.

Kamins, M. L. & Dweck, C. S. "Person versus process praise and criticism: implications for contingent self-worth and coping", *Development Psychology, 35*(3): 835-47, 1999.

Harwell, K., & Southwick, D. "Beyond 10,000 hours: Addressing misconceptions of the expert performance approach", *Journal of Expertise*, *4*(2), 2021.

Wiehler, A., Branzoli, F., Adanyeguh, I., Mochel, F. & Pessiglione, M. "A neuro-metabolic account of why daylong cognitive work alters the control of economic decisions", *Current Biology, 32*(16): 3564-75, 2022.

Choi, J. N., & Moran, S. V. "Why Not Procrastinate? Development and Validation of a New Active Procrastination Scale", *The Journal of Social Psychology, 149*(2): 195-211, 2009.

Rosenbaum, D. A., Gong, L., & Potts, C. A. "Pre-Crastination: Hastening Subgoal Completion at the Expense of Extra Physical Effort", *Psychological Science, 25*(7): 1487-1496, 2014.

Iyengar KP, Vaishya R, Botchu R. "Can We Apply Pomodoro Technique in Academic Publishing?" *Apollo Medicine, 21*(2): 176-177, 2024.

Jack, Anthony I., Dawson, Abigail, Begany, Katelyn, Leckie, Regina L., Barry, Kevin, Ciccia, Angela, Snyder, Abraham. "fMRI reveals reciprocal inhibition between social and physical cognitive domains", *NeuroImage*, 2012.

Cameron, Julia, *El camino del artista*, Aguilar, 2011.

CAPÍTULO 5

Dweck, C. "What having a 'growth mindset' actually means", *Harvard Business Review, 13*(2), 2-5, 2016.

Buchanan, A. "Mindset types: A systematic review and metaanalyses", *Handbook of Mindset Research,* 2024.

Latrina T. Geyer *et al.* "An Abundance Mindset Approach to Support Nurse Well-Being: The Feasibility of Peer Support", *Nurse Leader, 21*(4): 489-493, 2023.

Kiran, C & Chaudhury, S. "Understanding Delusions", *Industrial Psychiatry Journal, 18*(1): 3-18, 2009.

Killingsworth, M. A., & D. T. Gilbert. "A Wandering Mind Is an Unhappy Mind", *Science, 330*(6006): 932, 2010.

Epel, E. S., *et al.* "Wandering Minds and Aging Cells", *Clinical Psychological Science, 1*(1): 75-83, 2013.

Szalavitz, Maia. "Q&A: Jon Kabat-Zinn Talks About Bringing Mindfulness Meditation to Medicine", *Time*, 2012.

Lengacher, C. A., *et al.* "Influence of Mindfulness-Based Stress Reduction (MBSR) on Telomerase Activity in Women with Breast Cancer (BC)", *Biological Research for Nursing, 16*(4): 438–47, 2014.

S. Benedetto *et al.* "Driver workload and eyeblink duration", *Transportation Research Part F: Traffic Psychology and Behaviour, 14*(3): 199-208, 2011.

Gustavo Deco, Josephine Cruzat, & Morten Kringelbach. "Brain Songs Framework Used for Discovering the Relevant Timescale of the Human Brain", *Nature Communications, 10*(583), 2019.

Diller, A. "Uncovering racialized perceptions: Obstacles and antidotes", *Philosophy of Education,* 2009.

Christine Comaford. "Got Inner Peace? 5 Ways To Get It NOW", *Forbes,* 2013.

Simone Kühn, *et al.* "The neural representation of intrusive thoughts", *Social Cognitive and Affective Neuroscience*, 2012.

Díez, E. "Eficacia de un Curso de Programación Neurolingüística en la Autoestima: Implicaciones de la Programación Neurolingüística en el Aprendizaje", *Revista de Estilos de Aprendizaje / Journal of Learning Styles*, 2021.

Boris Cyrulink, Los Patitos Feos. La Resiliencia. Una infancia infeliz no determina la vida.

CAPÍTULO 6

O'Leary, K., & Dockray, S. "The effects of two novel gratitude and mindfulness interventions on well-being", *The Journal of Alternative and Complementary Medicine, 21*(4): 243-245, 2015.

Wood, A. M., Froh, J. J. & Geraghty, A. W. "Gratitude and well-being: A review and theoretical integration", *Clinical Psychology Review, 30*(7): 890–905, 2010.

Bernstein, Gabby. "Cómo utilizar la escala de orientación emocional de Abraham-Hicks", GabbyBernstein.com, 2020.

Passmore, H. A., Lutz, P. K. & Howell, A. J. "Eco-anxiety: A cascade of fundamental existential anxieties", *Journal of Constructivist Psychology*, 1-16, 2022.

Diener, E., Seligman, M. E., Choi, H. & Oishi, S. "Happiest people revisited", *Perspectives on Psychological Science, 13*(2): 176-84, 2018.

Carney, Dana R; Cuddy, Amy JC; Yap, AJ. "Power Posing Brief Nonverbal Displays Affect Neuroendocrine Levels and Risk Tolerance", *Journal of the Association for Psychological Science, 21*(10): 1363-1368, 2010.

Wilkes, Carissa; Kydd, Rob; Sagar, Mark; Broadbent, Elizabeth. "Upright posture improves affect and fatigue in people with depressive symptoms", *Journal of Behavior Therapy and Experimental Psychiatry,* 2016.

Michael B. Lewis, PhD, & Patrick J. Bowler, MB, BS. "Botulinum toxin cosmetic therapy correlates with a more positive mood", *Journal of Cosmetic Dermatology, 8*: 24-26, 2009.

Kraft, T. L. & Pressman, S. D. "Grin and bear it: The influence of manipulated facial expression on the stress response", *Psychological Science, 23*(11): 1372-8, 2012.

Brad J. Bushman. "Anger Management: What Works and What Doesn't", *Psychology Today,* 2013.

Ariana Orvell, *et al.* "¿Does Distanced Self-Talk Facilitate Emotion Regulation Across a Range of Emotionally Intense Experiences?" *Clinical Psychological Science, 9*(1): 68-78, 2021.

CAPÍTULO 7

Real Academia Española. *Diccionario de la lengua española* (23.ª ed.), Espasa-Calpe, Madrid, 2014.

Enright, R. "Counseling Within the Forgiveness Triad: On Forgiving, Receiving Forgiveness, and Self-Forgiveness", *Counseling and Values, 40*: 107-126, 1996.

Zehr, H. *Changing lenses: A new focus for crime and justice*, Herald Press, 2005.

Russell, L. "The who, the what, and the how of forgiveness", *Philosophy Compass, 15*(3), 2020.

Worthington, E. L., van Oyen Witvliet, C., Lerner, A. J., & Scherer, M. "Forgiveness in Health Research and Medical Practice", *Explore, 1*(3): 169-176, 2005.

Davis, D. E., Ho, M. &., Griffin, B. J., Bell, C., Hook, J. N., van Tongeren, D. R., DeBlaere, C., Worthington, E. L., & Westbrook, C. J. "Forgiving the self and physical and mental health correlates: A meta-analytic review", *Journal of Counseling Psychology, 62*(2): 329-335, 2015.

Noah J. W., Kristine J. A., Toni C. A. "Towards Positive Aging: Links between Forgiveness and Health", *OBM Geriat*, *4*(2), 2020.

Kohen, A. "The Personal and the Political: Forgiveness and Reconciliation in Restorative Justice", *Critical Review of International Social and Political Philosophy,* 2009.

CAPÍTULO 8

"The Good Life. An interview with Robert Waldinger" in The Written Word episode 1, *Harvard Medicine*, 2023.

Robyn Fivush, Marshall Duke & Jennifer G. Bohanek. "'Do You Know . . .' The Power of Family History in Adolescent Identity and Well-Being", *Journal of Family Life,* 2010.

Hoge, E. A., Chen, M. M., Orr, E., Metcalf, C. A., Fischer, L. E., Pollack, M. H., DeVivo, I. & Simon, N. M. "Loving-kindness meditation practice associated with longer telomeres in women", *Brain, Behavior, and Immunity, 32*: 159-63, 2013.

Zak, Paul. "Trust", *Journal of Financial Transformation,* Capco Institute, (7): 17-24, 2003.

Daphne T. Hsu *et al.* "Response of the μ-opioid System to Social Rejection and Acceptance", *Molecular Psychiatry, 18*: 1211-1217, 2013.

R. I. M. Dunbar. "Breaking Bread: The Functions of Social Eating", *Adaptive Human Behavior and Physiology, 3:* 198-211, 2017.

Bretherton, I. "The origins of attachment theory: John Bowlby and Mary Ainsworth", *Developmental Psychology, 28*(5): 759, 1992.

Weger, H., Castle Bell, G., Minei, E. M., & Robinson, M. C. "The Relative Effectiveness of Active Listening in Initial Interactions", *International Journal of Listening, 28*(1): 13-31, 2014.

Kegan, R. "What 'form' transforms? A constructive-developmental approach to transformative learning", *Contemporary Theories of Learning,* Routledge, 2009.

CAPÍTULO 9

Simon Bell. "SMART Goals; How to Make Your Goals Achievable", MindTools.com.

Paul J. Meyer, *Attitude Is Everything: If You Want to Succeed Above and Beyond*, 2003.

Roger Buehler, Dale Griffin & Michael Ross. "Exploring the 'Planning Fallacy': Why People Underestimate Their Task Completion Times", *Journal of Personality and Social Psychology, 67*(3): 366-81, 1994.

"The Truth About Motivation: Push, Pull, and Death", JonathanFields.com

Teresa M. Amabile & Steven J. Kramer. "The Power of Small Wins", *Harvard Business Review*, 2011.

Amabile, T. M., Hadley, C. N., & Kramer, S. J. "Creativity under the gun", *Harvard Business Review, 80*: 52-63, 2002.

Cynthia E. Cryder, George Loewenstein, & Howard Seltman. "Goal Gradient in Helping Behavior", *Journal of Experimental Social Psychology, 49*(6): 1078-83, 2013.

Ran Kivetz, Oleg Urminsky, & Yuhuang Zheng. "The Goal-Gradient Hypothesis Resurrected: Purchase Acceleration, Illusionary Goal Progress, and Customer Retention", *Journal of Marketing Research, 43*(1): 39-58, 2006.

Engert, V., J. Smallwood & T. Singer. "Mind Your Thoughts: Associations Between Self-Generated Thoughts and Stress-Induced and Baseline Levels of Cortisol and Alpha-Amylase", *Biological Psychology, 103*: 283-91, 2014.

Amabile, Teresa M., & Steve J. Kramer. *The Progress Principle: Using Small Wins to Ignite Joy, Engagement, and Creativity at Work*, Harvard Business Review Press, 2011.

McRaven, William. *Make Your Bed: Little Things That Can Change Your Life and Maybe the World*, Grand Central Publishing, 2017.

Yulfani Akhmad Rizky, Khuzaini Khuzaini, & Syahrial Shadiq. "Decluttering for enhanced workplace performance: The 5S solution", *Jurnal Inovasi Ekonomi, 8*(02): 71-84, 2023.

Josh Davis. *Two Awesome Hours: Science-Based Strategies to Harness Your Best Time and Get Your Most Important Work Done,* HarperCollins, New York, 2015.

Choi, J. N., & Moran, S. V. "Why Not Procrastinate? Development and Validation of a New Active Procrastination Scale", *The Journal of Social Psychology, 149*(2): 195-211, 2009.

Todd Heatherton & Patricia Nichols. "Personal Accounts of Successful Versus Failed Attempts at Life Change", *Personality and Social Psychology Bulletin, 20*(6): 664-75; 1994.

Chip Heath & Dan Heath. *Switch: How to Change When Change Is Hard*, Broadway Books, New York, 2010.

Ohio State University. "Large weight gains most likely for men after divorce, women after marriage", *ScienceDaily*, 2011.

Daniel F. Chambliss. "The Mundanity of Excellence: An Ethnographic Report on Stratification and Olympic Swimmers", *Sociological Theory, 7*(1), 1989.

Janina Steinmetz & Ayelet Fishbach. "We Work Harder When We Know Someone's Watching", *Harvard Business Review*, 2020.

Kristin M. Finkbeiner, Paul N. Russell & William S. Helton. "Rest Improves Performance, Nature Improves Happiness: Assessment of Break Periods on the Abbreviated Vigilance Task", *Consciousness and Cognition, 42*: 277-85, 2016.

Elizabeth K. Nisbet & John M. Zelenski. "Underestimating Nearby Nature: Affective Forecasting Errors Obscure the Happy Path to Sustainability", *Psychological Science, 22*(9): 1101-6, 2011.

Cal Newport. "Drastically Reduce Stress with a Work Shutdown Ritual", *Study Hacks,* 2009.

CAPÍTULO 10

D'Souza, R. "The importance of spirituality in medicine and its application to clinical practice", *Medical Journal of Australia*, *186*(10), 2007.

Coyle, J. "Spirituality and health: towards a framework for exploring the relationship between spirituality and health", *Journal of advanced nursing*, 2002.

Balban, M.; Neri, E.; Kogon, M. M.; *et al.* "Brief structured respiration practices enhance mood and reduce physiological arousal", *Cell Reports Medicine*, *4*(1), 2023.

Eric Hartman. "Why UNICEF and Save the Children Are Against Your Short-Term Service in Orphanages", Global SL Blog, Campus Compact, 2014.

Bernardi, L., Sleight, P., Bandinelli, G., Cencetti, S., Fattorini, L., Wdowczyc-Szulc, J., & Lagi, A. "Effect of rosary prayer and yoga mantras on autonomic cardiovascular rhythms: comparative study", *BMJ, 323*(7327): 1446-1449, 2001.

Hölzel, Britta K., *et al.* "Mindfulness Practice Leads to Increases in Regional Brain Gray Matter Density", *Psychiatry Research: Neuroimaging, 191*(1): 36-43, 2011,

Lazar, Sara W., *et al.* "Meditation Experience is Associated with Increased Cortical Thickness", *NeuroReport 16*(17): 1893-7, 2005.

Brown, Christina. *El libro del yoga: equilibrio y armonía para el cuerpo, la mente y el espíritu,* Parragon Inc, 2007.

Iyengar, B.K.S., *La luz del Yoga,* Kairós, 2013.

Chevalier, G., & Sinatra, S. T. "Emotional stress, heart rate variability, grounding, and improved autonomic tone: clinical applications", *Integrative Medicine, 10*(3): 16-21, 2011.

Van Cappellen, P., Way, B. M., Isgett, S. F., & Fredrickson, B. L. "Effects of oxytocin administration on spirituality and emotional responses to meditation", *Social Cognitive and Affective Neuroscience, 11*(10): 1579-1587, 2016.

Lazar, Sara W., *et al.* "Meditation Experience is Associated with Increased Cortical Thickness", *Neuroreport, 16*(17): 1893-7, 2005.